KB124199

에덴의 신

이집트의 잃어버린 유산과 문명의 시작

에덴의 신

앤드류 콜린스 지음 | 황우진 옮김

도서출판 사람과사람

목 차

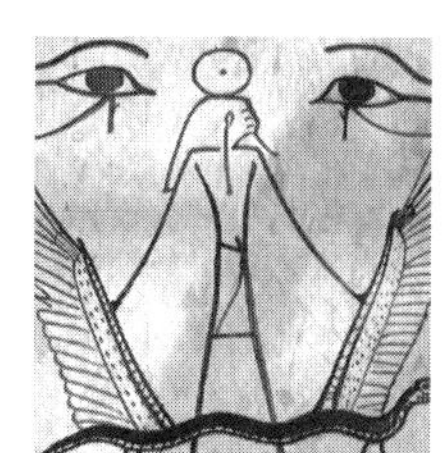

제1장

신성한 종족의 메아리

새벽 5시, 투명한 인디고 블루 빛 하늘에 아치형으로 늘어선 별들이 반짝이고 멀리 지평선에서는 어스름한 새벽빛이 밤하늘에 젖어들고 있다. 춘분날 태양이 되돌아오는 것을 알리는 신호다. 춘분날이란 낮과 밤의 길이가 같은 날이며 동짓날과 하짓날의 중간 지점이다.

카이로 시내에서 뿜어 나오는 황색 불빛이 북서쪽 하늘에 드리워져 있지만 아직 대도시의 활기찬 분주함이 시작되지 않은 시각이다. 카이로 시내에서 남서쪽으로 13㎞ 떨어진 이곳 기자고원에는 세계에서 가장 불가사의한 건축물로 손꼽히는 스핑크스가 우뚝 서 있다. 파라오의 얼굴과 기품 있는 사자의 형상, 꼬리를 매달은 구부린 뒷다리, 그리고 앞다리는 동쪽 지평선 쪽으로 길게 뻗어 있다. 그 모양새가 마치 춘분날과 밀접한 관련이 있는 것처럼 보인다.

웅크린 자세의 스핑크스는 거상이다. 몸체 길이가 약 73m, 높이는 약 20m, 어깨 너비는 약 10m에 달한다. 머리에는 3000년 동안 고대 이집트를 다스렸던 파라오들이 썼던 네메스 두건을 두르고 있다.

기자의 대스핑크스

이집트학 학자들은 피라미드를 건설했던 고왕국시대에 자연 암석을

위 | 이집트 기자에 있는 대스핑크스 얼굴(왼쪽). 고대 이집트 제4왕조의 파라오 카프레 상(오른쪽 | 카이로박물관 소장)

깎아 스핑크스를 만든 것이라고 주장한다. 스핑크스를 제작하려면 먼저 거대한 사자 형상을 만들고 쐐기 모양의 구획을 만들어야 한다. 그런 다음에 석조 왕관을 머리에 올려놓고 턱수염을 붙이는데 이 스핑크스가 기원전 2550년경 이집트를 다스렸던 카프레 왕의 얼굴과 비슷하게 조각되었다는 것이다.

그러나 이들의 주장은 틀린 것이다. 우선 스핑크스 구역의 가장자리를 보자. 심하게 부식된 몸체 주변에 홈이 깊게 파여 있다. 여기저기 예리하게 칼로 도려낸 듯 가로로 흠집이 나 있고 그 위에 세로로 날카롭게 금이 가 있다. 벽 안쪽도 마찬가지다.

이에 대해, 이집트학 학자들은 오랜 세월 지속된 풍화 작용 때문이라고 설명한다. 남쪽에서 불어오는 강한 소용돌이 바람 탓이라는 이야기다. 약 4500년 전에 만들어졌지만 3300년 동안 모래 속에 파묻혀 있어서 홈이 생겼다는 주장이다. 그러나 그들은 지질학자가 아니다. 암석의

아래 | 기자고원의 대스핑크스

위 | 돌에 새겨진 황도 12궁도 | 단다라의 하토르 신전 출토 | 루브르박물관 소장

구성, 침식을 전문적으로 연구한 사람들이 아니다.

반면에 지질학자들은 물의 낙하에 의해 수평적인 흠집과 수직적인 균열이 생겨났다고 설명한다. 아주 오랜 세월에 걸쳐 지속적으로 내린 비 때문이라는 이야기다. 이 견해를 펴는 대표적인 학자는 미국 보스턴대학의 로버트 쇼흐 교수다. 예일대에서 지구물리학과 지질학으로 학위를 받은 그는 이러한 내용의 논문을 계간지 〈KMTA〉에 발표했는데 1990년 미국에서 창간된 이 계간지는 이집트학에 관해 세계적인 권위를 인정받고 있는 학술지다.

스핑크스와 그 주변 벽의 풍화 현상이 아주 오랜 기간 비를 맞아 생긴 것이라면 어느 정도의 기간을 말하는 것일까. 기후학적으로 5000여 년 전에 파라오 시대가 시작된 이래, 이집트 지역의 강수량은 아주 미미한 수준이었으므로 기원전 8000~4500년의 3500년 간이라는 시간으로 되돌아가야 한다. 당시 사하라사막 동부는 건기와 우기가 뚜렷하게 구분되는 사바나 기후 지역이었다. 열대 지방처럼 주기적으로 집중 호우가 쏟아졌다. 따라서 수천 년 동안 스핑크스의 석회암 몸통에 떨어진 폭우가 오늘날의 깊고 날카로운 흠집을 만든 것이 분명하다.

그러나 기원전 8000～4500년경에는 이집트에 파라오가 존재하지 않았다. 우리가 알고 있는 이집트 고고학에 따르더라도 그다지 주목할 만한 사건은 없었다. 단지 초기 농경 집단만이 있었을 뿐이었다. 사하라사막 동부 지역이나 물고기를 많이 잡을 수 있는 나일강 주변에 거주한 이들 신석기시대의 공동체는 조직적인 사회가 아니었다. 스핑크스처럼 거대한 석조 건축물을 건설했다는 증거도 없다. 설령 건설할 만한 나름대로의 이유가 있었다고 해도 스핑크스와 같은 대규모 토목 공사를 추진할 기술이 없었다. 동력 또한 없었다고 판단된다.

그렇다면 누가 만들었을까. 아마도 우리는 엉뚱한 시기를 조사하고 있는 것인지 모른다. 만일 스핑크스가 전혀 다른 시대에 건설된 것이라면 그 시기는 언제쯤일까.

사자자리의 시대에서

춘분날의 불그스레한 태양 빛이 동쪽 지평선부터 서서히 퍼져 가고 있다. 이제 별들은 태양에게 자리를 양보해야 할 시각이다. 멀리 동쪽의 지평선 너머로 물고기자리의 가장 높은 곳에 별들이 흐릿하게 깜박이고 있다. 그 오른쪽 위에는 물병자리가 자리 잡고 있다.

물고기자리나 물병자리는 모두 황도黃道 12궁에 속하는 별자리들이다. 황도 12궁이란 태양이 한 해 동안 지나가는 길에 위치한 황도의 별자리를 말한다. 달마다 태양이 떠오르는 순간의 별자리들이 변하여 1년의 별자리가 정해지는데 고대로부터 점성술에 이용되어 왔다.

주기가 1년이 아니라 2만 5920년이나 되는 12궁 주기라는 것도 있다. 정확하게 말하면 2만 5773년인 세차운동 주기다. 각각의 별자리가 주야평분선을 지나는데 2148년이 걸리고 궤도에서 1도 움직이는데 71.6년이 걸리므로 한 번의 세차운동 주기는 2만 5773년이 맞다. 하지만 여기서는 고대의 계산법대로 하여 그냥 2만 5920년으로 계산하자. 세차운동이란

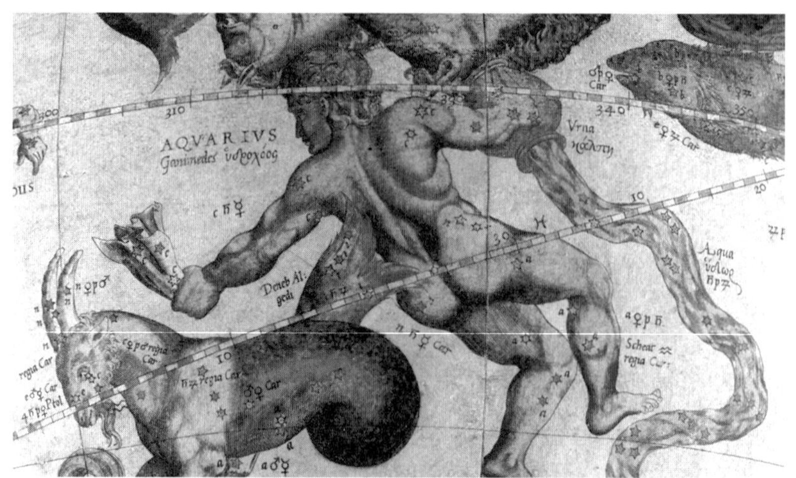

위 | 플랑도르의 지도학자 메르카토르의 물병자리와 염소자리 그림 | 1551년 작품 | 하버드대 퍼시도서관 소장

지구가 천천히 흔들리면서 생기는 현상을 말하는데 달에서 바라보면 아이들이 팽이치기를 하는 것처럼 지구가 완만한 흔들림을 보여 준다. 이 세차운동은 별들이 있는 천개天蓋가 머나먼 지평선에서 72년마다 1도씩 점진적으로 이동한다는 사실을 응용하여 측정할 수 있다.

고대인들은 기원전 850년경 활동했던 헤시오도스가 인류의 '상상의 시대'라고 부른 것과 세차운동 주기를 동일시하면서 '위대한 해'를 지칭한다고 생각했다.

춘분날 태양이 뜨기 바로 직전, 태양 진로에 나타나는 12궁을 관찰하면 세차운동의 완만한 진행 과정을 확인할 수 있다. 2160년마다 별자리가 바뀌는데 이때 새로운 천문학적 시대가 도래한다.

지난 2000년 동안 기독교의 상징이었던 물고기자리가 마지막으로 주야평분시의 일출선 아래로 기울고 나면 우리는 물병자리 시대에 접어들게 된다. 이 과정은 대략 200년이 걸린다.

물고기자리가 도래하기 전에는 양자리가 세상을 지배했다. 양은 고대 이집트에서 최고의 신이었던 아몬 숭배의 상징이었고 구약 시대에는

왼쪽 | 숫양 머리 모양의 형상을 한 아몬 상 | 카르나크 신전 소재

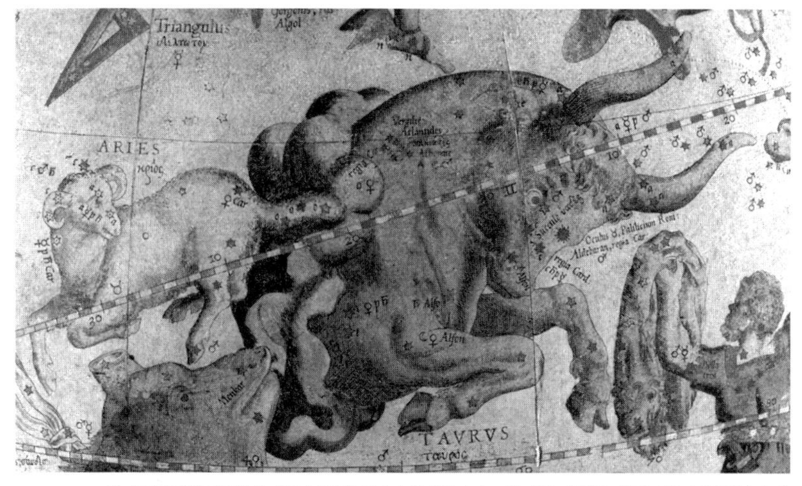

위 | 플랑도르의 지도학자 메르카토르의 양자리 및 황소자리 그림 | 1551년 작품 | 하버드대 퍼시도서관 소장

아브라함의 신앙의 상징이었다. 양을 숭배하는 현상은 양자리 시대가 시작되던 기원전 2200년경 크게 융성했다. 양자리 시대 전에는 황소자리 시대였다. 황소 숭배 역시 오래전부터 지중해 연안에 널리 퍼져 있었고 지금도 스페인의 투우장에서 그 흔적을 찾아볼 수 있다.

이집트학 학자들이 주장하는 것처럼 기원전 2550년경, 즉 황소자리 시대에 스핑크스가 만들어졌다면 스핑크스를 황소 모습으로 제작하는 것이 이치에 맞다. 스핑크스는 춘분날 해뜨기 직전에 천계의 별자리를 응시하도록 자리 잡고 있는데 중동 지방의 고대인들은 춘분날 황소 별자리가 떠오르는 것을 경배했기 때문이다.

예컨대, 카이로 남쪽에 있는 멤피스에서는 아피스라는 이름의 신성한 황소를 숭배했다. 흑백 무늬로 눈에 띄는 반점이 있고 두 개의 뿔 사이에 태양 원반이 꽂혀 있는 이 황소상은 태양에 대한 헌신을 나타내며 황소자리 시대에 분점分點을 표시하는 기능을 수행했다.

그러나 스핑크스는 사자 형상이고 사자는 사자자리의 상징이다. 사자자리는 언제쯤일까. 컴퓨터에 좌표와

오른쪽 | 아피스 상 | 사카라의 세라피움 출토 | 고대 이집트 제16왕조 작품 | 루브르박물관 소장

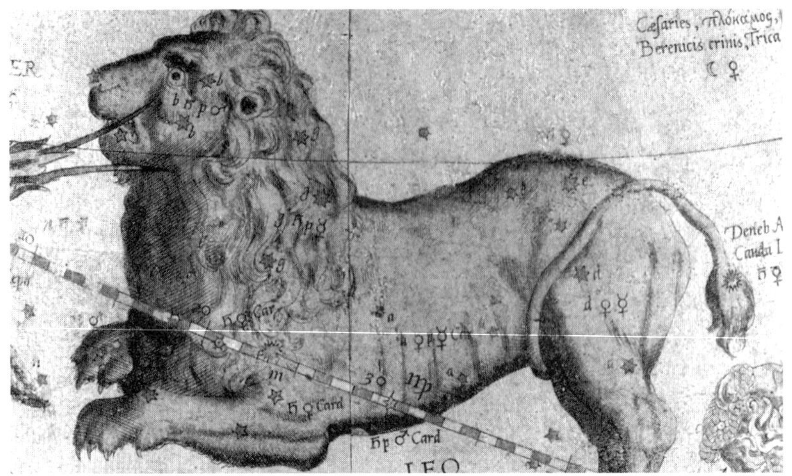

위 | 플랑도르의 지도학자 메르카토르의 사자자리 그림 | 1551년 작품 | 하버드대 퍼시도서관 소장

연대를 입력하면 황소자리 시대 전에는 쌍둥이자리였고 그 전에는 게자리, 사자자리 시대였다는 것을 알 수 있다.

사자자리 시대는 기원전 1만 1380년경부터 9220년경까지의 2160년간이었다. 아주 먼 옛날인 이 사자자리 시대에 분점을 표시하기 위해 스핑크스를 사자 형상으로 만들었다면 충분히 이해가 된다. 왜냐면 스핑크스는 사자자리 시대에만 춘분날 일출 직전에 천계의 사자궁을 응시하도록 설계되어 있기 때문이다. 따라서 스핑크스의 원래 모습은 파라오가 아니라 사자 형상을 하고 있었던 것이 틀림없다. 그러다가 후대에, 아마도 기원전 2550년경 카프레 왕의 통치기에 네메스라는 두건을 쓴 파라오 형상으로 바뀌었을 가능성이 높다.

파라오 시대 이전의 이집트

여러분은 이러한 가정이 터무니없다고 생각할지 모른다. 하지만 고대 이집트인들은 세차의 완만한 진행을 이해하고 있었고 수천 년 전의 시간 주기에도 관심을 갖고 있었다는 점을 염두에 둔다면 충분히 이해가 될 것이다.

예를 들어 보자. 기원전 1300년경 제19왕조 때 작성된 토리노 파피루스에서 왕의 목록을 보면 '신' 혹은 '신들'이라는 뜻을 가진 10명의 네체루

netjeru|*ntrw*들이 세상을 다스렸던 오랜 기간이 표시되어 있다. 이어 '호루스의 추종자' 또는 '동료들'이란 뜻으로 해석되는 셈수-호르*Shemsu-hor*의 시대가 이어진다. 이들은 기원전 3100년경 상·하 이집트가 통일되기 전까지 1만 3420년간 이집트를 다스렸다고 되어 있다.

기원전 320년경 헬리오폴리스의 대사제인 마네토는 제1왕조의 창시자인 메네스*Menes*가 즉위하기 전에 2만 4925년이란 세월이 흘렀다고 했다. 고대 그리스의 역사학자 헤로도토스 또한 최초의 파라오가 이집트를 다스린 뒤 1만 1340년이 지났다고 적고 있다.

헤로도토스의 기록에서 흥미로운 점은 '이 기간에 이례적인 장소에서 태양이 두 번 떠올랐다. 해가 지는 곳에서 두 번 떠오르고 해가 뜨는 곳에서 두 번 졌다'는 내용이다. 만약 이 기록이 사실이라면 2만 5920년의 세차주기에서 태양이 360도 회전할 때 배경에 있는 별들이 통과했다는 이야기며 고대 이집트가 세워진 이래 1.5세차주기, 즉 3만 8800년이 지났다는 것을 암시한다. 서기 1세기경 활동했던 고대 로마의 지리학자 폼포니우스 멜라도 헤로도토스의 언급을 되풀이하면서 330명의 왕이 이집트를 통치했다는 1만 3000년의 기간을 언급하고 있다.

고대 이집트인들이 말하는 셉 테피*sep tepi*, 즉 '최초의 시대'로 알려진 신화 시대는 일종의 황금시대로 오시리스와 그의 아들 호루스와 같은 네체루 신들이 통치하던 시대였다. '절대 완전'의 시기였고 분노나 소란, 분쟁, 재해가 생기기 이전의 시기였다. '레의 시대, 오시리스의 시대, 호루스의 시대'라고도 알려진 이 '축복받은 시대'에는 죽음도 질병도 재앙도 없었다고 한다.

아무튼 1990년대 이후, 스핑크스가 사자자리 시대의 시간 표시기와 같은 역할을 했다는 가설이 널리 받아들여지는 추세다. 스핑크스가 기원전 1만 500년경 세워졌다는 주장 역시 진보적 작가들의 베스트셀러에서 공개적으로 널리 논의되어 왔다. 예컨대, 천문학에 밝은 공학자 로버트 보발, 저널리스트 겸 작가인 그레이엄 핸콕 등은 사자자리 시대에 살던 사람들이 목격한 천체의 미러 이미지가 기자고원에 있는 대스핑크스의 위치와 방향에 영향을 미쳤다고 주장한다.

물론 정통 학계에서는 이들의 주장을 '뉴에이지의 허튼 소리'라고 폄하한다. 기원전 1만 년경 사하라사막 동부에 살았던 사람들은 작은 움집에서 수렵과 채집 생활 위주로 생활했을 뿐이라고 말한다. 어떤 종류의 석조 건축물을 세운 적도 없고 농경과 가축 사육이라는 단계에도 이르지 못했다는 것이다.

그러나 이 또한 사실과 다르다.

기원전 1만 2500년~9500년경 나일강 근처에 거주하던 선사시대 사람들은 이미 선진적인 도구 제작 기술과 가축 사육 방법을 알고 있었고 세계에서 가장 먼저 농경문화를 발전시켰다. 예컨대, 후기 구석기 공동체와 관련된 나일강 상류의 유적지 가운데 네 군데, 즉 나일강 상류로부터 200㎞ 정도 떨어진 이스나(오늘의 에스나), 나카다, 디쉬나, 투쉬카에서 기원전 1만 2500년~9500년경 선택된 집단이 곡식을 재배했다는 증거가 있다. 곡물 수확에 돌칼이 사용되었고 낟알을 많이 얻기 위해 맷돌까지 사용한 것으로 밝혀졌다. 특히 이스난과 콰단 공동체는 초보적 형태의 농경 기술과 더불어 가축 사육에 대해서도 잘 알고 있었고 미세한 칼날을 만드는 기술도 갖고 있었던 것으로 드러났다.

뿐만 아니라 기자고원에서 북동쪽으로 483km 떨어진 요르단강 유역 서쪽에 위치한 예리코 주민들은 기원전 8000년경 마을 주위에 거대한 돌로 성곽까지 쌓았다. 암반을 파내고 깊은 도랑을 만들어 성곽을 둘러쳤을 뿐더러 성채 위로 거대한 돌탑을 세우기도 했다. 이러한 토목 공사는 고도로 발달된 공동체의 조직과 협력이 전제되지 않으면 이루어질 수 없는 일들이다.

이상이 지금까지 우리들에게 알려진 내용들이다. 하지만 뭔가 미진하다고 생각된다. 아주 먼 옛날, 인류가 길이 73m에 달하는 거대한 사자 상

아래 | 요르단강 서쪽에 위치한 예리코 유적지 전경

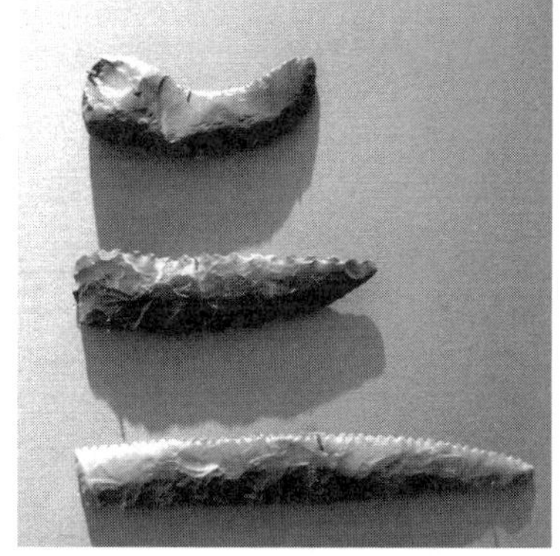

위 | 나카다 1기의 도구(왼쪽), 나카다 2기의 돌칼과 돌낫(오른쪽) | 메트로폴리탄미술관 소장

을 조각할 능력이 있었다고 확신할 수 없지만 뭔가 더 있을 것이라는 느낌만은 지울 수가 없다.

신들의 신전

날이 밝아 오자, 스핑크스 주변의 건축물이 하나둘씩 눈에 들어오기 시작했다. 먼저 스핑크스처럼 주야평분시의 일출선을 향하고 있는 밸리 신전이 보였다.

석재 하나의 무게가 100톤이나 되고 200톤에 달하는 것도 있는 거대한 건축물이다. 벽면의 길이는 각각 45m이지만 경사진 곳에 세워진 탓에 벽의 높이가 다르다. 동쪽 벽은 13m가 넘는데 서쪽 벽은 6m 남짓이다. 안에는 T자 모양으로 높이 5.5m의 사각 기둥이 정렬해 있고 그 위로 커다란 화강암이 가로로 놓여 있다. 바닥에는 암적색의 화강암 마름돌과 설화석고가 깔려 있다. 그 어디에서도 상형문자나 부조를 찾아볼 수 없지만 가장 완전하고 정교하며 거대한 건축물이라는 것만은 분명하다.

아래 | 대스핑크스 앞에 있는 밸리 신전(사진 속의 왼쪽)과 스핑크스 신전(오른쪽)

위 | 높이 5.5m의 사각 기둥으로 세워진 밸리 신전 내부

이집트학 학자들은 밸리 신전이 카프레 왕의 통치 시기인 기원전 2550~2525년경 건설되었다고 주장한다. '카프레의 피라미드'로 알려진 제2 피라미드 동쪽 가까이 있고 카프레 왕 재위 때 세워진 장제전과 통로로 연결되어 있다는 점, 스핑크스뿐만 아니라 기자고원에 있는 다른 신전들과 비슷하게 설계되었다는 점 등을 근거로 제시한다. 특히 신전의 바닥 밑 우물에서 2개의 카프레 왕 조각상이 발견되었는데 하나는 스핑크스 형상이며 다른 하나는 근엄하게 앉아 있는 모습의 석상이었다.

여러분은 이러한 것들이 카프레 왕과 밸리 신전의 연관성을 보여 주는 증거라고 생각할지 모른다. 하지만 실제로는 전혀 관련성이 없다. 왜냐면 밸리 신전과 그 옆에 있는 스핑크스 신전에 사용된 석재들은 모두 지난날 채석장이었던 스핑크스 구획에서 가져온 것이기 때문이다. 따라서 스핑크스가 사자자리 시대 말기 이전에 세워졌다면 밸리 신전과 스핑크스 신전 역시 같은 시대에 건설된 것이 틀림없다.

밸리 신전이 파라오 시대 이전에 세워졌다는 또 하나의 증거는 스핑크스의 몸체와 주변에서 발견되는 풍화 작용이 밸리 신전의 중심 벽에서도 뚜렷하게 발견된다는 점이다. 말하자면 기원전 8000~5000년경의 하수 침식 작용으로 인한 마모와 흠집이 고왕국시대(기원전 2700~2137년경), 아마도 카프레 왕의 통치기에 깎여 나가 화강암 마름돌과 거친 석회암 벽의

위 | 1860~80년대의 대스핑크스 모습

높이가 같아졌을 것이다.

1853년 프랑스의 고고학자 오귀스트 마리에트가 모래에 파묻힌 스핑크스를 파헤치고 스핑크스 신전을 발견했을 때, 학자들은 흥분을 감추지 못했다. 거석 구조물인데다가 상형문자가 새겨진 비문이 하나도 발견되지 않는다는 점에서 아주 오래 전에 건설되었다고 여긴 것이다. 마리에트 역시 이집트에서 발견된 가장 오래된 건축물이라고 믿었다.

그러나 거대한 건축물은 스핑크스 신전 하나만 있는 것이 아니다. 밸리 신전과 약 500m의 둑길로 연결된 장제전도 거석 유적이다. 밸리 신전과 비슷한 크기의 석재로 만들어졌는데 석재 하나의 무게가 468톤이나 되는 것도 있다.

기자고원에서 남쪽으로 434km 떨어진 선왕조시대의 중심지 아비도스에도 건축 연대를 알 수 없는 거석 신전이 있다. 오시레이온 신전이라고 알려진 이 건축물은 세티 1세 신전의 바로 뒤편에 있다.

아래 | 오시레이온 신전 유적지 | 아비도스 소재

위 | 아비도스의 오시레이온 신전을 발굴하던 1910~20년대의 모습

10개의 거대한 화강암 기둥 위에 가로로 석재가 놓여 있는 이 신전의 내부 벽 안쪽에는 17개의 작은 방이 있다. 아마도 종교적 용도로 사용되었던 것 같다. 건물 아래에는 의도적으로 샘물이 흐르도록 설계하여 마치 사각형 모양의 섬과 같은 인상을 준다. 이 건물의 방향과 장소로 미루어 볼 때, 세티 1세의 재위 기간(기원전 1307~1291년)에 세워진 세티 1세 신전의 부속 건물로 보이지만 아직까지 정확한 건축 연대를 측정하지 못하고 있다.

1912~14년 아비도스에서 발굴 작업을 벌인 스위스 출신의 고고학자 에두아르 나빌은 오시레이온 신전의 독특한 건축양식과 밸리 신전을 비교하면서 '장식 없이 거대한 석재로 건축물을 지었던 동시대의 산물'이라고 판단했다. 밸리 신전과 비슷한 구조지만 훨씬 큰 석재를 사용했다는 점에서 오시레이온 신전이 더 오래 전에 건설되었고 이집트에서 가장 오래된 건축물이라고 결론지었다.

그러나 이집트학 학계는 그의 연구 결과를 받아들이지 않았다. 그 대신 1925~30년 오시레이온 신전의 중앙 홀로 이어지는 현관 위의 화강암 이음새에서 세티 1세의 이름이 새겨진 장식을 발견한 미국의 고고학자 헨리 프랭크퍼트의 견해를 수용했다. 이어 세티 1세와의 연관성을 보여

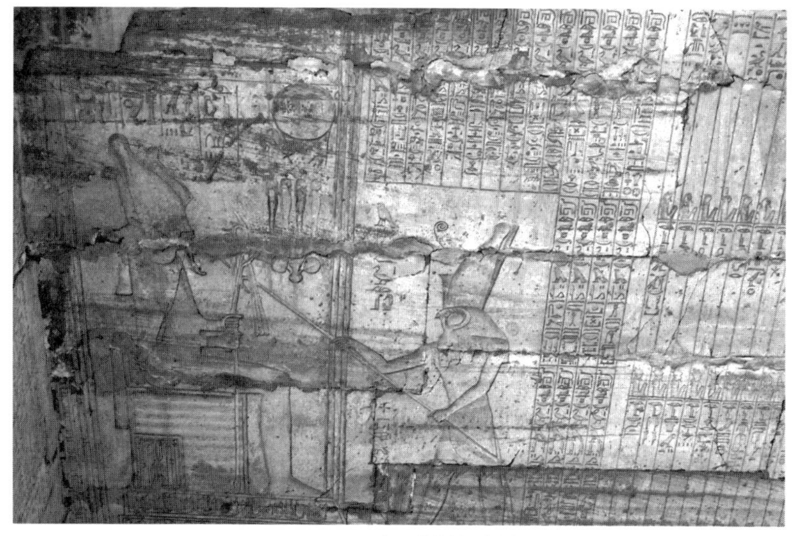

위 | 오시레이온 신전의 연결 통로에 새겨진 부조 | 아비도스 소재

주는 유물들이 추가로 발굴되자, 오시레이온 신전은 완전히 세티 1세의 재위 기간에 세워진 건축물로 간주되었다.

이에 따라 세티 1세가 통치하던 시기에 이미 오래된 건물이었고 오히려 세티 1세가 이 신전을 참조하여 아비도스의 신전 군群을 건설했다는 주장은 이집트학 학계에서 철저하게 무시되었다. 하지만 아직까지도 많은 학자들이 오시레이온 신전 역시 밸리 신전이나 다른 거석 유적과 마찬가지로 훨씬 이른 시대의 건축물이라는 주장을 굽히지 않고 있다.

미래에 남겨 준 유산

마침내 태양이 떠오르면서 기자고원을 덮고 있던 어둠이 사라졌다. 그러자 세 개의 거대한 피라미드가 모습을 분명하게 드러냈다. 우리가 막 이해하기 시작한 미지의 시대의 찬란한 업적을 보여 주듯, 불멸의 파수꾼처럼 하늘로 높이 치솟은 그 모습이야말로 인류의 가장 장엄한 유산이 아닐 수 없다.

세 개의 피라미드 중에서 가장 규모가 크고 불가사의한 것은 대피라미드다. 개당 무게가 2~70톤에 달하는 석재 250여만 개가 사용되어 전체 무게가 600만 톤이 넘는다. 면적은 축구장 10개의 넓이인 5헥타르에 달한다. 예수 탄생 이래, 영국에 세워진 모든 교회, 성당, 예배당에 있는 돌보다 많은 돌이 사용되었다. 높이 또한 1889년 프랑스의 에펠탑이 세워질 때까지 세계에서 가장 높은 건축물이었다.

대피라미드의 경이로움은 어디서 오는 것일까. 무엇보다 건축에 대한 호기심을 뛰어넘어 과거의 그 어느 시대보다 우월하고 정교한 양식을 보여 준다는 점에 있다고 생각한다.

지난 200년 동안 대피라미드가 안고 있는 비밀에 관한 책이 수없이 쏟아져 나왔지만 그 대부분 사실보다는 공상에 가까운 이야기였다. 물론 피라미드 건설자들이 고대 이집트인들보다 훨씬 높은 수준의 지식을 보유했음을 설명하는 내용도 들어 있다.

대피라미드에 관한 놀라운 사실을 모두 열거하자면 대단히 번거롭다. 그래도 경이로운 건축물 이면에 숨겨진 선진 종족의 의도를 전달하려면 거쳐야 할 필수적인 과정이기에 몇 가지만 간략하게 살펴보자.

우선 피라미드 밑변의 평균 길이는 230.6m이며 오늘날 공학자들도 필적하기 어려울 만큼 정확하게 동서남북의 방위를 가리키고 있다. 놀라운 것은 피라미드 둘레의 길이다. 미국 하버드대학에서 고대 측정법으로 박사 학위를 받은 계측학자 리비오 스테치니의 계산에 따르면 그 길이는 921.453m이다. 이는 적도에서 위도가 0.5분인 거리이며 지구 둘레의 4만 3200분의 1에 해당한다.

어쩌면 이러한 점들은 비현실적인 것으로 생각될지 모른다. 그러나 고대 그리스인들 역시 대피라미드가 지구의 위도와 관계가 있음을 알고 있었고, 특히 수학자 피타고라스가 고대 측정법은 이집트 방식을 기준으로 한 것이라고 생각했다는 점을 고려한다면 피라미드가 지구의 치수를 나타내고 있다는 가정은 대단히 설득력이 있다고 생각된다.

그래서 1798년 나폴레옹이 이집트로 원정을 갈 당시 동행한 학자들에게 피라

미드를 조사하라고 명령하지 않았을까.

우리는 지구의 기본적 지리 개념인 위도와 경도가 근대 이후에 확립된 것으로 알고 있다. 그러나 만일 위도와 경도가 대피라미드 설계에 암호화되어 있다면…. 리비오 스테치니의 계산이야말로 기원전 3100년경 최초의 파라오 시대에 살았던 이집트인들이 지구의 위도 및 경도가 자기들과 관련이 있다는 점을 밝힌 셈이다.

대피라미드의 높이 또한 놀랍다. 고대 미스터리 작가 윌리엄 픽스에 따르면 두께 54.6cm인 하단부에서 꼭대기까지의 높이가 147.14479m이다. 여기에 피라미드 둘레에서 위도 0.5분 거리인 4만 3200km를 곱하면 6356만 6549km가 되는데 이는 지구 중심에서 북극까지의 거리를 말하는 극반지름보다 불과 119.1m 짧다.

40층 높이의 빌딩보다 하늘에 더 가까운 꼭대기를 보자. 최저점에서 최고점까지의 높이는 무려 146.59m인데 피라미드 둘레를 '2×높이'로 나누면 파이*pi*값인 3.1416이라는 수치를 얻을 수 있다. 결국 대피라미드는 측지학을 이용하여 1:43200의 비율로 북반구의 정확한 모형을 표현하고 있다고 볼 수 있다.

하나를 덧붙이면 대피라미드는 지구상 최대 대륙의 중심에 정확하게 서 있고 북서쪽과 북동쪽의 대각선은 나일강 삼각주 지류의 삼각형 모양을 나타내는 것처럼 보인다는 사실이다. 피라미드 시대에도 나일강 지류의 방향이 지금과 같았다면 기자 피라미드의 방향과 하이집트(혹은 북이집트)의 실제 경관 사이에는 상징적인 관계가 있었을 것이다.

물론 이집트학 학자들도 이 점을 부인하지 않는다. 하지만 우연의 일치일 뿐 그 이상의 의미는 없다고 본다. 고대 이집트인들

아래 | 기자고원의 피라미드 (왼쪽부터 멘카우레-카프레-쿠푸 피라미드)

위 | 하늘에서 내려다 본 기자고원의 피라미드와 대스핑크스

은 지구의 지름이 얼마인지를 전혀 몰랐고 건축물 설계에 그러한 지식을 반영시킬 수 없었다는 주장이다. 그러나 내가 보기에 이집트학 학자들의 주장은 전혀 설득력이 없다. 학계의 완고한 고집을 보여 준다고 생각할 수밖에 없다. 여러분은 고대 이집트인들이 선진적인 과학 원리를 이해하지 못했다는 이들의 주장을 받아들여야 한다고 보는가.

대피라미드는 인류 역사상 유례를 찾아보기 힘든 독특한 건축물이다. 감탄할 만한 기하학적 정밀도를 보여 주는 외부 설계 때문만이 아니다. 천정과 사방 벽이 모두 화강암인 왕의 방은 피라미드 상부의 가장 안쪽에 있는데 이집트학 학자들은 파라오의 묘실이라고 주장한다. 그래서 방 한켠에 놓여 있는 뚜껑 없는 화강암 상자를 '궤짝' '석관' 등으로 묘사한다. 놀라운 점은 이 방의 부피가 기원전 6세기경 피타고라스가 창안한 2:$\sqrt{5}$:3과 3:4:5의 기하학을 그대로 나타낸다는 점이다. 이 사실을 발견한 사람은 플린더스 피트리라는 영국의 고고학자였다. 그렇다면 고대 그리스의 역사가 디오도로스 시켈로스를 비롯하여 헤로도토스, 플라톤이 믿었던 것처럼 이집트가 기하학의 발상지일까.

이번에는 무게와 측량 과학인 계측학으로 보자. 왕의 방에 있는 석관의 크기를 보면 안쪽은 길이 1.98m, 깊이 0.87m, 폭 0.68m이고 바깥쪽은 길이 2.27m, 깊이 1.05m, 폭 0.98m이다. 따라서 내부의 부피는 1166.4리터고 정확하게 외부 부피(2332.8리터)의 절반이다.

우연의 일치일까

대피라미드와 관련하여 놀라운 사실은 한두 가지가 아닌데 이집트 학계가 주장하는 것처럼 이 모든 게 우연의 일치일까. 오히려 피라미드 건설자들이 의도적으로 미래에 남겨 줄 유산을 만들었다는 가설이 훨씬 그럴 듯해 보이지 않을까. 그들이 누구인지는 몰라도 과학, 수학, 공학의 보편적 언어를 통해 측지학, 기하학, 계측학, 균형 비율의 우월한 지식을 기록하려고 시도했다는 생각을 지울 수가 없다.

이집트학 학자들은 피라미드가 파라오의 무덤이라고 주장한다. 제4왕조 초에 쿠푸 왕(기원전 2596~2573년경)이 대피라미드 건설을 명령했고 제2피라미드는 카프레 왕(기원전 2550~2525년경)을 위해, 제3피라미드는 카프레의 계승자인 멘카우레 왕(기원전 2512~2484년경)을 위해 건설된 것이라고 주장한다.

아래 | 공중에서 본 기자고원의 대피라미드와 카프레 피라미드

위 | 쿠푸 왕의 입상(왼쪽 | 카이로박물관 소장), 멘카우레 왕과 왕비 카메레르네브티 2세의 입상(오른쪽 | 보스턴미술관 소장)

물론 다른 학설을 뒷받침할 만한 확증이 없는 상태에서 세 사람이 피라미드 건설과 어느 정도 관련이 있다는 점은 부인할 수 없다. 실제로 기자 고분군이 고왕국시대의 왕들과 관련 있다는 증거는 상당히 많다.

그러나 기원전 3100년경 최초의 파라오로 알려진 나르메르가 상·하 이집트를 통일한 지 500년도 채 되기 전인데 어떻게 피라미드를 건설할 만한 기술과 능력을 갖게 되었는가 하는 점에 대해서는 의구심이 들 수밖에 없다.

대피라미드는 그 존재 자체로서 고대 이집트인들의 지적 수준이 상당히 높았음을 보여 준다. 그리고 이 모든 것이 우연의 일치일 가능성은 거의 없다고 생각한다. 분명히 피라미드는 고대인들이 그들의 과거를 알려주기 위해 건설했을 것이다. 다시 말해서 피라미드에 담긴 우주적 지식과 지혜는 이 세계의 이치를 이해하기 위한 수천 년 간의 진보와 발전의 결과이고 그들은 이러한 지식의 전수자들일 것이다. 더욱이 대피라미드와 스핑크스, 부속 신전이 가까이 있다는 것 또한 우연만은 아닐 것이다. 뚜렷한 의도가 내포되어 있음에 틀림없다. 내 나름대로 정리하면 그 메시지는 대체로 다음과 같은 내용이 되지 않을까.

"신들의 시대인 최초의 시대에 '그들은' 신성한 기자고원을 창조했다.

우리가 지금 이해한 피라미드 비밀은 그들로부터 전수받은 지식의 표현이며 찬양이다. 이 기념물은 그들의 업적을 기리기 위한 것이다."

이러한 메시지가 정말 허구일까. 많은 사람들이 그렇게 생각할지 모른다. 그러나 고대 자료를 조사하다 보면 대피라미드 설계에 이용된 위대한 지식과 지혜가 무엇인가를 알 수 있을 것이다. 서기 10세기경 활동했던 아랍의 역사가 알-마수디가 콥트교의 역사서에 기초하여 저술한 《시간의 역사 *Akbar Ezzeman*》에는 다음과 같이 적혀 있다.

> 수학과 기하학을 비롯하여 과학 분야의 지식과 기술들 … 이것들을 이해할 수 있는 후대인들을 위한 기록으로 남겨 두었던 것 같다. … 별들의 위치와 주기, 과거와 미래의 역사와 연대기도 그 속에 담겨 있다.

나는 고대 이집트인들이 신성한 종족(이 책에서는 장로들, 장로신이라 칭하고 그들의 문화를 '장로문화'라고 표현한다)의 선대 문화에서 위대한 지식을 물려받았다는 확실한 증거가 있다고 생각한다. 분명 그들의 문화가 완전히 사라지기 전에 고대 이집트인에게 지식의 횃불을 전해 주었을 것이다.

피라미드의 비밀 공간

앞으로 설명하겠지만 그들이 기원전 1만 2500년~9500년경 이집트에 거주했음을 암시하는 증거가 있다. 기자고원에서 스핑크스와 거석 신전을 건설했고 대피라미드 설계에서 높은 수준의 기술적 성취를 보여 주었음이 분명하다고 믿는다. 그것뿐이 아니다.

20세기 말, 기자고원에서는 많은 발견이 있었다. 그 중에서도 피라미드 지하에 인위적으로 만들어진 쐐기 모양의 9개의 방을 탐사한 작

아래 | 기자고원과 피라미드

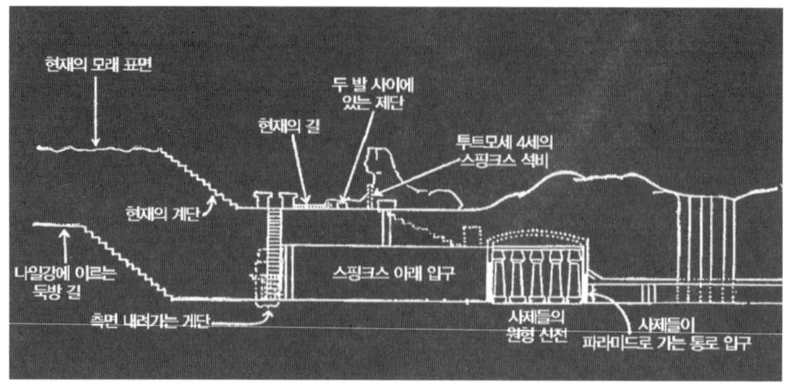

위 | 심령학자들과 뉴에이지 신비주의자들이 주장하는 기자고원의 지하 세계

업은 가장 놀라운 일이었다. 두 번에 걸친 기반암의 수직 지진파 탐사로 숨겨진 비밀 공간이 최초로 감지되었는데 첫 번째는 1991년 미국의 지진학자 토머스 도베키가, 두 번째는 1996년 플로리다주립대학 탐사팀이 쇼어 재단과 함께 조사에 나섰다.

파라오 시대의 신화와 전설에서도 기자고원 밑의 지하세계에 관해 언급하고 있다. 현대 심령학자들과 뉴에이지 신비주의자들 역시 피라미드 밑에 복도와 비밀 공간이 존재한다고 믿고 있다. 그들은 이 지하세계를 '기록의 홀' 혹은 '태초의 방'이라 부르면서 고대 이집트의 선대 문화가 숨겨 둔 비밀 지식이 간직되어 있다고 주장한다.

이 주장을 뒷받침하는 문헌으로는 서기 3세기경 고대 로마의 역사가인 암미아누스 마르켈리누스가 지은 《사건 연대기*Rerum Gestarum Libri*》라는 저술이 있다. 로마제국의 역사를 다룬 이 책에서, 마르켈리누스는 '피라미드에는 지하의 균열과 시린지*syringes*라고 불리는 구불구불한 통로가 있다. 고대의 의례에 사용되었던 것으로 보인다. 그들은 대홍수를 미리 예지하고 의례의 기억이 파괴될 것을 두려워하여 많은 노동력을 동원해서 지하 저장소를 만들었다'고 적고 있다.

대홍수라는 참사로부터 보존할 필요가 있던 '고대의 의례'란 정확하게 무엇을 말하는 것일까. 도대체 피라미드 밑에 무엇이 숨겨져 있는 것일까. 최첨단 탐사 장비로 1990년대에 발견한 미지의 방들과 시린지가 관련이 있는 것은 아닐까.

어쨌든 동쪽 수평선 위로 오렌지 빛을 띤 태양을 응시하는 스핑크스를 보니 새삼 흥분과 기대감으로 가슴이 벅차오른다.

물병자리 시대로 다가가는 지금, 사자자리 시대가 종말을 고하고 나면 별들의 하늘이 지평선에서 180도, 즉 세차주기의 절반을 움직였다는 사실을 기억해야 할 것이다. 인류의 잊힌 시대가 지나간 뒤, 처음으로 별들의 하늘은 스핑크스 건설자들에게 나타났던 현상을 거울처럼 다시금 반사할 것이다. 다가오는 우주 현상을 감지하는 것은 상상의 우주 시계가 울리기를 기다리는 것과 같다. 그렇다면 무엇을 깨달을 시간일까. 스핑크스 밑에 파묻힌 어둠의 비밀 공간에 숨겨진 비밀을 말하는 것일까.

지금 우리는 스핑크스를 건설한 사람들에 관해 알아야 할 것은 거의 다 알고 있다. 남은 것은 그들의 진짜 정체가 무엇인지, 그들의 최후의 운명과 인류에 끼친 영향, 그리고 기술적으로 어느 정도 성취했는가를 알아내는 일이다. 그래야만 장로신들이 인류에 남긴 가장 위대한 유산을 진정으로 이해할 수 있을 것이다.

제2장

고대인을 흉내 내다

위 | 조세르 왕의 입상 | 카이로박물관 소장

대피라미드가 고대 사회의 최고의 공학적 업적이라는 사실에 대해서는 이론의 여지가 없지만 그 축조 방법은 현대 과학이 풀지 못하는 가장 어려운 수수께끼의 하나다. 그리고 기자의 피라미드야말로 제3왕조의 조세르 왕(기원전 2678년경)을 위해 세워진 사카라의 계단식 피라미드로부터 150년 간 계속되어 온 건설 실험의 결정체임을 부인할 사람 또한 거의 없을 것이다.

그러나 세 개의 피라미드가 그들의 직계 선조들보다 훨씬 뛰어난 공학, 수학, 기술적 원리를 적용했다는 흔적 역시 뚜렷하다. 그렇다면 이 특별한 지식은 어디서 온 것일까. 수백 년 간의 시행착오 끝에 얻어진 것일까. 아니면 이들의 기원을 말해 주는 다른 출처가 있는 것일까.

피라미드의 축소 모형

미국의 고고학자이자 이집트학 학자인 마크 레너는 영국의 공영방송

BBC와 미국의 NOVA/WGBH-Boston 제작팀으로부터 피라미드 축소 모형을 기자고원에 세워 달라는 요청을 받았다. TV시리즈 '잃어버린 제국의 비밀' 제작에 필요하다는 것이었다. 원시적인 고대 도구와 기술만을 사용하고 50명이 채 안 되는 인원과 3주일이라는 한정된 시간에 완성시켜야만 한다는 조건이었다. 돌을 자르고 옮기는 데에 현대 기술을 사용할 수는 있지만 그 다음부터는 옛날 사람들이 했던 방식 그대로 재현해야만 했다.

우선 개당 무게가 평균 0.75~3톤에 달하는 186개의 석재를 채석하고 자른 뒤에 튼튼한 밧줄과 사람의 힘만으로 이동시켰다. 이어 나무로 만든 썰매와 굴림목을 이용하여 타플라*tafla*라고 불리는 흙으로 만든 비탈길에 올려놓았다. 타플라는 석회암과 석고가 혼합된 황갈색 흙을 말하는데 단단한 진흙이지만 묽을 때는 미끄러운 게 특징이다. 그래서 나일강의 강물은 윤활제 역할을 톡톡히 했고 나무판자는 튼튼한 받침대가 되었다. 석재를 끌어올리는 작업에는 12~20명이 동원되었다.

피라미드 위에서는 지렛대를 이용하여 석재를 옮겼다. 가장 힘든 작업은 직각 코너에 석재를 쌓는 일이었다. 그런 다음에 외장 석재로 계단 모양의 피라미드를 덮어서 52도 경사를 이루게 했다. 마지막으로 적당한 석회암으로 만든 피라미디온으로 꼭대기를 덮고 천구天球의 극을 중심으로 하는 별들의 일주 운동을 관찰하여 남북 방향을 알아낸 고대인들처럼 태양의 일주 운동에 기초한 계산법을 사용하여 남북 방향을 정확하게 가리키게끔 했다.

모든 공정은 정해진 3주일에 끝났다. 참으로 놀라웠다. 작업에 참가한 사람들은 고대 이집트 선조들의 공학적 성취와 맞먹는 성공에 환호성을 질렀다. 마크 레너는 "이 제한

아래 | 고대 이집트 제3왕조 때 세워진 계단식 피라미드 | 사카라 소재

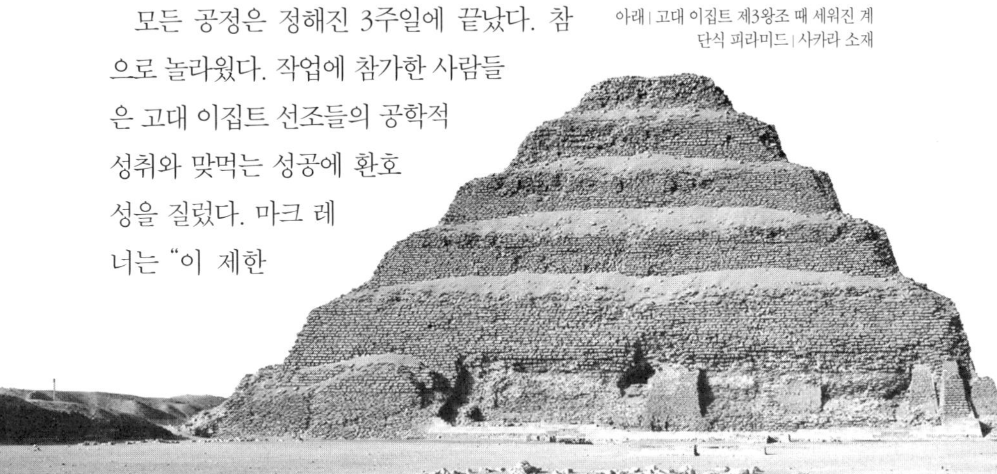

된 실험을 통해 피라미드는 오랜 경험과 기술로 인간이 만든 기념물임이 확실해졌다. 불가사의한 비술秘術 같은 것은 없다"고 했다. 대피라미드 건설에 잃어버린 과학이 관여했을 것이라고 주장하는 일부 학자들을 비꼬는 투였다.

마크 레너 팀이 세운 소형 피라미드는 분명 기자 피라미드가 보여 주는 위대함의 축소판이었다. 전 과정을 텔레비전으로 시청한 사람들은 고대 이집트인들의 기술을 마침내 습득했다고 믿을지 모른다. 충분한 시간과 돈, 기술이 주어진다면 누구라도 먼 선조들의 업적에 준하는 것을 성취할 수 있다고 여겼을 것이다.

그러나 곰곰이 생각해 보자. 과연 성공한 것일까. 1996년 처음 방영된 프로그램을 본 일부 시청자들은 마크 레너 팀이 이룩한 성과가 별 것 아니라는 반응을 보였다. 영국 스톤헨지의 삼석탑, 페루의 쿠스코 북쪽에 축조된 정다각형 석벽, 이집트의 오벨리스크, 그리고 피라미드의 복제품을 진짜와 비교할 때 모두 형편없다는 느낌을 받기 때문이 아닐까. 결과적으로 고대인을 흉내 낸 것처럼 보이고 만 셈이었다. 오히려 고대인의 업적을 과소평가하고 조롱하는 것처럼 느껴지지 않았을까.

이들이 놓친 것은 무엇일까. 아니, 우리가 지금 알고자 열망하는 고대의 기술은 무엇일까. 피라미드라는 경이로운 건축물은 그냥 돌을 쌓아 놓은 암석 더미가 아니라 우리의 감성과 영혼을 약동하게 만드는 성소聖所로 느껴지는 이유가 무엇인가부터 살펴야만 옳다.

거인들이 건설하다

피라미드를 건설한 사람들의 불가사의한 정신을 이해하기란 대단히 어렵다. 그러나 그들은 기자고원의 몇몇 건축물이 다른 것들보다 무척

아래 | 사크사우아만 요새의 정다각형 성벽 | 페루 쿠스코 소재

위 | 고대 이집트 제5왕조의 여섯 번째 왕인 네우세레가 세운 태양신 레의 신전 유적 | 아부시르 소재

오래전에 건설되었다는 사실을 알고 있었던 것만은 분명하다.

대스핑크스 앞에 세워져 있는 밸리 신전을 보자. 이 신전의 중심 벽은 100~200톤에 달하는 거대한 석재로 되어 있다. 길이 5.5m, 너비 3.6m, 높이 2.4m이며 큰 것은 길이 9m, 너비 3.6m, 높이 3.6m에 달한다. 화물 컨테이너보다 크고 디젤 기관차보다 무겁다. 이렇게 크고 무거운 돌을 75m쯤 떨어진 스핑크스 근처의 기반암에서 잘라 내어 옮긴 것이다. 사람이 아니라 거인이 했다고나 할까. 공학적 문제는 차치하고라도 규모의 방대함이 우리의 상상을 초월한다.

흥미로운 사실은 피라미드 시대 이전의 건축물에는 이렇듯 커다란 석재를 사용하지 않았다는 점이다. 제1~2왕조가 다스렸던 파라오 시대는 아케익 시대 또는 초기 왕조시대(기원전 3100~2700년경)라고 불리는데 이 시기의 건축물에는 길이 24cm, 너비 10cm, 높이 5~7cm 정도의 진흙 벽돌만을 사용했다. 말하자면 불과 120년이란 짧은 기간에 건축 재료가 진흙 벽돌에서 무게 100~468톤, 높이 9m 가량 되는 돌로 바꾼 셈이다. 게다가 제5왕조(기원전 2480~2340년경)에 들어와서는 피라미드 시대보다

아래 | 고대 이집트 제2왕조의 카세케무이가 세운 진흙 벽돌 성벽 | 아비도스의 슈네트 엘-제비브 소재

훨씬 작은 석재를 사용했고 제12왕조(기원전 1991~1786년경) 때에는 다시 진흙 벽돌을 사용했다.

정말 이해가 되지 않는다. 왜 크고 무거운 돌을 사용했을까.

이집트학 학자들은 피라미드 시대에는 무엇이든 큰 것을 선호했고 무덤뿐만 아니라 장제전도 방대하다고 주장한다. 그러나 이 주장에는 아주 중요한 핵심이 빠져 있다. 피라미드 건설자들이 100~200톤에 달하는 거대한 돌로 신전을 건설해야만 했던 이유를 설명하지 못하고 있기 때문이다. 그보다 백배나 작은 돌을 사용하면 훨씬 수월했을 텐데…. 대피라미드의 외벽을 덮은 무게 2톤 정도의 보통 돌로도 얼마든지 신전을 지을 수 있었을 텐데….

분명히 엄청나게 큰 석재를 사용한 데에는 보다 과학적인 이유가 있었을 것이다. 그 이유는 무엇일까. 오늘날의 조립식 콘크리트 건물처럼 거석을 이용한 건축이 더 손쉬운 방법이었을까. 아니면 다른 심오한 이유가 있었던 것일까.

먼저 밸리 신전을 건설한 기술자들이 어떻게 100~200톤의 석재를 운반했는지를 알아보자. 오늘날에도 이 정도로 무거운 돌을 운반하는 일은 아주 힘든 작업이다. 1970년대까지 가장 큰 기중기가 들어올릴 수 있는 무게는 100톤에 불과했다. 그 뒤 새로운 기중기가 개발되어 250톤까지 들어 올릴 수 있었지만 커다란 평형추를 사용해야만 했고 무게 1000톤의 짐을 들어 올릴 수 있는 거대한 이동 기중기가 개발된 것은 최근이다.

무게 1000톤이라면 인류가 이제까지 사용한 가장 큰 건축 석재의 무게와 맞먹는 하중이다. 레바논의 베이루트에서 동북쪽으로 약 65㎞ 떨어진 바알베크에는 로마제국 최대의 신전이 있었던 곳인데 이 신전에 사용된 3개의 석재가 개당 1000톤이다. 근처 채석장에 남아 있는 네 번째

아래 | 진흙 벽돌로 지은 고대 이집트 제12왕조 세소스트리스 2세의 피라미드 | 엘-라훈 소재

위 | 1000톤의 돌조각 하나로 되어 있는 힌두사원 수리아 데울라의 지붕 | 인도 코나라크 소재

돌의 무게는 무려 1200톤에 달한다. 인도양 북동부의 벵골만 연안에 있는 코나라크에 세워진 힌두사원 수리아 데울라의 지붕인 흑탑도 1000톤에 달하는 돌조각 하나로 되어 있다.

중요한 것은 현대의 최첨단 기중기로도 밸리 신전의 건설자들이 12m 높이까지 벽을 쌓을 수 있었는지를 설명하지 못한다는 점이다. 고대의 건축 기술에 대해 식견 있는 이집트학 학자들은 '묻고 다시 파내는' 기술을 응용했다고 말한다. 표면을 나무판자로 덮은 경사로를 만들어서 돌을 점점 높은 지점으로 옮겼다는 것이다. 나무로 만든 썰매나 굴림목 위에 돌을 올려놓고 필요한 지점에 닿을 때까지 반대 방향에서 끌어당기는 방법을 썼다는 것이다. 하지만 피라미드가 점점 높아지면 동일한 최적 각도를 유지하기 위해 경사로의 길이를 늘려야 하는데 한정된 공간에서는

아래 | 바알베크 채석장에 있는 무게 1200톤의 거석

위 | 바티칸으로 오벨리스크를 옮기는 장면을 묘사한 네덜란드의 지도 제작자 요한 블라우(1596~1673년)의 삽화

이 작업이 불가능하다. 때문에 나선형 계단처럼 피라미드 주위를 감싸는 방식으로 기존 각도를 유지하면서 경사로를 연장하지 않을 수 없다.

마크 레너 팀이 피라미드 모형을 만들 때에도 같은 과정을 반복했다. 그들은 무게 1톤의 석재를 경사면에서 끌어올리는데 20명이 필요하다는 사실을 알아냈고 이와 비슷한 방법이 대피라미드 건설에 응용되었을 것이라고 추정했다. 이 추정대로 하면 밸리 신전을 건설할 때 동일한 경사로에서 무게 200톤의 석재를 운반하기 위해 4000명이 필요하다.

영국의 고고학자 리처드 앳킨슨은 스톤헨지의 대사암 석재를 솔즈베리 고원으로 옮긴 것과 관련하여 이와 비슷한 연구 결과를 발표했었다. 그녀는 50톤의 거석을 운반하는데 1100명이 필요하다고 봤는데 이 계산을 피라미드에 적용하면 평지에서 200톤의 석재를 운반할 때 4400명이 필요한 것으로 추정된다.

우리와 다른 사고

어쨌든 피라미드 건설에는 조정과 통제 과정에서 많은 문제를 야기했을 것으로 보인다. 석재는 스핑크스 구획에서 밸리 신전이 있는 남동쪽으로 운반되었으므로 운반하기 위한 경사로도 같은 방식을 따랐을 것으로 추정된다. 그런데 문제가 있다. 석재를 공중으로 들어올리기 위해서는 신전의 동쪽 끝, 즉 기자고원 경사면에 4000명의 일꾼을 배치했겠지만 이렇게 하여 생긴 예각은 200톤의 석재를 경사로에서 높이 9m의 최종 목적지까지 들어 올리는 것을 불가능하게 한다. 그런데도 피라미드가 건설될 수 있었던 기술은 무엇일까. 고대인들은 거대한 석재를 나무 썰매나 굴림목에 어떻게 올렸고 제자리에 놓았을까.

학자들은 이탈리아의 건축가 도메니코 폰타나가 서기 1세기경 이집트에서 로마로 가져온 무게 327톤의 오벨리스크를 1586년 바티칸 궁전의 원형 광장에서 성 베드로 대성당 앞으로 옮겨 세울 때 사용했던 방식이 해답이라고 말할지 모른다. 당시 폰타나는 오벨리스크를 옮기기 위해 발판과 경사로, 40개의 캡스턴을 사용했는데 이것은 800명과 말 140마리의 힘을 합쳐야 가능한 작업이다.

내가 보기에, 학자들의 생각은 너무 단순하지 않을까 싶다. 앞서 이야기했듯이 오늘날에도 그와 같은 공학적 성과를 달성하기란 무척 어려운 일이다. 하물며 피라미드 시대는 지금으로부터 8000년 전이다. 정말 고대인들의 뛰어난 공학 능력에 놀라움을 금할 수 없다.

우리로서는 고대인들이 어떻게 밸리 신전과 같은 거대한 건축물을 그토록 손쉽게 건설할 수 있었는지, 왜 200톤이나 되는 큰 돌을 사용했는지에 대해 전혀 알 길이 없다. 오늘의 건축 상식으로 보면 그들의 행동은 대단히 비합리적이다. 적어도 현대인의 기술적 환경에서는 거의 나올 수 없는 건축물이다.

결론적으로 그들은 우리와 판이하게 다른 사고방식을 지닌 사람들이었을 것으로 짐작된다. 삶에서 중요한 것이 우리와 달랐을 것이다. 나는 이러한 전제에서 거석 건축물 이면의 논리성에 대해 추정할 수밖에 없다고 생각한다. 물론 그들 역시 4000명의 인력 동원이란 전통적인 건축 방식을 따랐다고 추정하는 게 타당할지 모른다.

하지만 다른 가정도 있을 수 있다. 혹시 지금 세상에서 찾아볼 수 없는 비정통적인 기술을 사용하지 않았을까. 근거가 없지는 않다. 고대 이집트인들의 직계 후손인 콥트인에게 대대로 전수되어 온 고대 전통에서 그 근거를 찾을 수 있다. 따라서 이제부터는 비논리적인 세계로 들어가야 한다.

제3장

오래된 콥트인 이야기

폐쇄공포증을 일으킬 정도로 좁은 카이로 구시가지(올드카이로)에는 지난 1500년간 콥트교 공동체가 사용했던 몇 개의 교회가 남아 있다. 파손되어 방치된 곳도 있고 어느 곳은 암시장에 내다 팔 만한 물건을 훔치는 도둑들의 목표물이 되기도 했다. 그러나 이곳에서는 콥트교 사제들이 지켜오고 있는 비밀스런 분위기를 느낄 수 있다. 아마도 그들 중 몇몇은 기자 피라미드를 건설한 사람들의 직계 후손일 것이다.

사전을 보면 콥트*Copt*라는 단어는 그리스어 'Aiguptos'의 형용사형 'Aiguptios'에서 나온 말이다. 이 말은 기원전 332년 알렉산더 대왕의 이집트 원정 이후 이집트로 물밀듯이 들

왼쪽 | 알렉산드리아 해안에서 발견된 사라피스 두상

위 | 아몬-레 신에게 공물을 바치는 고대 이집트 파라오 복장의 알렉산더 대왕 부조 | 룩소르 신전 소재

어온 그리스 이주민들에 대해 토박이 원주민을 일컫는 말이었다. 전승에 따르면 콥트교의 기원은 4명의 복음사가 중 한 사람인 성 마르코로 거슬러 올라간다. 그는 서기 50년경 알렉산드리아에서 이집트인들에게 예수의 말씀을 전했다고 전해지는 인물이다.

콥트교는 기독교 탄생 이전에 고대 이집트에서 성행했던 다양한 종교에서 영향을 받았다. 예컨대, 알렉산드리아는 여신 코레와 남신 사라피스를 숭배하던 신앙의 중심지였는데 사라피스는 오시리스 신과 멤피스의 성스러운 황소 아피스와 연관된 전통을 혼합하여 생긴 합성 신이었다. 또 콥트교의 언어와 문자는 파라오 시대의 민중 문자에서 차용한 7개 자모를 보충한 그리스 문자로 표기된다. 하지만 그들의 풍부한 종교 미술

아래 | 이집트 알렉산드리아의 세라피스 신전 유적지

은 선대 종족의 모든 특징을 보여 주고 있다.

알-마수디의 기록

콥트교는 이슬람교와 상이한 성격을 가졌음에도 불구하고 초기의 많은 아랍 여행가들은 콥트교 사제들이 고대 이집트인들의 지혜와 관련된 전통을 보존해 왔다고 믿었다. 그래서 그들이 기자 피라미드의 비밀을 털어놓을지 모른다는 희망을 품고 많은 사람이 올드카이로를 방문했다.

그 중에는 서기 10세기경 활동했던 아랍의 역사가 아브 알 후사인도 있었다. 바그다드에서 태어난 그는 선지자 마호메트의 동료 압둘라 이븐 마수드가 직계 선조라고 주장하면서 자신을 알-마수디라고 칭했다. 말년에 이르러 이집트에 정착했지만 인생의 대부분을 일정한 정착지 없이 잘 알려지지 않은 세계를 방랑했다. 아르메니아, 실론, 인더스 유역, 잔지바르에 이르는 아프리카 동부 해안, 마다가스카르, 그리고 중국까지 여행한 것으로 알려지고 있다.

그는 여행을 하면서 유대교, 그리스도교, 힌두교, 조로아스터교 등 종교인들과 나눈 대화를 토대로 그 지방의 고대 관습과 신앙, 과학, 역사 등을 꼼꼼하게 기록한 20여 권을 저술했다고 전해진다. 두 권만 현존할 뿐인데 그 중《황금초원과 보석광산》이란 제목의 저작물에는 그가 카이로에 머무를 때 기자 피라미드에 관해 들었다는 놀라운 이야기가 담겨 있다. 이 이야기는 영국군 장교이자 인류학자인 하워드 바이스가 저술한 전 3권의 책《1837년 기자 피라미드 조사》의 부록에도 실려 있다. 그 내용은 다음과 같다.

서기 868~877년 이집트를 통치하면서 툴룬 왕조를 창시한 아흐마드 이븐 툴룬이 콥트교를 박해하자, 콥트교의 한 사제가 이븐 툴룬에게 알현

아래 | 아흐마드 이븐 툴룬 모스크 전경 | 카이로 소재

을 청했다. 신앙과 신자를 보호하기 위해 나선 것이었다. 그가 이븐 툴룬에게 나일강의 수원과 기자의 대피라미드 건설에 관한 이야기를 했는데 그때부터 이븐 툴룬은 콥트교 사제들의 심오한 지혜와 신앙에 높은 관심을 갖게 되었고 콥트교에 대한 박해를 멈췄다고 한다.

콥트교 사제가 이븐 툴룬에게 들려준 내용은 이러했다.

대홍수가 일어나기 300여 년 전, 사우리드 이븐 살호우크라는 왕이 있었다. 어느 날 왕은 '대지가 온통 뒤집어져서 사람들이 땅 위에 엎드려 있고 … 별들이 궤도에서 이탈하여 엄청난 소음을 내며 충돌하는' 악몽을 꿨다. 처음에는 대수롭지 않게 여기고 그냥 넘겼지만 또다시 '항성恒星들이 하얀 새의 모습으로 땅 위에 내려와 사람들을 낚아채고는 아주 높은 두 산의 틈바구니에 넣고 닫아 버리는' 재앙이 덮치는 악몽을 꿨다.

계속되는 악몽에 시달리던 왕은 헬리오폴리스의 레*Re*의 신전으로 가서 휴식을 취하는 한편, 130명의 고위 사제들을 불러 모았다. 그 중에서 가장 연장자인 제사장은 필리몬 또는 이클리몬이란 사람이었다.

왕의 꿈 이야기를 들은 제사장은 자신도 기괴하고 끔찍한 악몽에 시달린 적이 있다고 했다. 일 년 전쯤, 꿈속에서 똑같은 재난을 목격했다는 것이다. 하지만 재앙이 일어난 뒤에는 하늘이 예전처럼 될 것이라고 했다.

왕은 재앙의 의미가 무엇인지를 자세히 알아보기 위해 사제들에게 하늘의 별을 살펴보라고 했다. 사제들은 대홍수가 일어나 온 땅을 뒤덮을 것이며 그 결과, 몇 년 동안 대부분의 땅이 온전치 못할 것이라고 보고했다. 맘루크 왕조 때 활동했던 역사가 아흐마드 알-마크리지(1360~1442년)는 이 내용을 변형시켜 대홍수와 더불어 '사자자리 때 시작된 불이 온 세상을 다 태울 것'이라고 기록했다.

왕은 대홍수가 끝나고 나면 예전처럼 살 수 있다는 제사장의 말에 따라 '피라미드'를 건설할 것을 명했다. 그리고 사제들의 예언을 피라미드의 돌과 기둥에 새기는 한편, '조상들의 시신과 함께' 보물과 귀중품, 예술과 과학 지식 등을 기록한 문서를 피라미드 안에 넣어두라고 했다. 그 문서에는 약용 식물의 이름과 약효, 수학과 기하학 등에 관한 내용이 적혀 있었다. 이 대목에서 알-마크리지는 피라미드 아래의 '지하 통로'를 지칭하기도 했다.

이상이 기자 피라미드의 전설적인 기원에 관해 알-마수디가 들려준 콥트인 이야기의 골자였다. 서기 9세기경 아랍의 역사학자 이븐 아브드 알 호큼 역시 알-마크리지처럼 이야기를 약간 변형시켜 본인의 저작물에 포함시켰다.

사실 피라미드를 둘러싼 사건과 관련된 지식은 무척 많고 다양하다. 알-마수디의 이야기에 등장하는 사우리드 왕은 그 중 한 가지에 초점을 맞춰 창조된 가상 인물이다. 내용 또한 실제 사건에 공상적 요소를 가미한 것이다. 물론 고대 이집트를 유린한 화재와 홍수에 대한 언급은 마지막 빙하기의 휴식기에 밀어닥친 대홍수와 기후 변화의 기억을 드러낸 것이리라.

아보우 호르메이스*Abou Hormeis*라는 수도원에서 발견된 콥트교의 고본稿本을 보면 화재와 대홍수가 일어났던 시기와 사자자리의 연관성이 잘 나타나고 있다. 이 고본은 콥트교 사제가 아랍어로 번역한 것을 서기 847년 알 코드하이라는 역사가가 저술한 책에 수록되어 있는데 '사자자리의 심장이 게자리 머리의 처음 시기에 들어올 때 홍수가 일어날 것'이라고 적혀 있다. 여기서 '사자자리의 심장'이란 사자자리에서 가장 밝은 별인 레굴루스의 옛 이름이다. 이 별은 낮에 태양이 하늘을 가로질러 가는 황도 위에 위치한다. 그리고 게자리는 단지 세차주기로만 사자자리를 따르므로(사자자리는 연年주기로 게자리를 따른다) 이 전설은 실제의 역사적 사건에 대한 기억뿐만 아니라 그 사건이 발생한 기간까지 보존해 왔다는 것을 입증하는 셈이다.

나는 전자공학도인 로드니 헤일의 도움을 받아 아보우 호르메이스의 고문서에 담겨진 천문학적 정보를 컴퓨터에 입력했다. 스카이글로브 3.6이란 프로그램을 사용했는데 사자자리의 주요 별이 주야평분시의 일출 바로 직전에 동쪽 지평선에서 떠오른 마지막 시점은 기원전 9220년경이었다. 결국 고대 이집트의 천문학자들은 '사자의 심장'인 레굴루스가 더 이상 춘분점 위의 태양과 함께 떠오르지 않자, 사자자리 시대의 종말과 게자리 시대의 시작 혹은 게자리가 이미 천궁 상에서 자신의 '처음 시기'

에 진입했음을 알리는 징후라고 여겼던 것이다. 콥트 교본이 이 시기쯤 이집트에서 대홍수가 일어났다고 기록한 이유를 설명하고 있는 것이다.

활의 사정거리

기자 피라미드의 기원에 대해 알-마수디가 기록한 내용 중에서 눈길을 끄는 대목은 피라미드와 그 주변의 '기다란 보도步道'에 사용된 석재가 다소 특이한 방법으로 운송되었다는 점이다.

> 채석장에 있는 커다란 돌 밑에 마법의 글자를 적은 파피루스나 종이를 깔고 긴 쇠막대기로 돌을 깨뜨리면 활의 사정거리만큼 움직여서 결국 피라미드를 건설하는 곳까지 이르렀다. 석재 중앙에 쇠막대기를 넣어서 보도를 만들었는데 쇠막대기는 녹인 납으로 고정시켰다.

툴룬 왕조가 시작되기 전인 서기 820년, 아바스 왕조의 제7대 칼리프인 알-마문의 통치기에 대피라미드 내부가 최초로 공개되었다. 그러자 사람들은 놀라움을 금치 못했다. 특히 왕의 방에 있는 70톤짜리 화강암 석관을 보는 것만으로도 무한한 외경심을 갖지 않을 수 없었다. 초자연적인 힘이 작용한 것이라 여겼다. 기원을 알 수 없는 종족이 아니라면 마법의 능력을 소유한 종족이 만들었다고 믿을 정도였다. 그래서일까. 건축방식에 관해 온갖 추측이 난무했는데 알-마수디의 기록도 그 연장선상에 있는 것처럼 보인다.

고대 이집트인의 후계자인 카이로의 콥트교 사제들이 이러한 이야기를 만들어 낸 이유는 무엇일까. 무지한 콥트교인이나 아랍인이 이해할 수 없는 현상을 설명하기 위해 초자연적인 해석을 한 것일까. 아니면 일말의 진실을 반영하고 있다고 봐야 할까. 사실을 확인해 보자.

알-마수디의 기록을 보면 돌을 채석장에서 깨뜨릴 때, 돌 밑에 마법의 파피루스를 놓고 쇠막대기로 돌을 깨뜨렸다고 했다. 그러면 깨진 돌이 공중으로 솟구쳐서 '활의 사정거리'만큼 움직였다는 것이다. 활의 사정거리라면 약 150큐빗을 말한다. 1큐빗이 0.5773m이므로 86.5m의 거리다.

그렇다면 가장 기초적인 물리학 지식으로 보더라도 고대 이집트인들은 돌을 쳐서 소리의 진동 효과를 낼 수 있었다는 것을 알 수 있다. 석재를 깨뜨릴 때마다 소리의 진동으로 중력에 상관없이 86.5m 움직였다는 이야기다. 최초의 일격을 가한 뒤에 뉴턴의 운동의 제1법칙, 즉 외부의 힘이 작용하지 않으면 운동하는 물체는 같은 속도와 방향으로 계속 운동한다는 법칙을 이용한 셈이다.

물론 역사학자들은 알-마수디의 저작을 사이비 역사책이자 백해무익한 공상의 산물로 간주할지 모른다. 콥트교인들이 선조들을 치켜세우기 위해 만들어 낸 가상의 이야기라고 말이다. 소리의 진동을 이용해서 돌을 옮겼다는 주장 역시 터무니없는 소리라고 생각할 것이다.

그러나 알-마수디는 후대의 역사가들이 '아랍의 헤로도토스'로 평가한 인물이었다. 영국의 아랍 문학자인 레이놀드 A. 니콜슨도 그런 호칭에 걸맞은 인물이라 했고 중세 이슬람 세계를 대표하는 튀니스 출신의 역사가 이븐 할둔은 알-마수디를 '역사가들을 위한 이만*imán*'이라고 불렀다. '이만'이란 역사의 아버지란 뜻이다. 그렇다면 알-마수디가 사실 여부에 대한 확인 없이 터무니없는 허풍을 떨은 것은 아니라고 봐야 하지 않을까.

나는 스핑크스를 건설한 장로신들과 피라미드를 건축한 그 후손들이 소리 기술을 이용하여 거석 구조물을 세웠다는 이 대목에 흥미를 느꼈다. 실제로 그런 능력을 소유했다면…. 상상을 초월하는 방식으로 자연의 힘을 지배할 수 있었다면….

확실한 사실은 200~468톤의 거대한 돌을 쉽게 옮길 수 있었다는 것, 대피라미드는 피타고라스의 기하학, 고대 계측학, 파이의 수학 값, 지구 측량에 관한 심오한 지식 등을 암호화해서 표현된 것이라는 점이다. 정말 파라오 시대의 이집트인들은 이 모든 과학 지식을 알고 있었지만 비밀의 창시자를 제외하고 모든 이들에게 잊힌 것일까. 세상은 한때 소리에 관한 지식을 보유했지만 잃어버리고 만 것일까.

신지학적 증거

고대 이집트인들이 소리의 힘을 이용하여 거대한 돌을 옮겼다는 발상은 전혀 새로운 사실이 아니다. 이미 수많은 신비주의 작가들이 훨씬 이전의 고대 문명, 즉 플라톤이 기원전 355년 저술한 《대화편》에서 언급한 잃어버린 대륙 아틀란티스와 같은 선대 문명이 피라미드 건설자들에게 우월한 기술을 전수했다는 증거로 인용되곤 했다.

1875년 신지학神智學협회를 창립한 러시아의 신비사상가 헬레나 블라바츠키의 수제자인 영국의 애니 베전트는 1908년 펴낸 《인류의 혈통》이란 저술에서 다음과 같이 기술하고 있다.

> 〔피라미드와 거석 유적에 사용된〕 돌은 사람의 힘이나 초현대적인 정교한 기계에 의해 옮겨진 것이 아니다. 지구 자기磁氣의 힘을 이해하고 통제할 수 있는 사람들이 한 일이다. 돌은 무게를 잃고 공중에 떠올라서 한 손가락만으로도 지정된 위치에 놓을 수 있었다.

블라바츠키의 또 다른 수제자인 영국의 A. P. 신네트 역시 1924년 펴낸 《피라미드와 스톤헨지》에서 비슷한 이야기를 하고 있다.

> 거대한 돌의 운반과 대피라미드의 건설 자체는 자연력에 대한 지식의 적용으로만 설명이 가능하다. 하지만 이 지식은 고대 이집트 문명의 쇠퇴기와 중세의 야만기를 거치면서 사람들에게 잊혀 갔고 현대 과학도 이 지식을 다시는 소유할 수 없었다. … 건설 작업을 지휘한 기술자들은 돌의 부분적인 공중 부양 과정을 촉진시켰다.

19세기 말부터 20세기 초까지 등장한 신지학자들의 견해는 대부분 알-마수디의 기록과 블라바츠키의 비술에 기초한 것이었다. 만일 이들

아래 | 기자고원의 채석장

위 | 블라바츠키(맨위)와 그녀의 수제자인 애니 베전트(가운데), 신네트(맨아래)

의 주장에 의미가 있다고 판단되면 고대 이집트인들이 오늘날보다 훨씬 우월한 기술을 보유했다는 견해를 뒷받침하는 셈이 된다.

온의 사제들

신지학자들의 도전적이고 급진적인 주장을 입증할 만한 명백한 증거는 하나도 없다. 그러나 영국의 소설가 월터 오웬이 1947년 발표한 소설《천계의 알려지지 않은 사실》의 도입부를 보면 이집트의 잃어버린 소리 기술에 대해 다시금 생각하게 된다. 월터 오웬은 고대의 신비주의 전통이 서구 문명을 형성하는데 큰 영향을 미쳤다고 보고 이를 소설의 주제로 삼았기 때문이다.

이야기는 비밀수도회가 인류 역사에 지속적인 영향을 미쳤음을 증명하기 위해, 주인공이 부에노스아이레스에 있는 한 서재에서 종교와 비술에 관한 글을 탐독하는 장면으로 시작된다. 그러다가 고대 이집트로 방향을 바꿔《알렉산드리아 하마르키스의 하이어래티카》라는 가공의 책에 적힌 글을 인용한다.

고대에 온(하이집트에 있는 헬리오폴리스의 성서 지명)의 사제들은 기적 같은 기술을 갖고 있었다. 그들이 자연의 정신을 지배하고 오늘날에도 증거가 남아 있는 기적을 행한 것은 확실하다. 그들은 마법의 주문으로 폭풍을 일으켰고 1000명의 장정도 들 수 없는 돌을 공중으로 옮겨서 신전을 세웠다.

영국의 작가 데스몬드 레슬리가 없었다면 이 내용은 사람들의 이목을 끌지 못했을 것이다. 1953년 데스몬드 레슬리는 비행접시와 접촉하여 외계인을 만났다고 주장하는 미국의 조지 아담스키와 함께 《비행접시가 착륙하다》를 발표했다. 이 책에서, 그는 소리에 의한 공중 부양의 증거로 월터 오웬의 이야기를 재인용했는데 이 책이 세계적인 베스트셀러가 되자 덩달아 월터 오웬의 '온의 사제들' 이야기도 사람들의 관심을 끌게 되었다.

안타까운 사실은 레슬리가 소설 속의 허구라는 사실을 인식하지 못한 채 인용했다는 점이다. 게다가 페이지를 잘못 읽어서 《알렉산드리아 하마르키스의 하이어래티카》가 아니라 《칼데아의 마법》이 출처라고 주장했다. 《칼데아의 마법》은 프랑스의 고전 연구가 프랑수아 르노르망이 1874년 저술한 권위 있는 중동 신화 관련 서적이다. 어쨌든 알-마수디의 주장을 뒷받침하는 이 허구의 인용문 하나 때문에 소리 기술은 실제 가치보다 훨씬 많은 관심을 끌었다.

솔직하게 말해서, 나는 밸리 신전이나 기자 피라미드 건설에 소리가 일정한 역할을 했다고 확신하지 못한다. 고고학자들의 주장처럼 충분한 시간과 인력이 주어지면 모든 것이 성취될 수 있을지도 모르겠다. 하지만 설명이 가능한 것을 설명하기 위해 이상한 내용이나 개념을 끌어들일 필요는 없지 않을까. 지금의 나로서는 콥트인들의 고대 문헌에서 피라미드 건설자들이 고도로 발달된 석조 기술을 가졌다는 확증을 발견하지 못했다는 것을 시인할 뿐이다.

제4장

실현 불가능한 기술

1880년 11월의 어느 날, 폭풍우가 몰아치는 궂은 날씨에 영국의 한 젊은이가 카이로로 향했다. 피라미드의 비밀 세계에 매료된 이 젊은이는 훗날 고고학의 유적 발굴 기법과 방법에서 한 획을 그은 고고학자 윌리엄 플린더스 피트리(1853~1942년)였다. 당시 그는 기자고원의 피라미드와 신전들을 학술적이면서도 치밀하게 조사할 계획으로 이집트를 방문했다. 들고 있는 가방 속에는 사막 생활에 필요한 비상 식량과 최고의 측량 장비들이 들어 있었다. 그때만 해도 이집트의 사막은 유럽 여행자들을 노리는 산적들이 자주 출몰하던 곳이었다.

젊은 고고학자의 열정

고대 이집트를 향한 피트리의 갈증은 어린 시절부터 시작되었다. 부친의 영향을 많이 받았는데 토목기사였던 부친 윌리엄 피트리는 피아치 스미스의 열성적인 지지자였다.

스코틀랜드의 왕립 천문학자이자 에든버러대학 천문학 교수인 피아치 스미스는 대피라미드의 설계와 측량에서 지구 크기에 관한 측지학적 지식을 발견할 수 있을 것으로 믿었던 인물이었다. 그러나 성서에 경멸의 대상으로 등장하는 고대 이집트인들이 건설했다고는 생각하지 않았다.

노아의 방주나 모세의 언약의 궤처럼 신적인 영감을 받은 사람들이 했을 것이라고 여겼다. 그의 영향을 받은 스코틀랜드의 로버트 멘지스(1865년 출생)는 한 발 더 나아가 대피라미드의 내부 측정치가 그리스도 재림의 시기를 포함한 과거와 현재, 미래에 대한 예언을 나타낸다고 주장했다. 그 바람에 피아치 스미스의 주장은 멘지스의 성서 예언 이론과 동일하게 취급되어 대중 언론으로부터 웃음거리가 되고 말았다.

그러나 젊은 피트리는 피아치 스미스에 매혹되어 부친의 스승의 뒤를 따르기로 했다. 이집트에 가서 직접 피라미드를 조사하고 스승의 이론이 타당한지를 확인하겠다고 나선 것이다.

고대 이집트의 건축물에 대한 피트리의 열정은 역사의 기록이라는 책임감에서 비롯된 것이었다. 그는 인류의 유산을 이기적으로 이용하려는 사람을 단호하게 비난했다. 보물이 묻혀 있다고 여긴 이집트인들이 폭발물을 사용해서 스핑크스 신전을 파괴한 것을 목격하고는 훗날 "보존에는 무관심한 사람들과 모든 것이 파괴된 현장을 보고 화가 치밀어 올랐다"고 기록하기도 했다.

피트리는 인공적인 평면의 기자고원을 삼각 측량하면서 정확성을 최우선시했다. 그의 말처럼 '충분히 계산하고 수정한' 관찰 결과, 대부분의 점들은 10분의 1인치(2.5㎜) 범위 내에서 결정되었고 오차 범위가 4분의 1인치(6.3㎜)를 넘어서는 지점은 거의 없었다. 이어, 피라미드와 신전 건축물 내부의 정확도에 초점을 맞춰 조사했는데 단순히 벽과 벽 사이

아래 | 영국의 고고학자 플린더스 피트리 (1922년 아비도스에서)

를 측정하기보다는 수직면과 수평면의 수준 측량 도구로 측연선을 이용하여 측정했다. 일에 너무 몰두한 나머지, 식사를 거르기 일쑤였고 관광객들이 떠나고 나면 피라미드 안에 들어가서 새벽까지 나오지 않은 적도 많았다.

고된 작업의 결과는 놀라웠다. 무엇보다 피아치 스미스와 같은 견해를 주장하는 학자들의 이론에 치명타를 가했다. 피트리가 계산한 측정치는 스미스의 연구와 하나도 일치하지 않았다. 결국 스승의 오류를 입증하는 결과가 됨으로써 그의 고백처럼 '추악한 작은 사실이 아름다운 이론을 죽인' 장본인이 되지 않기를 희망했던 그 자신에게 크게 실망하고 말았다. 물론 스미스의 이론은 최근 리비오 스테치니, 윌리엄 픽스 등에 의해 부분적으로 수정되거나 입증되고 있다.

피트리는 피라미드의 네 각을 이어서 만든 원의 반지름이 높이와 같다는 것을 밝혀냈다. 대피라미드의 비율이 파이의 수학 값을 정확하게 표현했다고 여긴 믿음을 입증한 것이다. 피라미드의 왕의 방 측정치가 피타고라스 기하학을 정확하게 나타낸다는 것도 증명했다.

훨씬 뛰어난 사람들

내가 보기에, 피트리는 피라미드를 건설한 사람들에게 외경심을 느꼈음이 분명하다. 그는 고도로 발달된 기술을 보유한 '신新 종족'이 고왕국 시대에 피라미드와 신전 건설을 지휘했을 것으로 여겼다. '신 종족'이 누구인지를 명확하게 밝히지는 않았지만 동시대의 이집트인들보다 훨씬 뛰어난 기술을 소유한 엘리트 집단이라고만 추정했다.

피트리의 생각처럼, 그들은 어떤 돌과 도구를 사용해야 하는지, 어느 각도와 치수로 건물을 세워야 하는지를 정확하

아래 | 대스핑크스 앞에 있는 밸리 신전(사진 속의 왼쪽)과 스핑크스 신전(오른쪽)

게 결정할 수 있었던 탁월한 기술자였던 것 같다. 피트리에 따르면 대피라미드 토대의 정확도는 '기술의 승리'이며 길이와 각도의 오차는 엄지손가락만큼도 되지 않았다. 반면에 땅 고르기, 석재 손질, 절단 등 실제 작업을 담당했던 사람들에게서는 이상하게도 미숙함이 많이 눈에 띄어 말문이 막힐 정도였다는 것이다. 결국 작업을 지휘한 사람과 실제로 일을 맡아 수행한 사람이 달랐던 것이다. '초기의 정교한 기술은 기술자들의 평범한 재능으로 달성된 것이 아니었고 그들보다 훨씬 뛰어난 몇몇 사람이 이룩한 위업'이라는 게 피트리의 결론이었다.

생각해 보자. '그들보다 훨씬 뛰어난 사람들'은 누구였을까. 아니, 피트리가 언급한 초기 이집트 시대의 '신 종족'은 어떤 모습이었을까.

고고학적 증거에 따르면 정교한 기술을 보유한 미지의 종족은 기원전 3500~3100년경 이집트의 선왕조 및 원시왕조시대에 나타난 것으로 보인다. 상이집트 북부에 있는 후기 선왕조시대의 고분에서 '두개골이 크고 토착민들보다 몸집이 큰 사람들의 해부학적 잔해'가 발견되었기 때문이다. 영국의 고고학자 월터 에머리는 1961년 저술한 《고대의 이집트》에서 다음과 같은 결론을 내리고 있다.

> 이들이 이전의 종족에서 기원했다는 추측은 사실상 불가능하다. 두 종족이 융합되었을 가능성은 있지만 그 속도가 그다지 빠르지 않아서 상·하 이집트가 통일될 즈음에 완료되었을 것이다. 왜냐면 고대 시기를 통틀어 문명화된 지배계급과 일반 민중은 매장 관습의 차이에서 뚜렷하게 구별되기 때문이다. 하층계급이 지배계급의 장례 건축과 매장 양식을 받아들였다는 증거는 제2왕조 말기에 이르러서야 찾아볼 수 있다.

그렇다면 토착민보다 몸집이 큰 체구의 지배계급은 누구일까. 피

아래 | 멘카우레 장제전 전경

위 | 대피라미드 북쪽 면에 남아 있는 덮개 돌

트리가 말한 '신 종족', 즉 이집트의 석조 건축 기술을 보유한 '동료들보다 훨씬 뛰어난 사람들'일까. 월터 에머리는 그들이 셈수-호르, 즉 매의 머리를 한 호루스의 동료들이자 추종자들일 것으로 추정했다.

앞서 언급했듯이, 토리노 파피루스에 따르면 셈수-호르는 최초의 파라오 메네스가 왕위에 오르기 전에 1만 3420년이라는 엄청난 세월 동안 이집트를 다스렸다. 따라서 월터 에머리의 추정은 셈수-호르가 이집트 왕조의 지배 세력이었고 스핑크스를 건설한 장로신들, 즉 세차주기로 볼 때 사자자리 시대인 '최초의 시대'에 살았던 네체루의 후손임을 암시한다. 그럼 이들이 바로 석공과 기술자들을 지휘했던 '동료들보다 훨씬 뛰어난 사람들'이며 피라미드 건설을 감독하고 이집트의 석조 건축 기술을 창시했을까.

다이아몬드 날이 달린 톱

피트리는 대피라미드를 조사하면서 피라미드 시대의 선진 기술과 사회조직, 지배계급에 대해 많은 것을 알아냈다. 그리고 예상치 못한 또 하나의 사실도 발견했다.

왼쪽 | 호루스 상 | 기원전 1070~664년 작품 | 루브르박물관 소장

위 | 대피라미드 왕의 방의 석관

피라미드와 신전, 피라미드 내부의 석관, 기타 다양한 석기 등에 뛰어난 절단 기술이 숨겨져 있다는 점이었다.

우선 대피라미드 북쪽의 덮개용 석재를 조사한 피트리는 그 제작과 배치의 정확성에 놀랐다. 석재 사이사이를 잇는 이음매의 평균 두께가 0.5㎜로 그 정확도는 현대 광학기계 제조업자의 0.5㎜ 직선자에 필적하는 수준이었다. 석재 하나의 무게가 16톤이고 3.25㎡의 면적을 덮는 거대한 크기인데도 피라미드 건설자들은 0.5㎜의 틈 사이로 각각의 석재를 놓았던 것이다. 이음매에는 얇은 시멘트 층까지 포함되어 있었다.

피트리는 "돌을 정확한 경계면에 놓는 것 자체가 무척 꼼꼼한 작업이다. 시멘트가 포함된 이음매까지 만든다는 것은 거의 불가능하다"고 했다. 처음에는 그 정밀도에 놀랄 수밖에 없었지만 단단한 암석을 자르고 구멍을 뚫는 작업까지 고려하자, 정교한 기술이 어느 정도의 수준이었는지를 파악할 수 있었다.

그는 대피라미드의 왕의 방에 있는 화강암 석관부터 살폈다. 표면에 수평과 수직의 흠이 나 있어서 아주 긴 톱으로 자른 것이 틀림없었다. 북쪽 면 구석에는 톱이 화강암 안으로 너무 깊게 들어가서 톱을 빼내고 다시 자르는 과정이 필요했던 것처럼 보였다. 또다시 깊게 파이면 위치를 바꿔 잘랐던 것 같았다. 석관의 전체 표면이 매끄럽게 닦여 있는 것은 이 같은 실수를 감추기 위한 것이 분명했다.

이와 비슷한 톱자국을 카프레 피라미드 내의 석관과 기자고원에 흩어져 있는 화강암 석재에서도 발견한 피트리는 톱의 길이가 대략 2.7m쯤 될 것이라고 생각했다. 대피라미드의 왕의 방에 있는 석관의 바깥쪽 길이가 2.28m이었기 때문이다.

그런데 이러한 가설은 상식을 뛰어넘는 것이었다. 이집트에서 발굴된 톱은 모두 톱니 모양의 날이 있는 청동제 톱이었고 이 톱으로는 암석은 커녕 버터 한 덩어리도 자르기 힘들었던 것이다. 그래서 이집트학 학자들은 고왕국시대의 석공들이 청동제 톱을 사용했을 것이라고 추정하면서도 모래로 만든 연마재를 추가로 사용했을 것이라고 생각했다. 적당한 압력과 힘이 가해지면 절단 도구와 돌의 표면 사이에 놓인 연마재가 돌을 갈아서 제거하게 된다는 것이다.

피트리 역시 설화석고나 석회암처럼 연석을 자를 때에는 이 방법을 사용했을 것이라고 했다. 그러나 현무암이나 적색 화강암, 검은 반점이 있는 섬록암처럼 단단한 화성암을 자르기는 힘들다고 여겼다. 따라서 톱 끝에 보석 날을 달았을 것이고 '작업의 성격상 다이아몬드가 절단용 보석으로 쓰였을 것'으로 봤다. 그러나 다이아몬드는 구하기 어렵고 이집트에서 산출되지 않는다는 점을 고려할 때, 강옥鋼玉, 즉 사파이어, 루비, 에머리를 재료로 사용했을 가능성이 높다는 게 피트리의 판단이었다.

아래 | 고대 이집트인의 톱질 광경 | 레크미르 무덤 벽화 | 테베의 엘-쿠르나 소재

위 | 고대 이집트 제2~3왕조의 돌그릇 | 사카라 임호테프박물관 소장
아래 | 나카다 2기의 돌항아리 | 라이프치히대학 이집트박물관 소장

피트리는 피라미드 시대에 제작된 섬록암 그릇을 살펴보고 나서 보석 날의 존재를 더욱 확신했다. 돌그릇 중에는 상형문자와 평행선이 정확하게 새겨진 것이 있는데 날카로운 보석 날이 있는 조각 도구를 사용한 것이 분명하다고 생각했다. 베어진 자국은 모두 '깊이가 일정하고 등거리를 유지하고 있으며' 손으로 톱을 사용할 때 부득이하게 생기는 흔들림이 조금 있을 뿐이었던 것이다.

피트리는 고왕국시대에 선반이 사용되었다는 증거도 발견했다. 선반 가공은 산업 기술의 발달로 탄생한 현대의 산물이라는 게 정설이지만 '제4왕조 당시 선반은 현대의 작업장에서처럼 일상적으로 사용되었다'는 게 피트리의 가설이었다.

특히 아주 얇은 두께로 거의 완벽한 원 형태를 띤 섬록암 그릇은 고대 이집트에서 선반 작업이 시행되었다는 강력한 증거이기도 했다. 그릇의 오목한 표면은 두 개의 중앙 날이나 도끼로 잘려 나갔음을 보여 주고 두 개의 곡선이 교차하여 만나는 곳에는 희미한 돌출점이 남아 있었다. 이러한 흔적들은 갈음질이나 문지르기와 전혀 상관없다고 여긴 피트리는 섬록암 그릇에 고도로 발달된 선반, 즉 '두려울 것이 없는 강력한' 도구의 흔적이 남아 있는 것으로 확신했다.

관 모양의 구멍 뚫는 기술

피트리는 가장 단단한 암석에 관管 모양의 구멍을 내는 드릴에 관한 증거도 찾아냈다. 우선 절단 부분을 회전시키면 얇은 원통 모양의 핵이 만

위 | 관 모양의 구멍이 뚫린 섬록암 돌그릇 | 기원전 3500~3200년 작품 | 사카라 임호테프박물관 소장

들어지고 이 부분을 제거하면 매끄러운 원형의 구멍이 생긴다. 구멍들의 지름은 6㎜에서 12.5㎝로 여러 가지였다. 피트리는 직선 톱이나 원형 톱과 마찬가지로 암석에 구멍을 낼 때도 보석 날을 사용했을 것이라고 생각했다. 그리고 화강암에서 발견된 구멍의 최소 지름이 5㎝였고 이보다 작은 구멍은 설화석고나 석회암처럼 무른 암석에서만 발견된다는 점에서 연마용 슬러리도 함께 사용했을 것이라고 봤다.

실제로 고대 이집트에서 관 모양의 드릴은 다양한 용도로 사용되었던 것으로 보인다. 대피라미드 왕의 방에 있는 석관 내부를 보면 관 모양의 구멍이 줄지어 있는데 아마도 기다란 원통형 중심핵을 빼내고 난 뒤에 이 기술의 사용 흔적을 없애기 위해 수직의 돌출점을 매끄럽고 평평하게 만들었던 것 같다. 하지만 어떤 구멍은 너무 깊이 파여서 연마 작업을 해도 그대로 흔적이 남았다. 또 설화석고나 각력암, 반암, 사문석, 섬록암,

아래 | 고대 이집트 제5왕조의 왕 네우세레의 태양신 레의 신전 갓돌에 있는 관 모양의 구멍 | 아부시르 소재

위 | 관 모양의 구멍이 뚫린 설화석고 돌 화병 | 기원전 2965~2705년 작품

자수정처럼 무른 암석으로 만든 꽃병을 보면 선으로 장식할 때 훨씬 작은 드릴이 사용되었던 것 같다. 발굴된 다양한 크기의 돌 화병들은 대부분 두께가 얇고 매끄러우며 속이 비어 있는데 어깨 부분은 움푹 들어가 있고 새끼손가락보다 작은 입구를 갖고 있었다.

피트리는 돌 화병 제작에 사용된 고난도 기술이 고왕국시대의 것이라고 믿었다. 그러나 돌 화병이 제1~2왕조에 속하는 층위에서 계속 발견되자, 그 시기를 수정할 수밖에 없었다. 수백 개의 돌 화병이 카이로에서 남쪽으로 480㎞ 떨어진 나카다 묘지 유적에서 잇달아 발굴되었는데 제작 연대가 게르제안 문화 또는 나카다 제2기 문화(기원전 3500~3100년경) 시기로 거슬러 올라가는 돌 화병들이지만 피트리는 의외로 이 문제를 다루지 않았다.

어쨌든 이러한 석기들은 기원전 3500년경 나타나기 시작했고 몇몇 학자들은 그 제조 기술이 메소포타미아에서 전해진 것이라고 결론지었다.

아래 | 고대 이집트의 돌 화병들 | 기원전 3500년 작품 | 라이프치히대학 이집트박물관 소장

보이지 않는 증거

오늘날 이집트학 학자들은 대피라미드 왕의 방에 있는 화강암 석관이 청동제 톱과 모래 연마재를 이용하여 제작된 것이라고 주장한다. 피트리 역시 단단한 돌을 자르는데 연마재가 사용되었음을 부인하지 않았다. 절단면에서 구리로 만든 톱을 사용할 때 생기는 녹색 얼룩이 보인 데다가 모래 알갱이가 발견되었기 때문이다.

그러나 청동제 톱과 모래 연마제라는 기술만 갖고서 고왕국시대의 돌그릇과 화병에서 드러난 회전, 구멍 뚫기, 절단 등 모든 제작 과정을 설명하기란 힘들다고 생각했다. 그보다는 훨씬 단단한 사파이어나 루비 날이 달린 절단 도구을 사용했다고 보는 것이 더 설득력 있다고 여겼다.

실제로 모스경도 7인 석영과 경도硬度가 같은 암석을 청동제 톱과 모래 연마재만으로 다룬다는 것은 불가능에 가깝다. 물론 보라색 자수정이나 핑크색 수정으로 만드는 화병의 조각, 갈음질, 구멍 뚫기, 연마 과정에서는 불가능하지 않지만 문제점이 많고 실패할 확률이 높다. 따라서 피트리는 훨씬 단단한 절단용 날을 연장에 부착시켜 사용하는 것만이 유일한 현실적 대안이라고 믿었다.

이집트학 학계에서는 피트리의 견해를 받아들이지 않았다. 발굴 과정에서 드릴의 존재를 증명할 수 있는 증거가 전혀 나오지 않았다는 이유에서다. 직선 톱과 원형 톱도 마찬가지다. 왜 하나도 발견되지 않은 것일까. 피트리는 "피라미드 시대에 석공이 사용한 톱과 드릴은 왕의 재산이었다. 잃어버리면 목숨을 내놓아야 했을 것이다. 청동은 다시 녹이고 보석의 날은 다시 갈아서 썼기 때문에 낡은 도구를 버릴 필요가 없었을 것"이라고 설명했다.

피트리는 고고학계에서 초기 이집트학 연구의 선구자로 존경받는 인물이다. 그의 유적 발굴의 기법과 방법론은 오늘날 모든 발굴의 지침이

아래 | 이집트 나카다의 고대 묘지 유적지

위 | 나카다 3기의 돌 항아리(왼쪽 | 메트로폴리탄미술관 소장), 나카다 2기의 돌항아리(오른쪽 | 루브르박물관 소장)

되고 있다. 특히 서로 연관되지 않은 유물을 아무렇게나 수습하던 종래의 발굴 방식과 달리, 한 유적지의 상이한 층위가 어느 시대에 속하는지를 식별하기 위해 토기 연대표를 만들어 층위학적 연구의 기초를 마련한 인물로 평가받고 있다. 기자고원에 대한 그의 연구 또한 지금도 여전히 권위를 인정받고 있다. 1990년 출간된 피트리의 《기자의 피라미드와 신전들》 개정판에는 보수주의 학자인 이집트 고대유물최고위원회의 자히 하와스의 연구가 포함되어 있을 정도다.

그러나 대부분의 이집트학 학자들은 사파이어나 루비 날이 달린 톱, 드릴, 선반 사용에 관한 피트리의 견해를 터무니없다고 무시한다. 피트리가 발굴한 수천 점의 유물을 소장하고 있는 피트리 박물관의 큐레이터도 이 문제에 대해 언급하기를 꺼려 했다. 그 대신, 내게 왕조시대의 석조 조각에 관한 책과 논문을 소개해 줬다.

크리스토퍼 던의 해답

영국 맨체스터 출신인 미국의 도구 전문가이자 과학기술자 크리스토퍼 던이 이 문제를 정통적인 고고학 영역에서 다루지 않았다면 사람들의 기억에서 사라졌을 것이다. 크리스토퍼 던은 1983년 발표한 논문 〈고대 이집트의 선진적 기계 가공술〉에서 고왕국시대에 보석 날이 달린 톱과

위 | 피트리 이집트고고학박물관 전경 | 런던 소재

선반을 사용했을 것이라는 피트리의 견해가 옳다고 주장했다. 기자, 사카라, 카이로의 박물관이 소장하고 있는 건축 석재와 석관, 돌 화병 등을 세밀히 조사한 결과, 피트리의 주장을 뒷받침하는 증거를 찾았다는 것이다.

그는 천공 기술을 사용한 고왕국시대 석기를 분류한 피트리의 기록 가운데 이해하기 힘든 부분을 면밀히 검토했다면서 다음과 같이 정리하고 있다.

첫째, 피트리는 관 모양의 드릴로 만들어진 화강암 중심핵이 꼭대기, 즉 드릴이 처음 들어간 지점으로 가면서 점점 가늘어진다고 했다. 반면에 뚫린 구멍은 꼭대기 쪽이 넓었다.

둘째, 드릴의 보석 날은 화강암 중심핵에 완벽한 홈을 만들었다. 원형의 벽을 따라 생긴 홈은 흔들림과 끊어짐이 없는 좌우대칭의 소용돌이 모양을 나타냈는데 어떤 것은 '네 번 회전하는 동안 거의 중단되지 않은 홈도 있었다.'

셋째, 피트리는 석영의 나선형 홈이 장석만큼 혹은 더 깊이 파여 있음을 발견했지만 지질학자들은 이것이 불가능하다고 본다. 왜냐면 화강암은 석영, 장석, 운모라는 세 가지의 기초 성분으로 구성되는데 석영은 장석보다 훨씬 단단하기 때문에 드릴은 석영보다 장석을 더 빨리 통과했을 것이므로 각각의 홈 사이는 장석을 통과할 때 더 넓어야 옳다는 것이다.

즉, '홈이 연마용 슬러리 같은 분말에 의해 생긴 것이라면 석영처럼 경도가 높은 물질에서 더 얕게 파일 것이다. 그런데 보석 날이 모든 성분을 같은 깊이로 통과하게 되어 있음에도 불구하고 석영이 장석 위로 약간 두드러져 나왔기 때문에 석영보다 장석의 홈이 얕은 것"이란 피트리의 연구와는 달라야 한다는 주장이다.

드릴이 화강암의 세 가지 구성 성분을 뚫을 때 어떤 일이 벌어졌을까. 크리스토퍼 던은 도구 제작자로서의 지식과 경험을 바탕으로 이 과제를 해결하려고 애썼다. 그는 마지막 결론을 도출하기 전에 다음과 같은 피트리의 기록에 주의를 기울였다.

> 드릴과 톱이 단단한 암석을 관통하는 속도로 미루어 볼 때, 압력의 크기가 대단함을 알 수 있다. 적어도 1톤이나 2톤의 하중이 4인치(10㎝)의 드릴 위에 놓인 것처럼 보인다. 화강암 중심핵의 나선형 홈은 6인치(15.24㎝)의 원주에서 0.1인치(2.54㎜) 파여 있다. 즉, 1:60의 비율로 석영과 장석에 홈을 내는 놀라운 과정이 있었던 것이다.

미국 오하이오 주의 데이턴 시에 소재한 라안 화강암정반의 도널드 라안에 따르면 다이아몬드 날이 달린 채 분당 900회 회전하는 현대의 최첨단 드릴은 5분에 25㎜의 비율로 화강암을 뚫는다. 1회 회전에 0.0055㎜의 비율로 작업을 하는 것이다.

이 데이터를 피트리의 계산에 적용한 크리스토퍼 던은 놀라지 않을 수 없었다. 고대 이집트인들은 무려 500배나 빠른 속도로 화강암을 절단한 것으로 나타났기 때문이다. 도대체 무엇을 사용했기에 그토록 엄청난 결과를 얻을 수 있었던 것일까. 모래 연마재를 필요로 하는 부싯돌이나 청동제 연장은 분명 아닐 것이다.

크리스토퍼 던은 오랫동안 숙고를 거듭했다. 그리고 자신이 설정한 모든 기준에 만족할 만한 해답을 얻었다. 하지만 너무나 이상한 결론이어서 동료들에게 자신이 찾은 해답이 옳은지를 검증해 달라고 부탁했다. 다른 기술자들의 논리적 확증을 받기로 한 것이었다.

부탁을 받은 기술자들은 모든 사실을 철저하게 조사했다. 그리고 한 사람을 제외한 모든 사람이 불가능하다는 결론을 내렸다. 크리스토퍼 던은 그 한 사람의 답변을 기다렸다. 며칠 후, 그가 만족스런 얼굴로 찾아와 말했다. '이집트인들은 고대 당시 이러한 기술을 사용할 수 없었다'면서 역시 불가능하다는 것이었다. 그럼 크리스토퍼 던이 찾아낸 해답은 무엇일까. 아니, 그와 함께 고대 이집트의 천공 기술을 조사한 기술자들이 하나같이 불가능하다고 답변하게 만든 것은 무엇일까.

피트리는 드릴이 한번 회전할 때마다 2.54㎜를 뚫으려면 1~2톤의 지속적인 압력을 가해야 한다고 했다. 하지만 크리스토퍼 던의 생각은 달랐다. 모든 조건을 충족시키는 단 하나의 천공법이 있다는 것이다. 바로 오늘날 초음파 드릴링이라고 알려진 방법이다. 이 방법을 사용하면 들리지 않는 고음의 소리가 다이아몬드 날이 달린 드릴을 놀라운 속도로 진동하게 만든다는 것이다.

초음파 드릴링의 작동 원리는 콘크리트나 포장용 돌처럼 딱딱한 표면을 뚫기 위해 사용되는 공기 드릴이나 착암용 드릴과 흡사하다. 이것은 진동 속도가 아주 빨라서 연속적으로 암석에 구멍을 뚫는다. 오늘날 공학자들이 정밀기계로 강철, 카바이드, 세라믹, 반도체 등 딱딱하고 부서지기 쉬운 물질에 구멍을 뚫는 것도 이 기술을 응용한 것이다. 절단 속도를 높이기 위해 연마용 슬러리나 페이스트 같은 물질을 사용한다.

이 이론을 뒷받침하는 가장 강력한 증거는 무엇일까. 초음파를 사용하면 초당 1만 9000회~2만 5000회씩 진동하는 드릴이 장석보다 석영을 훨씬 빠른 속도로 절단할 수 있다는 점이다. 왜냐면 석영은 절단 시에 사용된 초음파 진동과 동일한 속도로 공명하기 때문이다. 즉, 저항 정도가 덜하다. 크리스토퍼 던의 말을 빌리자면 '석영은 절단에 저항하는 대신 다른 방법을 사용할 때처럼 고주파와 일치하여 반응하고 진동하며 연마 작용을 원활하게 만든다'는 것이다.

피라미드를 건설할 당시, 초음파의 도움으로 보석 날이 달린 드릴이 단단한 암석을 관통했다는 크리스토퍼 던의 가설은 진보적인 사고를 가진 학자들도 받아들이기 힘든 주장이다. 주류 사학자들 역시 피라미드 시대에는 아직 바퀴도 발명되기 전이라고 말한다.

우리를 놀라게 하는 것은 크리스토퍼 던이 말한 선진 기술이 불과 200년 전에 고안되었고 그 대부분 발명된지 채 50년도 되지 않았다는 점이다. 그런데도 나는 크리스토퍼 던의 연구가 설득력이 있다고 생각한다.

이제 우리는 고대 이집트인들의 기술 수준에 대한 인식을 크게 바꿔야 한다. 소리가 석기 제조에 핵심적인 역할을 했다는 것도 알았다. 그렇다면 피라미드 건설자와 스핑크스를 건설한 장로신들이 소리의 진동을 이용해서 거대한 돌을 공중 부양시켜 운반했다는 알-마수디의 주장은 어느 정도 근거가 있다고 봐야 하지 않을까.

화강암의 드릴 구멍은 그렇다 치더라도 벽을 쌓는데 정말 소리가 사용된 것일까. 아니, 고대 이집트인들은 오늘날에도 파악하지 못한 소리의 중요성을 알고 있었던 것일까.

우리는 이집트에서 현재의 사고 체계로는 이해하기 힘든 소리 기술을 보유했다는 증거를 더 이상 찾을 수가 없다. 하지만 석재의 운송과 건축에 소리가 사용되었다는 전설은 이집트에만 국한된 이야기가 아니다. 고대뿐만 아니라 현대 문화에서도 발견된다.

제5장

소리의 힘

지구상에 존재하는 종족들은 대부분 문명의 창시자가 소리의 힘으로 도시를 건설한 시기에 대한 집단적인 기억을 갖고 있다. 그 중에서 볼리비아 알티플라노 고원의 티아우아나코에 전해지는 이야기는 정말 불가사의하다.

해발 3850m에 위치한 티아우아나코 유적지에는 개당 무게가 100톤이나 되는 건축 석재와 조각 기둥, 거석 구조물 등이 곳곳에 산재해 있다. 현대에 와서 재건되기 전까지는 대부분 거대한 힘에 의해 파괴된 것처럼 여기저기 누워 있는 모습이었다. 실제로 티아우아나코는 지진과 홍수 등 일련의 자연재해로 크게 파괴되었다. 한때 티티카카 호수의 가장자리에 있었으나 지금은 호숫가에서 19㎞ 떨어진 곳에 위치한다.

이 고대 도시의 기원에 관해서는 학자들마다 의견이 분분하다. 아주 오래전에 건설된 것은 분명하지만 얼마나 오래되었는지는 아무도 모른다. 티아우아나코 유적 연구에 평생을 바친 볼리비아 라파스대학의 아르투르 포스난스키는 저서 《티아우아나코-아메리카인들의 요람》에서, 도

아래 | 티아우아나코 유적지에 산재해 있는 거석들

시의 창건 시기는 기원전 1만 5000년경이며 멸망 시기는 기원전 1만년경이라고 주장하고 있다. 지구의 마지막 빙하기 말엽의 전 지구적 대참사가 일어났던 시기로 추정하고 있는 것이다. 하지만 주류 고고학자와 역사가들은 아직도 서기 700년경을 고집하고 있다.

위 | 티아우아나코 태양의 문에 새겨진 비라코차 상

태양의 문

티아우아나코 유적 가운데 가장 중요한 것은 칼라사사야의 한쪽 구석에 서 있는 태양의 문이다. 10톤 무게의 돌 하나로 만들어졌고 아치 모양을 하고 있는데 위에는 티아우아나코의 전설적인 창건자인 티치 비라코차 *Ticci Viracocha*가 긴 지팡이를 쥔 모습이 새겨져 있다.

티치 비라코차는 하늘과 땅을 만든 창조의 신이다. 태초에 티티카카 호수의 한가운데 섬에 나타나 추종자인 '비라코차들'과 함께 티아우아나코를 건설했고 북쪽으로 이동하면서 문명을 전파했다고 전한다. 1535년 스페인이 티아우아나코를 정복한 뒤, 볼리비아 고원에 사는 아이마라족 인디언들이 이곳을 방문한 스페인 여행자들에게 들려준 티아우아나코의 창건 설화를 보자.

잉카시대가 도래하기 전, 최초의 창조기인 차막 파차 *Chamac Pacha*시대에 이곳 거주민들은 초자연적인 힘을 가졌고 나팔 소리로 채석장의 돌을 들어올려 도시를 건설했다고 한다. 지리적으로 볼 때, 이집트와 정반

아래 | 태양의 문 | 티아우아나코 소재

오른쪽 페이지 | 페루 라퀴치에 있는 비라코차 신전 유적

대되는 지역이지만 현대인들의 인식 능력을 뛰어넘는 소리 관련 지식을 갖고 있었던 것이다. 역사적 사실에 기반을 두지 않았다면 이처럼 정반대되는 지역에서 똑같은 신화가 생길 수 있을까. 티아우아나코와 기자 문화가 어느 정도 연관성이 있는 독립된 전통을 창조했던 것은 아닐까. 이들의 창건 연대는 마지막 빙하기 말엽, 즉 기원전 1만 5000년~1만 년경으로 알려져 있으므로 혹 알려지지 않은 전 지구적 문화가 세계 곳곳에 소리 기술을 전파한 것은 아닐까.

볼리비아와 페루의 아이마라족 인디언들이 초기의 히스패닉 여행자와 역사가들에게 전한 말에 따르면 비라코차들은 단순한 문명의 창시자, 기적의 신 이상이라고 한다. 가파른 산골짜기를 고르게 하여 계단식 논밭을 일궜고 우물을 만들었으며 지탱하는 벽을 세운 과학자, 조각가, 농학자, 공학자였다는 것이다.

특히 티치 비라코차는 큰 키에 창백한 피부와 푸른 눈을 가졌고 머리와 수염은 하얗게 새어 있었다고 한다. 기다란 흰옷을 입고 허리에는 벨트를 찼으며 엄숙한 표정을 짓고 있었다는 것이다. 한마디로 코카서스 인종의 특징을 가진 외모였다. 놀라운 사실은 불가사의한 방법으로 석재를 움직일 수 있는 능력의 소유자라는 것이었다.

아래 | 페루 올란타이탐보의 투누파산 중턱에 있는 비라코차 얼굴상의 바위

민간 전승과 전설에 따르면 그가 고개를 들어 하늘을 쳐다보자 거대한 불덩이가 하늘에서 내려왔고 사람들이 두려워하자 불덩이를 멀어지게 했다. 인류 최초로 하늘의 '불'을 창조했고 소멸

시켰다는 이야기다. 또 불덩이를 멀어지게 할 때 주위의 돌이 그을면서 하나같이 코르크처럼 가벼워졌다고 한다. 거대한 돌을 한손으로 들어올렸다는 이 하얀 피부의 비라코차들은 누구일까. 사람들은 왜 그들이 초자연적인 힘으로 석재를 움직였다고 생각했을까.

장소를 북쪽으로 옮겨, 멕시코 유카탄반도의 울창한 정글에 숨겨진 마야 문명의 고대 신전들을 살펴보자. 마야 제국은 기원 후 1000년간 융성했고 그들의 심오한 지식은 훨씬 앞선 시대의 문화에서 전수받았음이 확실하다. 그들은 우주의 주기와 별의 움직임, 시간의 변화에 정통했다. 달력에는 수백만 년 전의 날짜까지 계산되어 있고 그들이 멸망할 날짜까지 언급되어 있다.

유카탄반도 북부에 있는 욱스말은 마야인들의 불가사의한 신전 가운데 하나다. 높이 38m에 달하는 마술사의 신전 피라미드는 난쟁이들이 만든 것이라고 한다. 전설에 따르면 이들에게 피라미드 건설은 무척 손쉬운 일이었다. 그저 휘파람만 불면 무거운 암석이 제자리로 날아가 쌓였다. 괴력을 지닌 이 난쟁이들은 최초의 창조 시기에 필요한 모든 토대를 마련했고 '덤불 속의 장작을 화롯가로 가져올 수도 있었다.' 그러나 대홍수가 일어나 온천지를 뒤덮자 지하 저장고 같은 땅속의 커다란 돌 탱크에 숨으려고 했지만 결국 망하고 말았다고 한다.

물론 이 이야기를 무지한 사람들의 공상일 뿐이라고 치부할 수도 있다. 하지만 이집트와 아메리카의 토착민들에게만 소리의 힘으로 석조 건축물을 지었다는 이야기가 전해지는 것은 아니다.

아래 | 멕시코 욱스말의 마술의 신전 피라미드

리라의 음률

고대 그리스의 작가들에 따르면 페니키아의 여행자이자 문명 창시자인 카

위 | 그리스 테베의 카드메아 유적

드모스가 아테네 북서쪽에 위치한 보이오티아의 수도 테베를 창건했다. 창건자의 이름을 따서 카드메아라고 알려진 거대한 성채는 제우스 신과 안티오페의 쌍둥이 아들인 암피온이 세웠다고 한다. 흥미로운 점은 암피온이 하프 또는 리라를 연주하자, 그 음률에 따라 커다란 돌이 저절로 움직여 성을 쌓았다는 것이다.

서기 2세기경 고대 그리스의 지리학자 파우사니아스는 《그리스 이야기》라는 저술에서, 하프를 연주하여 도시 성벽을 쌓고 노래를 불러 돌을 움직인 암피온이란 인물에 대해 기록하고 있다. 또 기원전 3세기경 시인이자 문법학자인 로도스의 아폴로니우스는 이아손과 50명의 영웅 아르고나우타이가 황금 양털을 구하기 위해 타고 떠난 아르고선船의 항해를 4편으로 나누어 묘사한 서사시 〈아르고나우티카〉에서, 암피온이 금빛 리라를 연주하며 크고 낭랑하게 노래를 부르자 아르고선보다 두 배나 큰 바위가 뒤따라오는 장면을 묘사하고 있다.

대부분의 사람들은 이 이야기를 과장된 문학

오른쪽 | 암피온 상 | 체코의 조각가 프로코프(1740~1814년) 작품 | 빈의 쉔브룬 궁전 소재

위 | 용과 싸우는 카드모스 | 에트루리아의 장례용 항아리 부조 | 기원전 2세기 작품 | 빈 미술사박물관 소장

적 표현 또는 꾸며낸 이야기를 토대로 한 전설이라고 여길 것이다.

과연 그럴까. 혹 테베가 처음 세워질 당시, 그곳에 살던 사람들이 리라의 음률로 석재를 옮기고 성벽을 쌓았던 사실이 어느 정도 반영된 전설은 아닐까. 믿기 어렵지만, 실제 사건의 왜곡된 기억에 바탕을 둔 것이라면 잃어버린 기술의 기원에 대한 주요 정보도 들어 있을 것이다.

카드모스와 관련된 전설은 테베가 페니키아 이주민에 의해 세워졌고 페니키아인들이 기원전 3000~2000년경 이곳에 정착했음을 보여 준다. 전승에 따르면 카드모스는 보이오티아인들에게 페니키아의 알파벳과 페니키아 및 이집트 신을 숭배하는 전통을 전해 주었다고 하는데 이때 소리 기술에 관한 지식도 들여왔던 것이리라.

페니키아는 기원전 2800년경 오늘날 레바논을 중심으로 소아시아와 고대 시리아에 해당하는 레반트 지역에 등장한 위대한 해양 국가였다. 고유한 통치자와 문화를 가진 도시국가들의 연맹체였으나 오직 무역, 종교, 항해 영역에서만 통합되어 있었다. 그들은 고대의 가장 위대한 항해자로 알려져 있는데 그 항해 지식은 오래전에 신들의 종족으로부터 배운 것이라고 한다.

배투리아를 창안하다

고전 시기의 신화처럼 페니키아 전설에도 역사시대 이전에 신과 인간이 함께 손잡고 걸었던 황금시대에 대한 이야기가 있다.

기원전 1200년경 활동했던 페니키아 최고最古의 역사가 산초니아토의 기록을 보면 오늘날 항구 도시로 각광을 받는 비블로스에 최초의 도시를 건설한 우라노스*Ouranus*(혹은 코엘로스*Coelus*) 신에 대해 언급하고 있다. 비블로스 건설에 이어 지중해 동부의 해안 지역을 식민지로 개척했고 비블로스의 신 타우투스*Taautus*(이집트어로는 필기법을 창시한 학문의 신 토트)가 이집트 문명을 건설했다는 것이다.

물론 공문서와 신전 기록을 토대로 편집되었다는 산초니아토의 저술은 지금 하나도 전하지 않는다. 로마 황제 하드리아누스의 재임(서기 117~138년 재위) 때 살았던 비블로스의 필로에 의해 그리스어로 번역되었고 그 일부가 4세기경 팔레스타인의 카이사레아 지방에서 활동하던 역사가 유세비우스의 저술에 보존되어 전하고 있을 뿐이다.

산초니아토는 돌의 공중 부양에 대해 아주 모호한 사실을 언급하고 있다. 우라노스 신이 배투리아*Baetulia*를 창안*contriving*하여 돌이 살아 있는 것처럼 움직였다는 것이다. 배투리아는 '가공되지 않은' 거대한 돌을

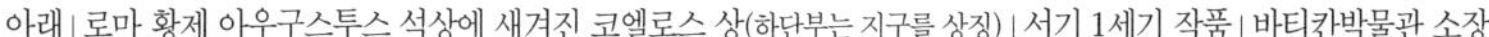

아래 | 로마 황제 아우구스투스 석상에 새겨진 코엘로스 상(하단부는 지구를 상징) | 서기 1세기 작품 | 바티칸박물관 소장

의미하며 'contriving' 이란 단어는 19세기의 영국 번역가들이 '설계, 고안, 발명'을 뜻한다고 해석했다.

산초니아토가 신의 종족으로 묘사한 비블로스의 전前 페니키아 거주민들이 정말 소리의 힘으로 석재를 들어 올렸을까. 그들이 페니키아 후손들에게 이 지식을 전수하고 그 후손들이 다시 카드모스와 암피온 시대의 보이오티아인들에게 전해 준 것일까. 만약 이것이 사실이라면 소리 기술에 관한 지식은 어디서 나온 것일까.

주지하다시피 페니키아와 미케네인들은 도시와 신전을 건설하면서 모두 거석 건축양식을 채택했다. 델포이와 미케네, 티린스 모두 엄청나게 크고 무거운 돌로 건설된 도시다. 지금은 사라진 도시국가 아라두스에도 길이가 3m나 되고 무게가 15~20톤인 석재로 쌓은 거대한 석벽의 잔재가 남아 있다. 특히 이 석벽은 이집트 기자고원에 세워진 거석 구조물과 매우 유사한데 아라두스는 시리아의 타르투스시 앞바다에 있는 아르와드 섬에 세워진 페니키아의 도시국가였다.

기원전 4500년경 전 페니키아 시대인 비블로스 문화의 담당자들은 지브롤터해협 너머 대서양을 항해한 것으로도 알려지고 있다. 영국 잉글랜드 중남부에 있는 헤일링 섬의 잠수부들이 삼나무로 만든 배를 발견했는데 그 제작 연대가 무려 6431년 전으로 추정되었다. 만일 이것이 정확한 연대로 증명된다면 기원전 4431년 레반트 해안을 항해하던 선박이 영국 본토에 도착했다는 이야기가 된다. 즉, 삼나무 목재의 원산지는 레반트 해안일 것이며, 이 지중해 문화는 기원전 4500년경 몰타, 이베리아, 아일랜드, 영국 본토에서 발달한 유럽의 거석 문화 발전에 영향을 미쳤을 것으로 추정된다. 그렇다면 이 미지의 해양 국가가 이전의 문화, 즉 이집트 장로문화에서 소리 기술의 사용법을 전수받은 것일까.

아래 | 시리아의 아르와드 섬 해안가에 남아 있는 거대한 석벽

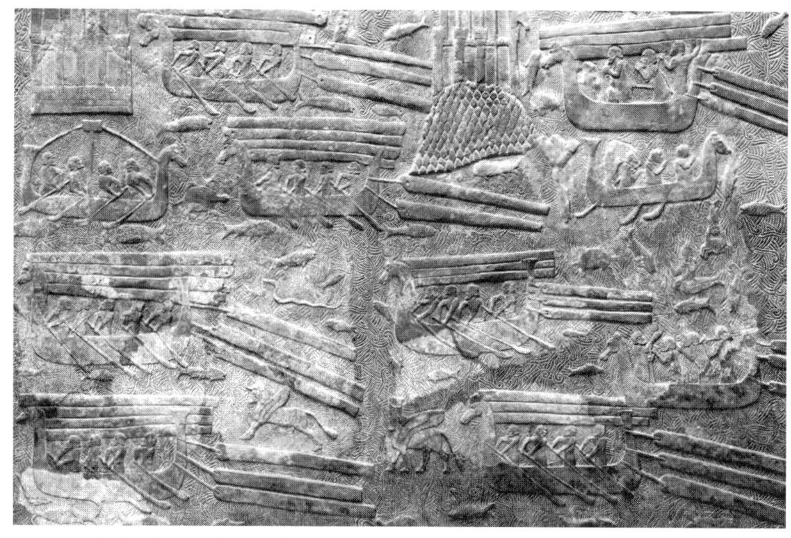

위 | 삼나무 목재 수송 | 두르 샤르루킨(오늘의 코르사바드)의 사르곤 2세 궁전 북쪽 벽 부조 | 루브르박물관 소장

기원전 4500년경 비블로스는 크게 번창했고 기원전 3000년경에는 크레타, 이집트 등과 활발하게 교역을 했다. 이집트학 학자들도 비블로스가 파라오 시대 이집트의 번영에 일정한 역할을 했다는 주장을 긍정적으로 받아들이고 있다. 기원전 3100~2700년경 고대 이집트에서 일상적으로 사용되었던 플라스크 모양의 용기가 비블로스에서, 그리고 이집트의 돌

아래 | 기원전 6000년경 세워진 비블로스의 고대 성벽 유적

위 | 비블로스에서 출토된 플라스크 모양의 용기 | 베이루트국립박물관 소장

화병이 비블로스를 포함한 지중해 연안에서 발견되었기 때문이다.

과연 특정 문화가 다른 문화권으로부터 소리 기술에 관한 지식을 전수받는 것이 가능할까. 어떻게 그런 일이 일어났는지에 대해서 뚜렷한 해답이 없다는 게 안타깝다. 하지만 이집트에서 석조 건축이 시작된 시기가 기원전 3500년경이란 점에서 다시금 생각해 볼 여지가 있지 않을까 싶다. 앞서 설명한 것처럼, 그 당시의 이집트인들은 직선 톱, 원형 톱, 기계 선반, 초음파 드릴과 같은 최첨단 방식을 응용했다. 그리고 건축과 소리의 연관성을 다룬 전설과 설화는 특정 지역이나 종교, 문화, 대륙에 국한된 것이 아니었다. 우선은 이 정도만 알아도 충분하다고 본다.

물론 이러한 이야기가 근거 없는 전승에서 나왔다고 보는 사람도 있을 것이다. 그리고 설사 '실제로 존재'했다고 해도 어떻게 소리로 공중 부양을 했는가에 대한 정보는 거의 전무하다. 소리 기술에 대해 좀 더 믿을 만한 기록이 필요하다고 생각한 나는 오랫동안 자료를 뒤적였다.

그리고 마침내 찾았다. 20세기 초, 티베트를 여행한 두 명의 서양 여행자가 남긴 소리 기술에 관한 목격담이다. 1950년대 스웨덴의 공학자이자 작가인 헨리 크엘슨이 기록해 놓은 것이다.

스웨덴 의사가 티베트에서 본 것

첫 번째 사례는 헨리 크엘슨이 '야를'이라고만 표기한 스웨덴 의사에 관한 기록이다. 정확한 날짜는 알 수 없지만 1920년대 혹은 1930년대로 추정된다. 야를은 티베트의 수도 라싸의 남서쪽에 위치한 한 수도원에서 길이 1.5m, 높이와 너비 각 1m쯤 되는 커다란 돌이 소리의 힘에 의해 공중으로 부양되는 것을 목격했다. 기록을 보자.

수도원 가까이 있는 넓은 뜰로부터 약간 경사진 길을 따라 조금 걸어가니 북서쪽을 향한 높은 절벽이 있었다. 절벽 위로 250m쯤 되는 곳에는 커다란 동굴이 있는데 선반처럼 튀어나온 암붕이 보였다. 동굴로 들어가려면 산등성이 꼭대기에서 밧줄을 타고 내려와야만 했다.

이 절벽에서 250m쯤 떨어진 곳에는 커다랗고 평평한 돌 하나가 파묻혀 있었다. 한가운데에 길이 15cm 가량 되는 그릇 모양으로 움푹 들어간 돌이었다. 그리고 돌에서 63m쯤 뒤떨어진 곳에서는 노란색 승복을 입은 승려들이 바쁘게 움직이고 있었다. 커다란 북을 든 승려도 있었고 긴 나팔을 들고 있는 승려도 있었다.

Försvunnen teknik

HENRY KJELLSON

NYBLOMS

위 | 헨리 크엘슨의 저서 《사라진 소리 기술》 표지

한 승려가 매듭을 묶은 밧줄로 악기와 사람이 서야 할 자리를 표시하자, 악기를 들고 있는 승려들이 선을 따라 일렬로 늘어섰다. 세어 보니 북이 13개, 나팔이 6개였다. 서로 5도씩 떨어져 있었으므로 돌을 중심으로 90도의 아치 형태를 띤 모습이었다. 악기 뒤에는 8~10명의 승려가 일렬로 늘어서, 전체적으로는 커다란 바퀴의 4분의 1 형상이었다.

아치 형태의 중앙에는 한 명의 승려가 가죽 끈을 목에 걸고 지름이 20cm, 길이가 30cm쯤 되어 보이는 작은 북을 허리 높이에서 받치고 있었다. 그의 양쪽에는 그보다 조금 큰 중간 크기의 북, 그러니까 지름이 0.7m, 길이가 1m쯤 되는 북을 들고 있는 승려가 서 있었다. 두 개의 막대기에 가죽 끈이 달려서 나무틀을 지탱하고 있는데 막대기는 측면으로 들어가서 지렛대 역할을 하는 것 같았다. 그리고 그 2개의 북 양쪽에는 두 명의 승려가 래그돈*ragdon*이라 불리는 긴 나팔을 붙들고 있었다. 이 나팔은 길이가 3.12m, 입구 지름이 30cm이며 5개 부분으로 이루어져서 망원경처럼 하나가 다른 하나에 들어갈 수 있게끔 되어 있었다. 또 나팔 양쪽에는 길이 1m쯤 되는 중간 크기의 북이 2개, 그보다 큰 길이 1.5m쯤 되는 큰 북 2개가 막대기에 달린 가죽끈으로 고정되어 있는 나무틀 아래에 매달려 있었다.

전체적으로 보면 오케스트라 형태였다. 양쪽 바깥으로 좌우 대칭 모양을 이루며 2개의 래그돈 나팔, 그 양쪽에 4개의 커다란 북과 2개의 나팔, 마지막으로 2개의 커다란 북이 추가로 배치된 모습이었다. 13개 북의 모양을 보면 한쪽은 막혀 있고 다른 한쪽은 그릇 모양이었는데 모두 움푹 들어간 돌을 향하고 있었다.

잠시 뒤, 한 승려가 나무로 만든 썰매를 매달고 있는 야크를 끌고 왔다. 썰매에는 커다란 돌이 실려 있었다. 야크가 한가운데 있는 석재 가까이 오자, 몇몇 승려가 나서서 커다란 돌을 들어 올려 석재의 함몰 부위에 올려놓았다.

모든 준비가 끝났는지, 작은 북을 들고 있는 승려들이 먼저 막힌 부분을 한손으로 치면서 낮고 단조로운 소리로 읊조리기 시작했다. 그 소리는 너무 날카롭고 거칠어서 귀청이 찢어지는 것 같았다. 나머지 북을 들고 있는 승려들도 가죽 손잡이가 달린 길이 75cm쯤 되는 막대기로 두들

아래 | 티베트 수도승들이 돌을 공중 부양시키는 장면을 묘사한 스웨덴 의사 야를의 그림(1920~30년대 작품)

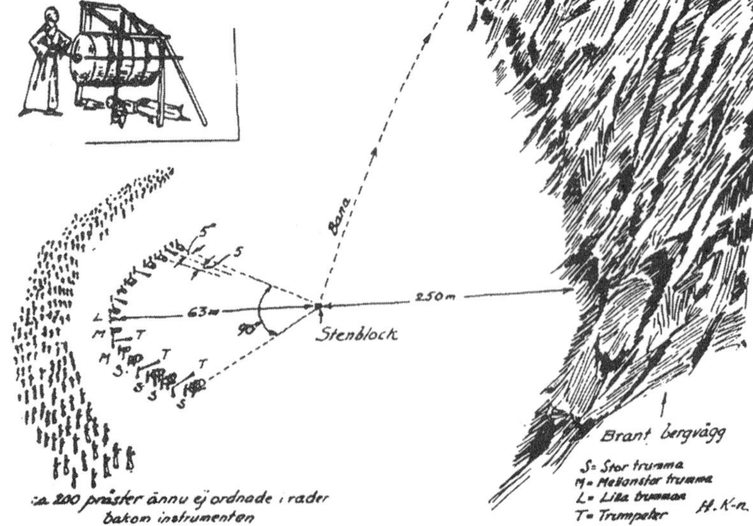

기기 시작했다. 이어, 래그돈을 갖고 있는 승려들이 나팔을 불었다. 래그돈에 매달린 북 또한 2명의 승려들이 번갈아 두들겼다. 작은 북을 가진 승려 말고는 그 누구도 소리를 내지 않았다.

야를은 기괴한 불협화음을 들으면서 북소리에 주의를 기울였다. 처음에는 아주 천천히, 그러다가 갑자기 빨라져 견고한 소리의 벽이 되자 그만 리듬을 놓쳐 버리고 말았다. 놀랍게도 작은 북의 거친 소음은 나팔과 북의 어우러진 혼합음을 꿰뚫는 것 같았다.

4분쯤 지났을까, 전혀 예상치 못한 일이 일어났다. 한가운데 놓여 있던 돌이 갑자기 움직이기 시작했다. 좌우로 흔들리더니 불쑥 공중으로 치솟았다. 그러자 나팔과 북이 모두 돌을 향했고 돌은 점점 빨리 위로 올라갔다. 야를의 말을 빌리자면 '포물선 모양의 아치' 형태를 그리면서 동굴 입구에 천천히 다가가 암붕에 쿵 하고 부딪쳤다.

순간, 온 사방에 흙먼지가 자욱하게 일었고 자갈이 여기저기 튀었다. 하지만 그곳에 있는 200여 명의 승려들은 한 사람도 동요하는 기색이 없었다. 반복된 의식에 익숙해진 것 같았다.

잠시 후, 또 다른 돌이 그릇 모양의 석재 위로 옮겨졌고 다시 한 번 작은 북을 시작으로 불협화음의 연주가 시작되었다. 야를은 한 시간에 대여섯 개의 돌이 공중으로 떠올라 운송되는 것을 몇 시간 동안 지켜봤다. 어떤 돌은 암붕에 너무 세게 부딪쳐서 산산조각이 나기도 했다. 그때마다 동굴 입구에 서있던 승려들은 돌조각을 절벽 끝으로 밀어내곤 했다.

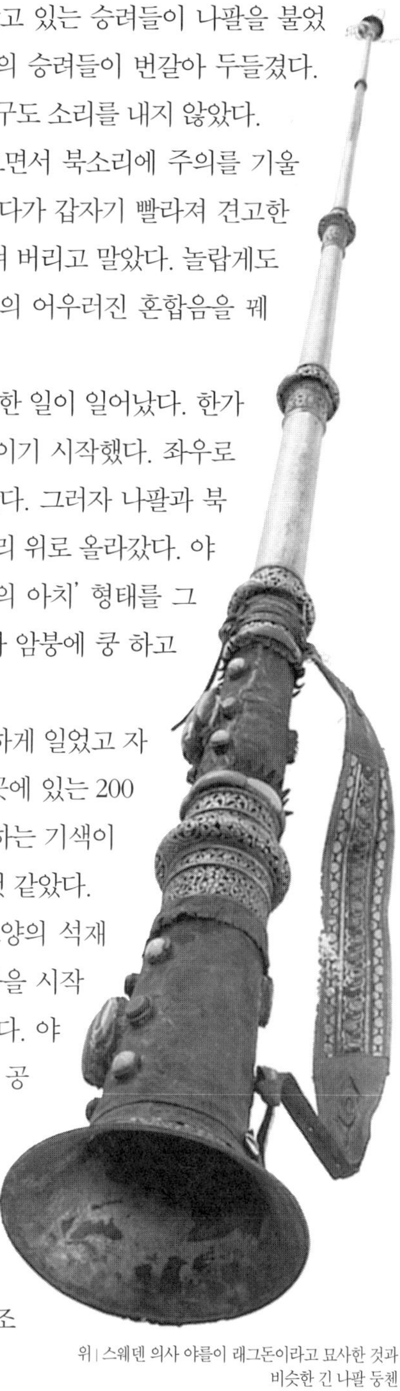

위 | 스웨덴 의사 야를이 래그돈이라고 묘사한 것과 비슷한 긴 나팔 둥첸

야틀은 200여 명의 승려들이 19개의 악기 뒤에 8~10줄로 늘어서 있는 이유가 정확하게 무엇인지를 설명하지 못했다. 석재가 공중에서 포물선을 그리며 절벽으로 움직이는 광경을 말없이 바라볼 뿐이어서, 의식을 지켜보는 실습 승려들이거나 북을 치고 나팔을 부는 승려들의 교체 인력일 것이라고 생각했다. 아니면 의식에 종교적인 감흥을 불어넣거나 염력으로 돌의 이동을 돕기 위해 있는 것인지도 모른다고 했다.

야를의 기록은 대단히 구체적이었다. 거리와 각도, 측정치뿐만 아니라 커다란 북이 3㎜ 두께의 판 5개로 만들어졌고 7㎜의 이음매로 연결되어 있다는 등 눈에 잘 띄지 않는 사실까지도 정확하게 기록하고 있다. 또 돌이 최종 목적지에 도달하기 직전까지 19개의 악기가 모두 돌을 주시하고 있다는 등 상황을 아주 꼼꼼하게 묘사하고 있다.

나는 이 기록을 보고, 결코 단순한 공상의 산물이라고 치부할 수 없다는 생각이 들었다. 악기의 선택, 특정한 간격, 각도, 그릇 모양의 돌 위에 석재를 놓는 것, 그리고 타악기 소리의 점진적인 증폭 등으로 미루어 소리 기술이라는 정교한 과학의 표현이라는 확신마저 들었다.

만일 티베트의 수도승들이 소리를 이용하여 무거운 돌을 공중 부양했다면 어떻게 그런 일이 가능했을까. 19개의 악기 뒤에 늘어서 있던 200여 명의 승려들은 왜 그곳에 있었을까. 집단적인 염력을 행사하려고 한 것일까. 지금으로서는 뚜렷한 해답이 없다. 하지만 야를의 추론처럼 염력을 사용해서 바위를 옮긴다는 개념은 족첸*dzogchen*이라는 명상법의 일부이기도 하다. 족첸이란 티베트에서 7세기부터 전해져 온 라마교와 토착 종교인 본교*Bonpo*의 샤먼에 의해 구전으로 전해진 비밀스런 가르침을 말한다.

소리 없이 노래하는 악기

분명히 야를의 기록은 사라진 소리 기술에 관한 완벽한 증거로 삼기에 충분하지 않다. 그럼 또 다른 증거는 있을까. 다행히 헨리 크엘슨은 또 다른 사람의 기록도 전하고 있다.

1939년의 어느 날, 헨리 크엘슨은 우연히 리나우어라는 오스트리아 영화 제작자의 티베트 여행에 대한 강연을 들었다. 흥미를 느낀 그는 강연이 끝난 뒤에 리나우어와 만났고 1961년 펴낸 저서 《사라진 기술》에서 리나우어가 티베트에서 목격한 내용을 그대로 전하고 있다. 놀랍게도 그 내용은 바로 야를의 기록을 다시금 입증하는 것이었다.

티베트 북부의 한 수도원에 머물던 리나우어는 어느 날 특이하게 생긴 2개의 악기가 연주되는 광경을 목격했다. 그것은 정통 과학에서 엄격히 고집하는 자연의 법칙을 거역하는 장면이나 다름없었다.

하나는 나무틀에 수직으로 매달린 커다란 공으로 지름이 3.5m쯤 되고 3개의 금속으로 만들어졌다. 가운데에 둥근 금판이 있고 그 둘레에 순철로 만든 고리가 연결되어 있는데 탄력성이 있는 단단한 놋쇠가 감싼 모습이었다. 반면에 둥근 금판은 아주 부드러워서 손톱으로도 흠집이 날 정도였다. 리나우어는 공 모양이 거대한 금속 과녁판과 비슷하다고 했다. 그러나 때릴 때 나는 소리는 강하고 지속적인 음이 아니라 거의 순식간에 멈추는 낮은 덤프 소리 같았다.

다른 하나는 정체가 불분명한 3개의 금속으로 구성된 현악기였다. 길이는 2m, 너비는 1m 남짓이며 반구형 홍합과 비슷한 모양이었다. 악기의 현은 구멍이 뚫린 표면에 세로로 뻗어 있고 위쪽에 고정되어 있는 몸체가 악기를 지탱하고 있었다. 승려들은 이 악기를 연주하거나 건드리지 않아도 스스로 소리 없이 노래한다고 했다. 공을 쳐서 고유의 소리가 나면 '들리지 않는 공명파'를 낸다는 이야기다. 악기 옆에 2개의 커다란 판자를 놓으면 삼각형 모양이 되는데 판자를 놓는 것은 악기가 내는 '들리지 않는 공명파'를 모아 굴절시키기 위한 것으로 보였다.

이윽고 한 승려가 긴 막대기를 휘두르며 공을 두들겼다. 그러자 일련의 짧은 저주파가 생성되어 청각에 영향을 미쳤다. 홍합 모양의 악기가 내뿜는 초음파 같은 것을 잘 조절하여 방향을 맞추면 돌은 일시적인 무중력 상태에 놓이게 되고 그 순간에 승려가 한손으로 돌을 들어올릴 수 있다는 것이다.

리나우어는 승려들로부터 그들의 조상이 이런 방식으로 성벽을 쌓았다는 이야기를 들었다. 그리고 직접 본 것은 아니지만 물체를 분쇄하는데 사용되기도 했었다는 말도 들었다.

한마디로 리나우어의 목격담은 티베트 수도승들이 소리를 이용해서 돌을 무중력 상태로 만들었다는 추정에 무게를 실어 주는 귀중한 자료다. 만일 이 이야기가 사실로 간주된다면 석벽과 신전, 도시 전체를 소리의 힘으로 건설했다는 이집트, 볼리비아, 멕시코, 고전기 그리스의 전설이 일종의 왜곡된 진실에 기초하고 있음을 보여 주는 증거가 될 것이다. 또 물질을 분쇄하는데 '들리지 않는 공명파'를 사용했다는 내용은 피라미드 건설자들이 초음파로 화강암에 구멍을 뚫었다는 크리스토퍼 던의 주장을 뒷받침한다고 생각한다.

20세기 초, 티베트에서 고립된 생활을 하는 이들 종교 집단이 소리 기술을 사용한 이유가 무엇인지에 대해서는 명확하게 설명하기 어렵다. 본교는 티베트 라마교의 종교의식에 많은 영향을 끼친 토착 샤머니즘인데 이러한 전前 불교 문화로부터 기술을 물려받은 것일까. 수도승들이 외부 세계에 전혀 노출되지 않았기 때문에 스스로 완벽하게 과학기술을 발전시켰다는 추정도 가능할 것이다. 어쩌면 그들은 우주 법칙에 대한 심오한 지식을 바탕으로 우리의 과학적 인식 체계와는 판이하게 다른 방식으로 자연력을 지배하는 방법을 알아냈을지도 모를 일이다.

티베트 수도승들은 뉴턴의 중력의 법칙과 아인슈타인의 상대성 원리를 몰랐을 뿐 진보를 가로막은 것은 아니었을 것이다. 그리고 이 가능성을 받아들인다면 이집트의 장로문화 역시 유사한 방식으로 세계를 이해했고 현대 과학의 상상을 초월하는 우주 지식을 발전시켰다고 생각해도 무방할 것이다. 정통 과학의 한계를 뛰어넘는 기술 발전을 인정하지 않으려는 태도야말로 독선적인 인식의 산물이다.

너무나 큰 손실

티베트의 라마교가 소리 기술을 발전시켰거나 전수받은 것이라면 왜 서구 사회에 알려지지 않았을까. 리나우어에 따르면 승려들은 특이하게 생긴 2개의 악기를 보여 주고 난 뒤, 기술의 비밀이 외부 세계에 빼앗기지 않도록 보호하는데 신경을 쓰고 있다고 했다. 서구 사회에 알려지면

이기적이고 파괴적인 목적으로 사용될 것이 자명하기에 불가피하게 보호 장치를 마련하고 있다는 이야기였다. 나로서도 충분히 수긍이 되고 이해할 만한 대처라고 생각한다.

어쨌든 야를과 리나우어 같은 몇몇 사람들의 목격담은 이들의 고대 방식을 이해하는 유일무이한 통로가 되고 말았다. 왜냐면 1950년대 중국 공산당이 티베트를 점령하고 라마교가 박해를 받게 되자 소리 기술이 1930년대까지 사용되었음을 확증할 수 있는 유일한 희망마저 사라졌기 때문이다.

모르긴 해도 고향에서 추방당한 많은 티베트인들은 자신들의 선조가 돌을 공중 부양하고 소리의 힘으로 바위를 분쇄할 수 있었다는 이야기를 들은 기억이 있을 것이다. 다만 안타까운 일은 자연의 법칙에 도전했던 이 기억들이 나이 든 승려와 라마의 마음속에서 점점 사라져 가고 있다는 점이다. 소리 기술에 대한 야를과 리나우어의 목격담을 읽고, 지금은 그 수도원들조차 존재하지 않는다는 사실을 알고 나니 정말 비극적인 느낌마저 들었다.

이제 지식의 횃불은 완전히 꺼진 것일까. 고대의 잃어버린 과학 이면의 물리적 현상을 재현하여 다시 불을 붙일 수 있는 방법은 없는 것일까. 나는 가능한 수단을 동원해서 그 방법을 찾으려고 애썼다.

제6장

소리 플랫폼을 만들다

오페라 가수가 특정한 음을 내면 포도주 잔을 깨뜨릴 수 있다는 것은 여러분도 잘 알고 있을 것이다. 이런 일이 가능한 것은 성대가 유리잔의 고유 진동주파수를 증폭시키는 소리를 낼 수 있기 때문이다. 즉, 심하게 진동하거나 흔들려서 산산이 부서지는 효과가 생기게 된다. 트럭이나 비행기가 지나가는 소리가 들릴 때, 유리 창틀이 진동하는 것과 비슷한 이치다. 엔진 소리의 파동이 공기 중에 이동하여 유리 창틀에 도달하면 창틀의 고유한 진동수와 동일한 공명을 일으키기 때문이다.

그렇다고 해서 모든 비행기나 트럭 엔진이 해당되는 것은 아니다. 창문의 공명주파수나 주파수 영역과 동일한 엔진에만 해당하며 크기나 형태, 위치 등 여러 가지 요소에 영향을 받는다. 예컨대, 소리굽쇠를 같은 길이의 소리굽쇠에 가까이 가져가면 같이 울리는 공명 현상이 일어나지만 크기가 다른 소리굽쇠, 즉 공명주파수가 다른 소리굽쇠에 가져가면 두 번째 소리굽쇠는 전혀 반응하지 않는 경우가 많다.

현대 과학은 공명 현상을 완벽하게 이해하고 있다. 그리고 공명 현상이야말로 초음파 드릴이 석영을 쉽게 절단하는 과정을 설명해 준다. 석영 외의 광물은 이런 식으로 초음파에 반응하지 않기 때문에 같은 방법을 사용해서 구멍을 뚫기가 훨씬 어렵다. 따라서 나는 고대인들이 공명의 개념을 응용해서 오늘날 거의 알려지지 않은 소리 현상을 일으킨 것이라고 생각한다. 움직이려고 하는 물체의 공명주파수를 알고 있었던 것이다. 일단 공명주파수를 결정하면 악기나 인간의 목소리에 의한, 일정하고 연속적인 소리가 물체에 전해지게 되며 이러한 기본 화음에 연속적인 배음, 즉 기본음의 정수배로 늘어나는 음을 첨가하게 된다.

고대인들은 이 지식을 어떻게 알아냈을까. 아마도 물체의 자연 공명수치를 알아내기 위해 귀로 들을 수 있는 소리에 의존해서 계산했거나 특정한 크기, 모양, 형태의 물체가 내는 공명음에 관한 선수 지식을 이용했을 것이다.

물체의 정확한 주파수가 결정되면 이러한 정보가 다른 악기의 화음과 어울리게 된다. 그리고 정해진 배음을 조정하면 다른 악기의 음을 상쇄하지 않기 때문에 일종의 소리 플랫폼인 소리의 벽을 만드는 효과가 있고 목표물의 진동을 크게 증폭시킨다. 그러면 표면의 공기 입자가 같은 방식으로 진동하여 완충 작용을 하게 된다. 중력 효과를 방해하는 역할을 하는 것이다. 하지만 이 모든 것은 추측일 뿐, 고대인들이 어떻게 석재를 공중 부양할 수 있었는지를 설명하기에는 충분하지 않다.

완벽한 화성

방이나 건물과 같은 물체의 공명은 크기, 질량, 강도, 균형 등 여러 가지 요소에 의해 결정된다. 그리고 이 요소들은 공명의 음질, 음조, 유용성에 커다란 영향을 미친다.

그런데 예로부터 신성한 건물을 설계한 사람들은 이 사실을 정확하게 알고 있었던 것으로 보인다. 예컨대, 중세 유럽에서 고딕 성당을 세운 이유 가운데 하나가 바로 인간의 목소리와 완벽하게 일치하는 구조적 공명을 만들기 위한 것이었다고 한다.

최근 영국의 한 연구에 따르면 철기시대에도 그러한 목적으로 지하에다가 포고우*fogous*라는 시설을 설계한 것으로 밝혀졌다. 실제로 그곳에서는 남자 성대의 음조와 일치하는 공명주파수를 만들 수 있다는 것이다. 물론 포고우를 만든 본래의 목적이 그것만은 아닐 것이다. 음악과 춤에

위 | 영국 콘월의 칸 우니에 있는 철기시대의 포고우 유적

서 전해지는 전설로 볼 때 의례적 기능이 더 중시되었을 것이다.

분명한 것은 음악과 소리가 신성한 건축물의 설계에 중요한 역할을 했다는 점이다. 특히 이집트의 건축물에서는 소리의 음향 효과에 대한 지식이 쉽게 발견된다. 그리고 대피라미드의 왕의 방에서는 아주 특이한 공명 현상이 일어난다는 점에서, 왜 피라미드 건설자들이 피타고라스의 삼각형을 방의 설계에 응용했는지를 짐작케 해 준다. 2000년 뒤인 피타고라스 시대에 나타나는 이 기하학 형태는 3개의 가장 중요한 배음을 만든 것으로 알려졌는데 이것을 같이 사용하면 기본 음조 또는 핵심 음조를 만들 수 있다. 일례로 D, G, E조를 결합하여 C조를 만들 수 있다.

이집트학 학자들이 파라오의 무덤이라고 주장하는 왕의 방에 기본 화성이 마련된 이유는 무엇일까. 이 역시 우연의 일치일 뿐 숨겨진 비밀 같은 것은 없다고 할지 모른다. 완벽한 화성을 보여 주는 왕의 방의 석관을 보자. 파라오의 미라를 보관했던 곳인지 아닌지에 대해서는 논외로 하더

아래 | 이집트의 카르나크 신전 전경

라도 이 석관은 놀라운 음향 효과를 내는 것으로 알려지고 있다. 이를 처음 밝혀낸 사람은 영국의 고고학자 플린더스 피트리였다.

피트리는 석관의 정확한 크기를 재기 위해 석관을 들어올리기로 했다. 많은 사람들이 추정했던 것처럼 비밀의 방으로 이어지는 출입구가 숨겨져 있는지도 함께 살펴볼 요량이었다. 하지만 펠라힌이라 불리는 여러 명의 이집트인 일꾼들이 화강암 석관을 20㎝ 정도 들어올렸으나 바닥에서는 어떤 출입구도 보이지 않았다.

크기를 측정한 피트리는 석관을 세게 두들겨 봤다. 고즈넉하고 깊은 벨 소리가 났다. 앞서 언급한 대로 석관의 내부 부피는 정확하게 외부 부피의 2분의 1이다. 이는 최고의 화성적和聲的 공명을 낼 수 있는 지름길이다. 과연 이 모든 것이 우연의 일치일까. 혹 물질세계와 음악세계의 밀접한 관계를 피라미드 건설자들이 찾아낸 것은 아닐까.

소리 내는 오벨리스크

기자고원에서 나일강을 따라 남쪽으로 내려가면 동쪽 강가에 카르나크 유적지의 끝없는 신전 군이 나타나는데 이곳에서도 고대 이집트인들이 심오한 음향 지식을 갖고 있었다는 증거를 찾을 수 있다.

머리에서 발끝까지 프리즈로 장식된 카르나크 신전에는 3개의 오벨리스크가 있다. 북쪽으로 186㎞ 떨어진 아스완 채석장에서 채굴한 핑크색 화강암으로 만든 것들이다. 세워져 있는 2개의 오벨리스크는 제18왕조 투트모세 1세(기원전 1528~1510년경)와 그의 딸 하트셉수트(기원전 1490~1468년경)의 재임기에 세워졌고 누워 있는 오벨리스크 역시 하트셉수트 재임기에 제작되었다. 기둥 윗부분의 9m 정도만 남았지만 원래는 다른 2개의 오벨리스크처럼 무게 320톤에 29.6m 높이로 서 있었던 것이다.

오른쪽 페이지 | 카르나크 신전에 있는 하트셉수트의 오벨리스크와 투트모세 1세의 오벨리스크

이 3개의 거대한 오벨리스크는 고대 당시 이집트 건축의 표준적인 크기와 설계를 보여 주는 작품들이다. 그러나 건축 목적이 무엇인지는 명확하게 밝혀진 게 없다. 단순히 파라오를 기념하기 위한 것일 수 있지만 기능적인 목적이 있을 수도 있다. 예컨대, 천문학에 능통한 사제들이 연중 나타나는 천체 현상을 예측하기 위해 해시계로 사용했을 가능성 같은 것 말이다. 이집트 신화에 따르면 태초에 창조의 언덕에는 제드-기둥*djed-pillar*, 즉 세상의 중추가 서 있었다고 했는데 오벨리스크가 그 물리적인 표현은 아닐까. 어쨌든 표면상의 기능과는 상관없이 수평 측정치는 건축 장소의 정확한 위도와 경도에 관한 측지학적 사실을 나타내고 있다.

우리가 관심을 가져야 할 오벨리스크는 누워 있는 하트셉수트의 오벨리스크다. 예전에는 오벨리스크를 자세히 보기 위해 가까이 다가가면 이집트인 가이드가 기둥의 꼭대기 부분을 두들겨 보라고 권했다. 그러면 무게 70톤쯤 되는 오벨리스크가 둔탁하게 울리는 소리를 냈다. 누군가가 전기 소켓에 플러그를 꽂은 것처럼. 이 희한한 소리는 30초쯤 지나면 서서히 사라진다. 요즘에는 콘크리트로 만든 지지대 위에 놓여 있어 몇 초간 공명음을 낼 뿐이다.

원래 크기의 3분의 1만 남아 있는 이 오벨리스크는 커다란 소리굽쇠처럼 공명주파수를 내는 것과 상관없이 제작된 것일 수도 있다. 그러나 단순히 파라오를 기념하기 위해 제작된 것이라면 음향 지식을 설계에 반영할 이유가 없지 않을까. 그런데도 공명음을 내고 있으니…. 그저 우연의 일치일 뿐이라는 설명은 너무 궁색하다고 생각된다. 그보다는 오히려 제

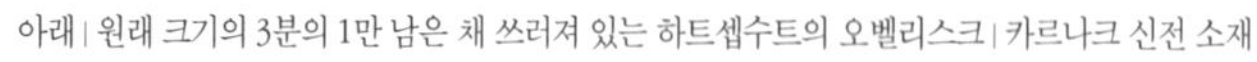
아래 | 원래 크기의 3분의 1만 남은 채 쓰러져 있는 하트셉수트의 오벨리스크 | 카르나크 신전 소재

18왕조 당시 건축가들이 소리 기술의 개념을 이용한 고대 기술을 보존한 유물이라는 느낌이 강하다. 물론 이 오벨리스크가 소리 플랫폼을 응용해서 운반되었다고 주장하는 것은 아니다. 보다 일반적인 방법으로 아스완 채석장에서 운반되었다는 증거가 수없이 많기 때문이다.

나는 배음 관련 지식이 훨씬 이른 시기에 생겨났고 그 시기에는 거대한 석재를 옮기거나 단단한 암석에 구멍을 뚫는데 활용되었을 것이라고 추정한다. 만일 이 추정이 확실한 것으로 증명된다면 고대의 소리 관련 지식은 스핑크스를 건설한 장로신 후손들이 이집트 왕조에 전수한 유산이라고 볼 수 있을 것이다. 앞서 언급한 대로 플린더스 피트리와 월터 에머리 등 선구적인 학자들이 선왕조 시기의 지배계급인 장로신의 존재에 대해 확실하게 언급한 점을 다시 한 번 떠올려 보자.

정말 대피라미드와 벨리 신전 같은 건축물에 사용된 거대한 석재가 소리의 힘만으로 운반되었다고 믿어야 할까. 건축물에 사용된 돌의 크기가 다양해서 확답하기는 어렵다. 그러나 오벨리스크 외에 대피라미드 설계에도 소리의 배음이 사용되었다는 게 확인되고 있다는 점에서, 피라미드 건설 시기에 소리의 진동이 사용되었다는 알-마수디의 주장은 신빙성이 있다고 생각한다.

분명 기자고원에 세워진 건축물에 쓰인 돌은 일반적인 운송 수단과 더불어 보조 수단으로 소리 기술을 응용해서 운반되었을 것이다. 사람은 충분한 시간과 인력만 주어진다면 무엇이든지 성취할 수 있다고 말한다. 맞는 말이다. 실제로 고대 이집트는 막강한 힘과 영향력을 갖춘 거대한 제국으로 발전했고 노동력 또한 풍부했다. 수많은 전쟁

아래 | 아스완 채석장에 있는 미완성 오벨리스크

포로라는 노동력을 활용했다면 카르나크의 아몬 대신전과 같은 석조 기념물은 훨씬 손쉽게 건설할 수 있었을 것이다. 하지만 안타깝게도 소리 기술을 이용하는 방식은 점점 경시되고 마침내 폐기되어 후대에 세워진 건물에서는 찾아볼 수 없게 되었다. 순수하게 상징적이거나 신화적 목적으로만 이용되었으며 사제 집단의 의례와 가르침에만 반영되어 있을 뿐이다. 신성한 오벨리스크의 설계에 배음 지식이 담겨 있는 이유도 이 때문일지 모른다.

신들의 음향의 향연

여기서 고대 이집트의 소리와 건축물의 관계가 다른 지역의 소리 기술에 대한 전설을 설명해 줄 수 있는지를 살펴보자. 또 소리의 힘으로 성벽을 쌓고 도시를 건설한 문명이 공명과 배음에 대한 지식도 갖고 있었던 것인지도 알아보자.

암피온이 리라를 연주하여 세웠다는 고대 그리스의 테베는 모두 파괴되었기에 특별히 언급할 내용이 없다. 그러나 멕시코 유카탄반도에 있는 마야 신전의 음향은 세상에서 가장 기묘한 것으로 평가받고 있다.

가장 유명한 유적지는 유카탄반도 남중부에 위치한 치첸이트사의 신전 군이다. 카스티요라고 불리는 이곳의 계단식 피라미드 신전은 이집트 사카라에 있는 조세르 왕의 계단식 피라미드와 매우 흡사한 외양과 함께 독특한 조명 효과로 유명하다. 춘분날과 추분날에는 삼각형 모양의 그림자가 뱀머리 기단까지 이어진 북쪽 계단을 비추는데 춘분날에는 뱀이 기어 올라가는 것처럼, 추분날에는 기어 내려오는 모양이다.

아래 | 고대 마야의 도시 치첸이트사의 카스티요

위 | 멕시코 치첸이트사에 있는 계단식 피라미드 신전의 뱀머리 기단

1996년 음향생태학 세계포럼(WFAE)에서 웨인 반 커크가 발표한 논문에 따르면 카스티요의 기단부에 서서 소리를 지르면 그 소리가 건물 꼭대기부터 울려 퍼진다. 또 건물 꼭대기에서 보통 목소리로 말하면 150m 떨어진 곳에 있는 사람에게까지 또렷하게 들린다.

카스티요 서쪽에 있는 그레이트 볼 코트는 길이 160m, 폭 68.6m의 거대한 경기장으로 가장자리에 2개의 신전이 있다. 다른 건물들은 동서로 둘러싸인 벽 안에 계단식으로 늘어서 있는데 한쪽 끝에서 조그맣게 속삭여도 반대편 끝에서 들을 수 있다. 특히 돌멩이로 만든 원 내부에 서서 이야기하면 60m 떨어진 원형 돌멩이 안의 사람에게도 곁에 있는 것처럼 들린다고 한다.

이러한 음향 현상은 일찍부터 사람들의 이목을 끌었다. 20세기 초, 미국의 고고학자 실베이너스 몰리가 북쪽 신전에 축음기를 놓고 시벨리우스, 브람스, 베토벤의 곡를 틀자 150m쯤 떨어진 남쪽 신전에 앉아 있던 관광객들이 연주 소리를 듣고는 마법에 홀린 것처럼 놀랐다고 한다. 흡사 신들이 음향의 향연을 벌이는 것 같았다는 것이다.

아래 | 멕시코 치첸이트사의 그레이트 볼 코트 전경

위 | 멕시코 툴룸 해안가에 있는 바람의 신전

이번에는 유카탄반도 동쪽의 멕시코만 해안가에 있는 툴룸이란 마야 유적지로 가 보자. 원활한 상업과 교역을 위해 지어진 바다 요새인데 북쪽 벼랑 위에 세워진 바람의 신전에서는 바람이 적당한 속도와 방향으로 불면 '휘파람이나 울음소리' 같은 소리가 난다고 한다. 현지 가이드에 따르면 허리케인이나 폭풍이 임박했음을 알리는 초기 경고라는 것이다.

유카탄반도 남부에 위치한 팔렝케에서도 세 사람이 3개의 피라미드 꼭대기에 서 있으면 서로 의사소통을 하는데 전혀 문제가 없다고 한다. 욱스말 유적지에서도 똑같은 음향 효과가 일어나는데 마술사의 신전 피라미드의 기반에서 손뼉을 치면 꼭대기에서 짹짹 지저귀는 소리가 난다.

왜 이러한 음향 현상이 일어나는 것일까. 우연의 일치일까. 그렇지는 않을 것이다. 건물을 설계할 때 의도적으로 음향 효과를 넣은 것이 분명하다.

일부에서는 치첸이트사의 그레이트

아래 | 멕시코 남부에 있는 팔렝케의 3개의 피라미드

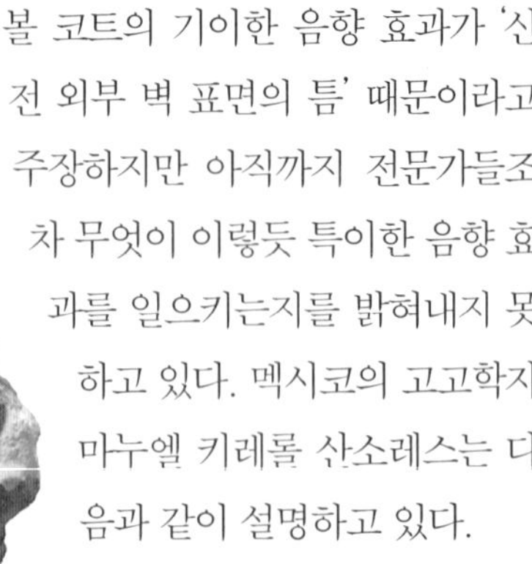

위 | 마야의 머리 조상 | 서기 300~900년 작품 | 미국 인디언박물관 소장

볼 코트의 기이한 음향 효과가 '신전 외부 벽 표면의 틈' 때문이라고 주장하지만 아직까지 전문가들조차 무엇이 이렇듯 특이한 음향 효과를 일으키는지를 밝혀내지 못하고 있다. 멕시코의 고고학자 마누엘 카레롤 산소레스는 다음과 같이 설명하고 있다.

> 건축학자와 고고학자들은 불가사의한 소리의 전송에 대해 오랫동안 논의해 왔다. 그들 대부분은 건축물의 파괴 정도를 보고 그것을 공상이라고 생각하지만 건축 복원 작업에 참여한 우리들은 소리의 음량이 점점 커지고 뚜렷해진다는 것을 잘 알고 있다. … 이것은 마야 기술자들이 수천 년 전에 이룩한 찬란한 공학적 업적임에 틀림없다.

고대 이집트인들처럼, 마야인들도 신전을 건설할 때 음향 지식과 배음 지식을 적용시켰다는 것은 대부분의 고대 문화가 소리 지식을 갖고 있었을 가능성이 높다는 것을 암시한다. 그리고 먼 선조들이 소리의 힘으로 무거운 물체를 들어 올렸다는 마야 전설 또한 그들이 파라오 시대의 이집트에서 사용된 기술에 필적할 만한 선진 기술의 계승자임을 보여 준다.

그렇다면 이 기술은 어디서 온 것일까. 훨씬 이전의 선진 문화로부터 전수받은 것일까. 아니면 수백 년 동안 실험을 계속해 온 결과로 발전시킨 기술일까. 그것 또한 우리는 전혀 알지 못한다.

아이마라족의 전설

티아우아나코 유적을 다시 살펴보자. 그러면 음향과 배음이 거대한 석조 신전과 궁전의 및 건축에 뚜렷한 역할을 했다는 증거를 찾을 수 있다.

위 | 이참나(사진 속의 우측)와 달의 여신 익스첼 조각상 | 푸에블라 암파루박물관 소장

앞에서, 티아우아나코 유적은 티치 비라코차라는 하얀 피부의 지식 전수자가 건설한 것으로 전해진다고 언급했다. 그가 바로 아즈텍 전설의 '깃털 달린 뱀'인 케찰코아틀*Quetzalcoatl*이며 마야 신화에서 하늘, 낮과 밤을 다스리는 창조의 신 이참나*Itzamna* 혹은 잠나*Zamna*다.

티아우아나코 유적지에는 직각으로 잘려진 다층 석재들이 여기저기 널려 있다. 학자들은 독특하게 다듬어진 이 돌의 사용처를 제대로 설명하지 못하고 있다. 건물의 대들보와 수평 기둥을 지지하는데 쓰인 이음새라고 주장하는 사람도 있지만 석재마다 통일된 양식이 아닐뿐더러 주변에 쓰였을 만한 건물이 없다는 점에서 신빙성이 떨어진다. 오히려 필요한 공명주파수를 얻을 때까지 깎여 있어서 배음을 표현하기 위해 의도적으로 제작되었을 가능성이 높다고 본다.

진짜 목적이 무엇이든지 간에, 티아우아나코의 신화적 건설자들

아래 | '푸마푼쿠'라 불리는 티아우아나코의 거석들

이 채석장에서 목적지까지 나팔 소리를 이용해서 석재를 옮겼다는 아이마라족 인디언들의 이야기와 깊은 관련이 있다고 생각한다. 만약 이것이 사실이라면 볼리비아 알티플라노 고원지대의 창건 신들도 고대 이집트의 파라오 왕국이나 멕시코의 마야 제국처럼 음향 지식을 알고 있었다는 말이 된다. 비범한 선진 이론을 응용해서 소리 플랫폼을 창조한 건설자들이 무거운 돌을 일시적인 무중력 상태로 만들어 힘들이지 않고 목적지까지 운반했다는 이야기가 되는 것이다.

물론 이러한 사실은 정황상의 증거나 가설에 불과하다. 소리 혹은 소리 관련 매체가 물체를 공중으로 들어 올리는데 사용되었다는 실질적인 증거는 단 하나도 발견되지 않았다.

나는 좀 더 실제적인 차원의 음향 효과에 대한 지식을 얻기 위해 소리의 집중적인 포화를 받는 물체가 일시적으로 무중력 상태가 될 수 있는지를 직접 실험해 보기로 했다. 미지의 과학 영역을 탐사한 경험이 많은 전기공학자 로드니 헤일에게 도움을 청했다.

1996년 영국 에식스에 있는 내 집에서 석영 8kg, 사암 10kg을 사용하여 실험을 시작했다. 무게의 변동이 생길지 모른다는 생각에 핵심 음조 C를 구성하는 E, G, D 화음을 녹음해서 확성기를 통해 각각의 석재로 보냈다. 처음에는 음조를 하나씩, 그러다가 한꺼번에 하기도 했고 차례차례 보내기도 했지만 모두 소용이 없었다. 소리의 벽이 석재에 아무런 영향을 미치지 않았다.

다음으로 다른 음조를 사용해서 개별적인 배음을 내도록 했다. 그러면 암석의 결정구조 내에서 일어나는 공명이 증대될 것이라고 생각했다. 하지만 이것은 너무 어려웠다. 고민 끝에 좀 더 쉬운 대상, 즉 티베트의 노래하는 그릇에 주목했다. 놋쇠로 제작된 이 그릇은 가장자리를 나무 막대기로 문지르면 일정한 음률이 생기는 그릇이다.

나는 노래하는 그릇의 핵심 음조와 그에 상응하는 배음을 만들 수 있다면 무게의 손실을 측정할 수 있을 것이라고 생각했다. 하지만 그저 내 생각일 뿐이었다. 확성기를 사용해서 핵심 음조와 배음을 노래하는 그릇의 고유 음조로 보내면 미미한 무게의 변화가 생기지만 그 결과는 믿을 만한 수준이 아니었다. 실험 결과는 정말 형편없었다.

하지만 낙담하지 않았다. 소리 기술이야말로 과거를 올바르게 이해하기 위한 핵심적인 사안이라는 믿음을 쉽게 포기할 수 없었다. 문뜩 고대 문화의 잃어버린 과학을 증명하기 위해서는 좀 더 실제적인 증거가 필요하다는 것을 깨달았다. 그러다가 우연히 미국의 발명가 존 에른스트 워렐 킬리(1827~98년)라는 사람에 대해 알게 되었다.

제7장

소리의 천재

존 에른스트 워렐 킬리는 소리로 돌을 공중 부양시키는 수수께끼의 열쇠를 발견한 사람이다. 공명 개념을 파악하는데 일생을 바친 그는 무거운 물체를 들어 올리고 커다란 엔진을 돌아가게 했는가 하면 금속 공을 공중 부양시키고 바위를 분쇄시켰다고 한다. 과학 작가, 킬리모터회사 주주 등 많은 사람들이 그가 발명한 기계의 작동 장면을 목격했다. 그리고 그들 대부분은 기존 과학계가 이해하지 못하는 자연의 힘을 길들인 것으로 확신했다.

한마디로 그는 '사람 속屬'의 훌륭한 표본이었다고 한다. 큰 키에 넓은 어깨, 양고기를 썰어 놓은 것 같은 콧수염을 한 그는 예의 바르고 솔직하며 온화한 인물로 평가받고 있다. 사진을 보면 빅토리아 시대에 먹잇감 앞에 서 있는 사냥꾼처럼 기묘하게 생긴 발명품 옆에 굳은 표정으로 서 있는 모습이 인상적이다.

그의 희한한 업적을 이해하기 위해서는 1880~90년대 과학작가들이 필라델피아에 있는 그의 작업장에서 목격한 장면부터 설명할 필요가 있다. 여기서는 그의 작업장을 방문하여 일련의 실험 과정을 지켜본 과학작가 플럼이 1893년 〈바위에 부딪치다*Dashed Against the Rock*〉라는 잡지에 기고한 내용을 보기로 한다.

위 | 1889년 자신의 연구실에서 포즈를 취하고 있는 존 에른스트 워렐 킬리

움직이는 금속 공

그날, 플럼은 정말 이상한 것들을 많이 봤지만 가장 인상적인 것은 여러 장치가 결합되어 있는 기구였다. 유리판을 덮은 나무 탁자 위에 지지대가 떠받치고 있는 지름 0.3m의 구리공이 놓여 있었는데 그 속에는 여러 개의 금속 클라드니판과 공명 튜브가 들어 있었다. 구리공 밑에는 몇 센티미터 길이의 금속 못이 중심부에서 바깥쪽으로 퍼져 있는 둥근 띠가 있었다. 못의 길이는 모두 달랐지만 손가락으로 튕기면 소리굽쇠처럼 소리를 냈다.

리버레이터*Liberator*라고 불리는 이 기구는 단순한 구조이지만 방 안의 모든 장치를 작동시키는 핵심 기구였다. 리버레이터 아래에는 3개의 금속으로 구성된 긴 철사가 있었다. 바깥쪽은 금, 안쪽은 백금으로 싸여 있고 가운데로 은이 관통한 철사였는데 공에서 0.6~0.9m 떨어진 두 번째 탁자 위의 공명기에 연결되어 있었다. 그리고 공명기는 지름 15㎝, 높이 20㎝의 금속 원통과 수직의 금속 공명관으로 이루어졌고 그 위에는 유리로 둘러싸인 놋쇠통이 놓여 있었다. 놋쇠통 속에는 자북磁北을 가리키는 나침판이 있었다.

위 | 존 에른스트 워렐 킬리가 만든 리버레이터

모든 준비가 완료된 듯, 킬리는 리버레이터 쪽으로 가서 금속 못을 윙 하고 울렸다. 공의 측면에 있는 스위치를 돌려 조율하자 몇 초 동안 '거친 하모니카 나팔' 소리가 들렸고 공명기 나침판의 바늘이 돌아가기 시작했다. 하지만 이 기구에는 자성 물질이 전혀 들어 있지 않았다. 실험이 반복될 때마다 나침판은 30초에서 3분 정도 회전했다.

이번에는 조그마한 창문으로 작업실과 연결된 방으로 들어갔다. 탁자가 있고 현악기 치터가 금속관 지지대에 의해 수직으로 놓여 있었다. 옆에는 긴 명주실이 다른 탁자 위에 놓인 기구에 연결되어 있었다. 이 기구는 모양이 독특했다. 굵기가 13㎜쯤 되는 쇠막대기 구조물로 만들어졌는데 그 위에는 지름이 38㎝ 되는 구리공이 놓여 있었다.

킬리가 하모니카 나팔을 집어 들고 창문을 향해 1~2분 정도 불자, 금속 공이 회전하기 시작하더니 점점 속도가 빨라졌다. 나팔 부는 것을 멈추자 공도 서서히 멎었다. 다시 나팔을 불자, 공의 회전이 다시 시작되었다. 세게, 그리고 길게 불수록 공은 빠르게 회전했다. 연결된 줄을 자르고 나팔을 불었더니 공 또한 천천히 멈췄다. 플럼은 공의 회전에 필요한 힘을 생성하기 위해서는 나팔의 화음으로 조율되어 있는 치터의 공명줄과 연결되어야 한다는 것을 보여 주는 것이라고 생각했다.

이어, 더욱 놀라운 광경을 목격했다. 먼저 킬리가 플럼에게 실험 도구라면서 금속으로 된 3개의 공을 건네주었다. 손바닥 위에 올려놓고 굴려보니 무게가 0.9㎏ 정도 되는 것 같았다. 상당히 많이 사용한 흔적이 눈에 띄었다. 탁자 위에는 물을 가득 채운 유리병이 놓여 있었다. 킬리는 유리병에 금속 공을 집어넣고 금속판 뚜껑을 덮은 다음, 가느다란 철사로 다른 탁자 위에 놓여 있는 리버레이터에 연결했다.

모든 준비가 끝나자, 킬리가 못이 달린 띠를 리버레이터 밑에서 윙 하고 울렸다. 그리고 놋쇠 나팔을 불기 시작했다. 그러자 놀랍게도 물이 가득 채워진 유리병 안의 공 하나가 좌우로 움직이기 시작했다. 계속 나팔을 불자, 공들은 하나씩 물 위의 뚜껑 가까이 떠올랐다. 정말 놀라운 광경이었다. 나팔 부는 것을 멈췄는데도 공은 코르크보다 가벼운 듯 물 위에 계속 떠 있었다. 잠시 후, 킬리가 음조를 바꿔 연주하자 유리병 바닥으로 가라앉기 시작했다.

집단화음

킬리는 마지막 실험을 해 보이겠다고 하면서 연구 자금을 마련하기 위해 설립한 킬리모터회사에서 특별히 관심을 갖는 실험이라고 했다. 지금까지 봤던 실험 도구들은 이번에 사용할 실험 도구인 스피닝 휠*spinning wheel*에 비하면 장난감에 불과하다고 했다.

스피닝 휠은 모양부터 독특했다. 8개의 바퀴살이 방사상放射狀으로 뻗은 바퀴까지 이어져 있고 각 바퀴살의 끝에는 원형판이 달려 있었다. 그리고 일련의 공명관에 연결되어 있는 금속 테두리가 바퀴 전체를 감싸고 있는데 각각의 공명관에 들어 있는 아마포 침은 바퀴 중심부의 원을 형성하고 있었다. 또 테두리 안에는 바퀴살처럼 9개의 원형판이 있었다.

아래 | 실험 도구인 현악기 치터와 유리병

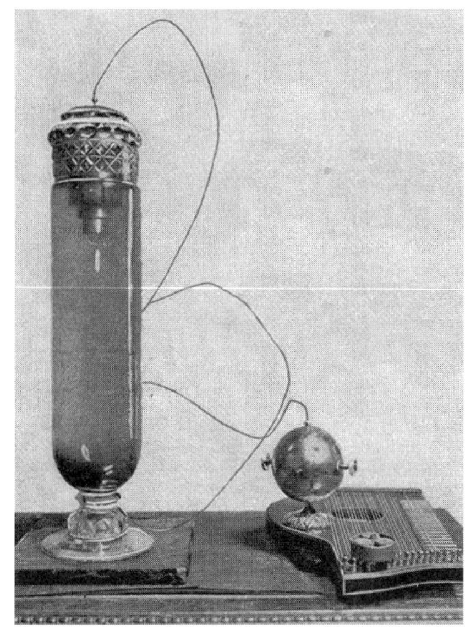

킬리는 구리공과 쇠못 띠로

만들어진 리버레이터를 옆방으로 옮기고 나서 쪽문을 통해 리버레이터의 철사를 스피닝 휠의 바퀴살에 연결시켰다. 이어, 리버레이터의 대못 원형 띠를 윙하고 울려서 리버레이터를 조율했다.

잠시 뒤, 나팔을 들고 방 전체를 진동시키는 것 같은 긴 음조를 내자, 스피닝 휠의 바퀴가 빠르게 돌아가기 시작했다. 화음이 생성되는 한 회전은 멈추지 않을 것 같았다.

스피닝 휠의 구조는 정말 복잡했다. 수백 개의 구체球體와 나팔, 바퀴, 금속판으로 구성되어 있었고 쓰임새도 다양했다. 킬리는 기계 엔진의 주요 부품으로 사용될 수도 있다면서 특허를 신청할 계획이라고 했다. 플럼이 보기에도 그것은 기관차, 자동차, 비행기의 새로운 동력 수단으로 사용될 수 있을 것 같았다. 그런가 하면 리버레이터와 공명기의 도움으로 악기에서 생성되는 진동은 다른 용도로 사용될 가능성도 충분하다고 생각했다. 실제로 킬리가 발명한 에테르 대포는 15㎝ 물체를 발사시켜 두꺼운 나무판자를 뚫었는데 미 해군은 작동 원리가 너무 복잡하다는 이유로 거절했다고 한다.

지금까지 살펴본 킬리의 실험이 갖는 의미는 무엇일까. 고대인들이 소리의 힘으로 어떻게 공중 부양을 할 수 있었는지를 이해하는데 대단히 중요한 단서를 제공한다고 생각한다.

킬리는 수많은 실험 끝에 소리의 힘으로 유리병 속의 금속 공을 물이 아닌 공기 중에 떠오르게 하는데 성공했고 공중 부양의 개념을 발전시켜 3.6kg의 비행선 모형을 개발했다. 놀랍게도 이 비행선 모형은 리버레이터, 레조네이터*resonator*, 악보, 접속코드와 같이 사용하면 저절로 하늘로 올라간다는 것이다. 실제로 이 기구의 비행을 목격한 사람들은 아주 가볍고 부드럽게 상승과 하강을 했다고 전하고 있다.

킬리는 나팔이나 호른, 하모니카, 피들, 치터 등 다양한 악기를 이용해서 물체의 움직임에 필요한 진동을 만들 수 있다고 했다. 심지어 휘파람만 불면 기계가 작동한다고 했다. 태곳적에 난쟁이들이 휘파람을 불어서 석재와 통나무를 공중으로 들어 올렸다는 마야의 전설을 떠올리게 하는 대목이다.

위 | 존 에른스트 워렐 킬리가 발명한 에테르 대포

킬리에게는 복잡한 공명 기구와 잘 알려지지 않은 에테르의 힘이야말로 발명품의 원천이었음이 분명하다. 리버레이터의 경우, 초기 모델은 크기가 몇 피트 될 정도로 컸지만 개량을 거듭한 결과, 1890년대에는 회중시계보다 작은 리버레이터를 만들 수 있었다. 하지만 특수 코드로 증폭공명기에 연결하지 않으면 아무런 효과가 없었다. 킬리는 이 코드를 트렉사 *Trexar*라고 불렀는데 금과 백금, 은으로 제조된 것이었다.

이제까지 그 누구도 따라 할 수 없었던 킬리의 업적은 무엇이었을까. 음향과 공명의 힘만으로 나침판이 움직이고 공이 회전하고 구체가 올라가고 바퀴가 돌아가게 만들었다고 정리한다면 그의 업적을 지나치게 단순화시킨 것이다.

따지고 보면 리버레이터는 킬리의 신체적 진동과 조율되어야만 했고 킬리만이 리버레이터를 작동시킬 수 있었다. 다른 기구들과 작업실의 공명 진동을 고려할 필요가 있었기에 실험실 밖에서 사용이 가능한 모터를 만들기가 힘들었을 것이다. 더욱이 기구를 작동하기 전에는 방문자들의 개인적 진동도 고려해야만 했을 것이다. 찾아온 사람에게 실험에 사용될 공명관과 철사로 연결되어 있는 강철관을 들고 있게 한 것은 방문객의 진동을 알아내고 알맞게 조절하기 위한 수단이었을 것이다. 이러한 방식을 동원하여 그는 특정한 순간, 방에 존재하는 진동 공명의 총합인 집단

위 | 존 에른스트 워렐 킬리가 만든 바위 분쇄기

화음이라는 것을 발견한 것이었다. 그는 기구와 조작자의 신체적 연결을 지양하는 방법을 찾으려고 수년간 노력했지만 실패했다고 한다.

암석이 부서지다

킬리가 소리 기술의 원리를 알고 있었다는 것만은 분명하다고 본다. 또 그의 연구 결과는 고대에 비슷한 기술이 존재했다는 설화나 전설이 어느 정도 근거가 있음을 반증하기도 한다. 놀라운 사실은 공명의 힘이 암석뿐만 아니라 석영도 분쇄할 수 있다는 것을 알아냈다는 점이다.

1887년의 어느 날, 우연히 일어난 일이었다고 한다. '미세한 모래를 뿌린 바닥 위에서 움직이는 에테르의 운동'을 연구하던 킬리는 리버레이터를 조율한 뒤에 기계를 작동시키고 악기로 소리를 냈다. 집단화음을 만들기 위해서였다.

그랬는데 놀라운 일이 벌어졌다. 문을 고정시키려고 받쳐 놓은 화강암 돌조각이 눈앞에서 산산이 부서져 버리는 것이었다. 예상치 못한 일에 깜짝 놀란 킬리는 다른 화강암으로 재실험을 했는데 집단화음이 발생할 때마다 거의 매번 화강암이 가루로 변했다. 마치 소리가 바위를 흔들어서 산산조각을 내는 것처럼.

왜 이런 현상이 생기는 것일까. 곰곰이 따지면서 실험을 거듭한 킬리는 암석의 석영 성분이 공명에 더욱 우호적으로 반응한다는 사실을 알아냈다. 기구에서 발생하는 주파수와 석영의 주파수가 동일한 영역에서 공명하기 때문이었던 것이다. 마침내 그는 집단화음의 1옥타브가 초당 4만 2800번의 진동을 일으킨다는 사실을 알아냄으로써 수치화시키는데 성공했다. 이 정도의 진동이라면 석영을 분쇄시키는데 충분한 힘이라고 여긴 것이다.

킬리가 우연히 발견한 암석 분쇄 현상은 대단히 의미가 깊다. 우선 크리스토퍼 던의 놀라운 연구 결과를 뒷받침한다. 앞서 언급한 대로 크리스토퍼 던은 고대 이집트에서 피라미드 건설자들이 사람의 귀로 들을 수 없는 고주파 소리 진동, 즉 초음파를 사용해서 암석에 구멍을 뚫었다고 추정했다. 그는 고대의 드릴이 현대의 도구보다 500배나 빠른 속도로 화강암을 자르고 다른 광물보다 석영 부분을 더 빨리 통과한다는 사실을 알아낸 것이다. 이러한 속도의 차이는 석영의 자연 공명이 초음파에 의해 생성된 공명과 정확하게 일치하기 때문인데 지금으로부터 100년 전에 킬리가 발견해 낸 것이다.

다음으로 야를과 리나우어가 티베트에서 목격한 석재의 공중 부양과 이상한 기구들의 원리를 이해할 수 있게 해 준다. 거대한 공과 홍합 모양의 현악기는 킬리의 2파운드 구체와 트렉사 철사처럼 3개의 금속으로 만들어졌는데 아마도 공명의 질을 고려하여 금속을 선택했던 것 같다. 티베트 승려들이 사용했던 현악기들은 훨씬 큰 공으로 초음파를 생성했지만 킬리의 공명기와 같은 역할을 한 것으로 보인다. 다시 말해서 승려들은 킬리와 비슷한 방법, 즉 판자로 공명파를 모아서 물체를 공중 부양시키고 바위를 깨뜨릴 수 있었던 것이다.

마지막으로 고대 이집트에서 피라미드 건설자들이 고도로 발달된 공명물리학을 응용하여 석재를 들어 올리고 단단한 돌에 구멍을 뚫었다는 가설에 무게를 실어 준다. 만약 이 가설이 입증된다면 고대 이집트인들이 사용한 소리 기구나 장치 또한 킬리의 발명품처럼 특수화되었을 가능성이 높다. 즉, 소리 기구 조작자의 개인 진동뿐만 아니라 방과 건물의 음향과도 조화를 이루어야 했을 것이다. 어쩌면 피라미드 건설자들은 이런 방식으로 조율된 쇠막대기, 증폭된 레조네이터, 악기 등의 도움으로 킬리의 집단화음과 같은 것을 만들었을지 모른다.

천재의 몰락

1888년의 어느 날, 뉴욕 주 동부에 있는 캐츠킬산에서 시연 행사가 있었다. 암석 분쇄 현상을 응용하여 킬리가 개발한 '바위 분쇄기'를 선보이는 자리였다. 킬리는 이 기계가 광산 개발에 유용한 도구가 될 것이고 수요처 또한 많을 것이라고 장담한 터였다.

실험 현장에는 킬리모터회사 주주인 12명의 부유한 광산업자들이 참석했는데 실험이 성공하자 하나같이 놀라운 광경에 압도되어 입을 다물지 못했다. 그들은 앞다투어 제품이 상용화될 수 있도록 충분한 자금을 지원하겠다고 나섰다. 그러나 킬리는 이 기계에 사용된 리버레이터의 새로운 모델 개발에 열중할 뿐 실험에 사용된 에테르의 정확한 특성을 밝혀달라는 투자자들의 요구를 계속 외면했다.

결국 킬리와 킬리모터회사 주주들 간에 심각한 갈등과 반목이 초래되었다. 인내심에 한계를 느낀 투자자들은 자금 지원을 중단하겠다면서 킬리를 압박했다. 소송을 제기하여 감옥에 보내겠다는 위협도 서슴지 않았다. 그러나 킬리는 꿈쩍도 하지 않았다. 연구 자료를 모두 파괴하고 장비 또한 부숴 버리겠다고 했다. 감옥에 가느니 차라리 죽겠다면서 극히 비이성적으로 대처했다.

모든 일은 킬리에게 불리한 방향으로 전개되었다. 그는 연구를 계속 진행했지만 상업적인 성공을 거두지는 못했다. 결국 재정 파탄에 허덕였고 세상으로부터 외면당하고 말았다.

여기서 나는 SF소설에나 나올 법한 기구의 작동 원리나 에테르의 성질을 이해했다고 주장하는 것은 아니다. 내가 확신을 갖고 말할 수 있는 것은 킬리의 기구 제작에 사용된 모든 구성요소들이 주변과 일치된 공명 현상을 일으킬 수 있는지를 고려하여 설계되고 선택되었다는 점이다. 하나의 소리 혹은 공명이 도미노 현상처럼 다음으로 계속 이어지면 모든 것이 일체가 되어 윙윙 소리를 내게 되는데 이 음향 장치에서 보이는 지식의 정확도는 킬리가 50여 년 간 시행착오를 거듭하면서 만들어 낸 산물이었다.

그런데 킬리의 업적은 사장되고 말았다. 정말 안타깝다. 이제라도 능력 있는 과학자들과 공학자들이 최근의 과학기술을 이용해서 그의 공명 연구를 이해하는 시도를 하면 좋지 않을까.

나는 피라미드 건설자들과 티베트 수도승들이 킬리처럼 공명의 물리적 현상을 이해했을 것이라고 생각한다. 그들은 결코 위대한 마법을 행한 것이 아니다. 세상과의 조화를 꿈꾸면서 돌을 공중으로 들어 올리거나 절단하고 구멍을 뚫는 업적을 성취한 것이다.

그럼 대피라미드의 설계와 마찬가지로 이 지식은 어디서 온 것일까. 훨씬 이전 시대인 이집트 장로문화의 유산이 아닐까. 여기서 하나의 딜레마에 빠지게 된다. 피라미드 건설자들이 실제로 공명진동물리학의 선진 지식을 갖고 있었다면 도대체 무슨 일이 벌어졌던 것일까. 아니, 그 지식이 어떻게 갑작스럽게 사라졌단 말인가. 아무래도 연구가 종착점에 다다른 것 같다는 느낌이 들었다.

문뜩 소리가 다른 용도로 사용된 경우도 있다는 사실이 떠올랐다. 돌을 들어 올리거나 구멍을 뚫기 위해서가 아니라 성벽을 무너뜨리는데 나팔을 사용한 사례다. 놀랍게도 그 사례 역시 고대 이집트와 관련이 있다.

제8장

성벽이 붕괴되다

이스라엘의 12지파 가운데 하나인 에브라임 지파의 눈의 아들이자 모세의 후계자인 여호수아는 요르단강 유역 서쪽에 위치한 예리코 근처의 길갈이라는 곳에서 잠자고 있었다. 그리고 이스라엘 12지파 출신의 장정 4만 명으로 구성된 그의 군대는 예리코에서 10펄롱 정도 떨어진 거리에 진을 치고 있었다. 1펄롱이 201.17m이므로 약 2㎞ 정도 떨어진 위치였다. 요르단강을 건너 약속의 땅 가나안으로 들어선 이들에게는 예리코가 하느님 말씀의 완성을 가로막는 유일한 장애물이었다. 예리코는 가나안에서 가장 튼튼한 성벽의 도시이기도 했다.

예리코의 함락

돌연 잠을 깬 여호수아는 어떤 사람이 손에 칼을 빼 들고 서 있는 것을 봤다. 여호수아는 그에게 다가가 물었다.

"너는 우리 편이냐? 적의 편이냐?"

그러자 그가 대답했다.

"아니다. 나는 지금 주님 군대의 장수로서 왔다."

이 대답을 들은 여호수아는 황급히 얼굴을 땅에 대고 엎드려 절하며 물었다.

“나리, 이 종에게 무슨 분부를 내리시렵니까?”

“네가 서 있는 자리는 거룩한 곳이니 네 발에서 신을 벗어라.”

여호수아는 그대로 따랐다. ‘주님 군대의 장수’는 주님의 말씀을 빌어서 여호수아에게 예리코를 점령하는 방법을 알려 주었다. 지시를 그대로 따른다면 ‘예리코와 그 왕과 힘센 용사들’은 여호수아의 손에 넘겨질 것이라고 했다. ‘주님 군대의 장수’라는 사람이 여호수아에게 일러준 말은 이러했다.

‘모든 군사들이 성읍 둘레를 엿새 동안 날마다 한 번씩 돌아야 한다. 사제 일곱 명이 저마다 숫양의 뿔로 만든 나팔을 하나씩 들고 언약의 궤 앞에 서라. 이렛날에는 사제들이 뿔 나팔을 부는 가운데 성읍을 일곱 번 돌아라. 숫양 뿔 소리가 길게 울려 그 나팔 소리를 듣게 되거든, 온 백성은 큰 함성을 질러라. 그러면 성벽이 무너져 내릴 것이다.’

여호수아는 사제들과 군인들에게 주님의 말씀을 전했고 그의 명령에 따라 엿새 동안 일곱 명의 사제들은 숫양 뿔 나팔을 높이 쳐들고 불면서

아래 | 예리코의 몰락 | 이탈리아의 조각가 기베르티의 작품(1425~52년) | 피렌체 대성당의 세례당 청동문 부조

성벽 주위를 걸었다. 군대의 반은 그들 앞에서 걸어갔고 언약의 궤를 운반하는 군인들이 그 뒤에 있었다. 나머지 군인들도 따라갔다.

여호수아는 또 명령을 내렸다.

'함성을 지르지 마라. 너희 소리가 들리지 않게 하여라. 한마디도 입밖에 내지 마라. 내가 함성을 지르라고 하거든 그때에 함성을 질러라.'

이렛날이 되자, 동이 틀 무렵에 군대와 숫양 뿔 나팔을 든 사제들은 언약의 궤를 짊어진 사람들과 함께 전처럼 성벽 주위를 돌았다. 일곱 번째가 되어 사제들이 뿔 나팔을 불자, 모두가 큰 소리로 함성을 질렀다. 그 순간 예리코의 성벽이 무너져 내렸다.

위대한 기적을 목격한 이스라엘 군대는 성안으로 들어가 남녀노소를 가리지 않고 모조리 칼로 쳐 죽였다. 하지만 여호수아가 몰래 보낸 두 명의 정탐꾼을 숨겨 준 창녀 라합의 가족만은 살려주었다. 오직 라합과 그 가족들만이 하느님의 노여움을 피했던 것이다.

이상이 여호수아기에 나와 있는 예리코의 함락 과정이다. 유대교인들과 기독교인들은 모두 구약성서를 의심의 여지없이 하느님의 말씀으로 받아들이지만 과연 그것이 역사적 사실을 드러낸다고 볼 수 있을까. 실제로 예리코 성벽이 이런 식으로 무너졌을까.

이스라엘인들이 요르단강을 건너 가나안 땅에 들어갔을 때, 예리코는 이미 7000년의 역사를 자랑하는 난공불락의 요새였다. 사해의 북쪽 경계 너머로 들어오는 침입자들의 모든 경로를 차단하기 때문에 그 전략적 중요성은 대단히 컸다.

지난 150년간 성서고고학자들의 목표는 여호수아가 지휘한 이스라엘 군대의 성공적인 가나안 정복을 증명하는 것이었다. 1930~36년 영국의

아래 | 예리코의 고대 도시 벽 유적

고고학자 존 가스탱이 이끄는 발굴팀은 바깥으로 붕괴된 성벽의 일부를 발견했다. 나팔을 불어서 성벽을 무너뜨렸다는 성서의 이야기와 정확하게 일치하는 결과였다. 큰 화재가 있었다는 증거도 발견함으로써 대규모 전투가 벌어져 폐허로 변했음이 분명했다. 존 가스탱은 이것이야말로 성서의 역사성을 증명하는 완벽한 증거라고 주장했다.

그러나 그의 기쁨은 오래가지 않았다. 1952~58년 영국의 고고학자 캐슬린 케니언이 예리코 유적지를 발굴하면서 석기시대의 기초 층위까지 조사하고 연결 층의 목록을 정리한 결과, 존 가스탱의 주장이 완전히 틀렸음을 증명한 것이다. 즉, 무너진 성벽의 건설 연대는 기원전 13세기가 아니라 이스라엘인이 가나안에 들어온 시기보다 1100년이나 앞서는 기원전 2350년경으로 추정되었고 그 이후에 파괴된 흔적은 거의 발견되지 않았던 것이다. 도시가 건설된 퇴적층의 최상부가 전체적으로 침식되어 있다는 점을 확인했는데 이것은 나중에 형성된 퇴적층이 존재하지 않다는 것을 의미한다.

마침내 그녀는 기원전 16세기 초반에 도시가 화재로 파괴되었음을 보여 주는 증거를 발견했다. 기원전 14세기 후반으로 추정되는 건물의 진흙 화덕과 벽의 일부도 찾아냈다. 성서의 관점에서 보면 아주 중요한 발견이었다. 결국 그녀는 근처의 바위 무덤과 관련된 갖가지 장례용품의 연대를 고려한 뒤, 기원전 1400~1325년경으로 추정되는 주거층이 있었다고 단정을 지었다. 말하자면 기원전 11세기경 다윗이 이스라엘 전체를 하나의 왕국으로 통일할 때까지 예리코에는 아무런 흔적도 남아 있지 않았다는 이야기다.

캐슬린 케니언의 발굴 결과는 이스라엘인들이 기원전 1200년경 가나안 땅에 들어왔다는 성서 연대기를 사실로 믿는 사람들에게 커다란 충격을 주었다. 실제로 출애굽 연대에 대한 보다 혁신적인 연구 결과에 따르면 예리코는 일반적인 통념보다 약간 이른 시기인 기원전 1270년경 붕괴되었다. 그리고 이것은 고고학적 증거와도 거의 일치한다.

그렇다면 일곱 개의 숫양 뿔 나팔로 성벽을 무너뜨렸다는 여호수아기 6장의 이야기는 어떻게 받아들여야 할까. 성서에는 이와 비슷한 이야기가 없다. 또 이것은 원수들에 대한 하느님의 권능을 표현한 것도 아니고 구약성서 시기의 성벽의 일반적인 붕괴 방식도 아니다.

주님 군대의 장수

물론 나팔 소리로 성벽이 무너지기를 바라는 것은 어리석은 일이라고 말하는 사람도 있을 것이다. 하지만 앞서 설명한 대로 사람의 목소리가 유리잔의 공명주파수와 일치하면 유리잔이 깨진다. 고대 이집트의 피라미드 건설자들과 티베트의 수도승들, 그리고 19세기의 발명가 존 에른스트 워렐 킬리는 모두 돌을 분쇄하는데 이 원리를 이용했다고 생각된다.

소리를 무기로 사용하는 것은 불가능한 일이 아닐 것이다. 그러나 기원전 7세기경 구약성서가 완성되었을 때, 그러한 개념은 존재하지 않았다. 그럼 초기의 이스라엘인들이 나팔 소리로 예리코 성을 파괴할 수 있는 지식과 능력을 가지고 있었다는 이야기일까.

성서에 나와 있는 '사실'만을 다시 한 번 짚어 보자. 사제들은 숫양 뿔로 만든 나팔을 들고 엿새 동안 성벽 주위를 돌았다. 언약의 궤가 그 뒤를 뒤따랐는데 이스라엘 군대의 반은 그 앞에서, 나머지 반은 뒤에서 걸어갔다. 이때 단 한마디도 입 밖으로 내면 안 되었다. 일곱 번째 되는 마지막 날, 전체 행렬은 한 번이 아니라 일곱 번 성벽을 돌았고 마지막 순간에 길게 나팔을 불면서 4만 명이 큰 소리로 함성을 질렀다.

정말 이러한 과정을 거쳐 성벽이 붕괴된 것일까. 아니, 이러한 사실을 과학적으로 설명한다는 것이 가능한 이야기일까. 신학적 측면에서 본다면 소리의 힘으로 성벽을 무너뜨릴 수 있을지 모른다. 또 일정한 나팔 소리에 함성이 더해지면 석벽에 균열이 생겨 붕괴할 수도 있을 것이다. 물론 증명된 것은 아니다.

현재까지 예리코 성벽의 붕괴 원인에 대해서는 확증이 없는 상태다. 그렇다고 성벽이 붕괴되지 않았다는 것은 아니다. 성서의 정황 증거 외에는 뚜렷한 증거가 없다는 이야기다.

기원전 1000년경 유대인들이 이런 이야기를 간직하고 있었다면 실제로 사실이 어느 정도 반영된 것이라고 본다. 옛날 속담처럼, 아니 땐 굴뚝에 연기 나는 법은 없지 않은가. 정확한 상황 전개는 잊힌 것이라고 해도 이스라엘의 건국 초기에 실제로 발생했던 사건임에는 틀림없을 것이다.

만일 이러한 추정이 사실로 증명된다면 예리코 성벽의 붕괴는 우연의 일치나 하느님이 행한 기적이 아니라 소리 기술 지식을 이용한 결과라고 말할 수 있다. 그런데 여기서 중요한 것은 여호수아나 사제가 아니라 '주님 군대의 장수'로 알려진 불가사의한 인물이 등장한다는 점이다.

기원전 2000년경 당시의 통념을 넘어서는 파괴적이고 금지된 기술에 관한 지식을 소유한 이 인물의 정체는 무엇일까. 신학자들은 원수들을 물리치고 약속의 땅으로 들어가는 방법을 알려 주기 위해 하느님이 여호수아에게 보낸 사자라고 주장할 것이다. 사람의 형상을 한 '천사'이며 육신의 몸을 취하여 여호수아와 대화할 수 있었다고 믿을 것이다. 구약성서에 '장수'라는 용어가 여러 번 나오긴 하지만 '주님 군대의 장수'라는 표현은 더 이상 등장하지 않는다.

나는 이 인물이 출애굽의 지도자인 모세가 이스라엘인들에게 전수한 금지된 지식의 근원을 나타낸다고 확신한다. 그렇다면 이 불가사의한 지식의 출처가 하느님이 선택한 민족의 운명에 영향을 미쳤을까.

이스라엘 건국과 관련된 구약성서 이야기를 조사하는 것으로는 이와 관련된 논의를 더 이상 진전시키지 못할 것이다. 만약 모세와 여호수아가 출애굽과 광야에서의 유랑 시기에 다른 이들과 협력한 것이 사실이라면 이 불가사의한 인물의 정체를 알아내는 유일한 방법은 이스라엘의 위대한 선지자요 입법자인 모세의 생애를 면밀히 조사하는 것밖에 없다. 역시 예상대로 모든 길은 다시 이집트로 향하고 있다.

제9장

이교도 파라오

여호수아가 지휘한 이스라엘 군대가 이집트 장로신들의 기술을 소유하게 된 과정을 알려면 유대 국가의 기원부터 이해해야 한다. 유대인들이 정확히 언제, 어떤 상황에서 이집트를 떠나게 되었는지에 대해서도 살펴야 한다. 그리고 입법자 모세라는 존재에 대한 역사적 증거도 연구해야 한다.

이집트 궁정에서 성장한 모세는 이스라엘의 위대한 정신적 지도자가 되기 전에 비술과 마법을 배운 것으로 알려지고 있다. 그는 유대 종교사에서 가장 중요한 인물이라 할 수 있고 그에 관한 기억은 구약성서에 보존되어 왔다. 그러나 유대 민족의 입법자이자 선지자로서의 역할만 부각되었을 뿐 실제적인 이력에 관해서는 거의 알려진 것이 없다.

성서를 보더라도 출애굽 관련 사건의 연대를 나타내는 대목은 거의 없고 여기저기 토막 난 구절뿐이다. 일례로 열왕기 상권 6장 1절에, 솔로몬 신전은 이스라엘 자손들이 이집트에서 나

왼쪽 | 모세 상 | 미켈란젤로 작품(1513~16년) | 산 피에트로 성당 소장

위 | 이집트에 있는 이스라엘인들 | 영국의 화가 에드워드 존 포인터의 작품(1867년)

온 지 480년 만에, 솔로몬이 이스라엘을 다스린 지 4년째 되는 해에 건설되었다고 적혀 있다. 성서 개정판에 따르면 예루살렘 최초의 신전은 기원전 977년경 건설되었다. 출애굽 연대가 기원전 1457년경이라는 의미다. 탈출기(출애굽기)에는 '이스라엘 자손들이 이집트에서 산 기간은 사백삼십 년'이며 '사백삼십 년이 끝나는 바로 그날, 주님의 모든 부대가 이집트 땅에서 나왔다'고 쓰여 있다.

유목생활을 하던 이스라엘 민족이 팔레스타인 땅의 기근을 피해 이집트에 들어온 시기는 세소스트리스 3세가 통치하던 기원전 1878~1843년경이라는 것이 신학자들의 일반적인 주장이다. 흥미롭기는 하지만 역사적으로 입증된 주장은 아니다.

다만 모세의 조상이자 야곱의 아들인 요셉이 형들의 계략에 의해 노예로 팔려 갔다는 성서 이야기와 일맥상통하기 때문에 세소스트리스 3세의 재임기가 유대인들의 이집트 체류 시기와 일치할 것으로 생각된다. 그렇다면 출애굽은 430년 뒤, 즉 기원전 1448~1413년경에 일어났다는 이야기가 된다. 이를 통해 우리는 모세가 파라오의 궁정에서 이집트인으로 성장한 시

오른쪽 | 세소스트리스 3세의 3석상 | 대영박물관 소장

기를 알 수 있다. 물론 성서의 연대기는 수치를 과장하는 경향이 있으므로 글자 그대로 해석해서는 안 된다. 내용상 모순이 있는 경우도 있고 상징적 의미를 내포하며 번역본끼리 차이가 나기도 한다.

예컨대, 출애굽 당시에 모세와 함께 걸어서 행진한 사람이 60만 명이란 구절이 있는데 이는 당시 전체 이집트 인구와 맞먹는 숫자다. 또 모세는 시나이산에서 40일 동안 지냈고 40세 되던 해에 이집트를 탈출했으며 이스라엘인들이 시나이 광야에서 40년 동안 유랑했다는 구절이 있는데 이는 실제 기간이라기보다 상징적인 의미로 쓰였던 것 같다. 40이라는 숫자는 순수와 신성과 관련해서 특별한 의미가 있다고 할 수 있다.

메르넵타 기념비

신학자들은 출애굽의 연대를 파악하기 위해 특히 탈출기의 시작 부분에 나타나는 구절(제1장 9~11절)에 주의를 기울였다.

요셉의 사적을 모르는 왕이 새로 이집트의 왕이 되어 자기 백성들에게 이렇게 일렀다. '보아라, 이스라엘 백성이 이렇듯 무섭게 불어나니 큰일이다. 그들이 더 불어나지 못하게 손을 써야겠다. 전쟁이라도 일어나면 원수의 편에 붙어 우리를 치고 나라를 빼앗을지도 모른다.' 그리하여 그들은 공사 감독들을 두고 이스라엘 백성에게 강제 노동을 시켜 파라오의 곡식을 저장해 둘 도성 비돔과 라므세스를 세웠다.

이 구절을 보면 당시 이집트에 거주하는 유대인의 숫자가 수대에 걸쳐 크게 증가하고 번영했다는 것을 알 수 있다. 보다 중요한 사실은 요셉을 알지 못하는 파라오가 유대인의 부와 번영에 위기감을 느끼기 전까지, 유대인은 노예 상태가 아니었다는 점이다(탈출기에는 또

아래 | 시나이 광야

위 | 고대 이집트의 비돔으로도 알려지고 있는 텔 엘-마스쿠타의 고고학 유적지

다른 파라오가 등장한다).

'도성都城'의 소재는 이집트학 학계를 깜짝 놀라게 했지만 오늘날 팔레스타인 국경 근처인 이집트 동부의 나일강 삼각주 어딘가에 도성이 있었다는 것은 분명하다. 왜냐면 유대인들은 요셉 시대에 성서에 나타나는 고센 땅에 정착했기 때문이다.

비돔*Pi-thom*(이집트어로 Pi는 '영토' 혹은 '영지'라는 뜻)은 한때 나일강 삼각주 동쪽에 위치한 비-아툼*Pi-Atum*인 것으로 알려졌다. 기원전 13세기의 비문에 따르면 도시 경계 지역에 요새가 있었고 주변 땅에서 유목 공동체가 가축을 사육했다고 한다. 그러나 정확한 소재지는 여전히 베일에 싸여 있고 유대인들이 건설한 도성인지도 확실하지 않다.

이집트 원문에 라므세스*Raamses* 혹은 피-람세스 *Pi-Ramesse*라고 알려진 또 다른 도성의 위치는 비돔보다 확실하다. 학계에서는 나일강 삼각주 동북부의 칸티르와 텔 엘-다바 근처로 추정하고 있다. 1960년대와 1980년대 초반에 오스트리아의 고고학자 맨프레

오른쪽 | 람세스 2세의 석상 | 룩소르 신전 소재

위 | 메르넵타의 전승 기념비 | 카이로박물관 소장

드 비텍이 람세스 2세의 재임기인 기원전 1290~1224년경 건설된 대규모 신전과 공공 건물, 주택 등을 발굴했기 때문이다.

이집트학 학자들은 이 유적을 근거로 삼아 람세스 2세가 '압제자 파라오'이며 '요셉을 사적으로 알지 못한 왕'이고 유대인들이 도성을 건설하도록 '공사 감독'을 둔 왕이라고 주장한다. 그렇다면 람세스 2세의 아들이자 후계자인 메르넵타(기원전 1224~1214년경 재위)가 출애굽 당시의 파라오라는 이야기가 된다. 하느님의 권능으로 홍해가 갈라진 뒤, 바다를 건너는 모세와 유대인들을 뒤쫓다가 물에 빠져 죽었다는 파라오인 셈이다.

그런데 이 주장을 뒷받침할 만한 물증은 하나도 없다. 또 1895년 피트리가 고왕국시대의 수도 테베(현재 룩소르) 서쪽에서 발견한 기념비의 내용과도 상반된다. 메르넵타 재위 10년에 세워진 것으로 추정되는 이 전승 기념비에는 메르넵타가 군사 원정을 성공적으로 수행했다는 사실이 적혀 있는데 그 내용은 다음과 같다.

왕자들은 엎드려서 '평화!'라고 말한다.
아무도 아홉 개의 활 속에서 머리를 들지 않는다.
트제헤누는 폐허가 되었고 하티는 진압되었다.
가나안을 잔인하게 정복했으며

아래 | 아슈켈론에 있는 가나안 시대의 팔레스타인 출입문

위 | 신에게 앙크를 바치는 메르넵타 | 메르넵타 장제전 부조 | 룩소르 소재

아슈켈론을 넘어뜨렸고 게제르를 장악했으며
야노암은 세상에서 사라졌고
이스라엘은 폐허가 되었으며 그 자손은 찾아볼 수 없다.
후루〔시리아〕는 남편을 잃은 여인들로 넘쳐 난다.
이제 모든 땅이 평화롭다.
불안한 사람들은 모두 〔메르넵타〕에 의해 결속되었다.

이 기념비는 부분적으로 오류가 있는 것으로 판명되었지만 인류 역사상 최초로 이스라엘이란 단어가 등장하고 아나톨리아와 시리아 북부의 히타이트 제국(하티)이 평화를 되찾았다는 등 획기적인 내용을 담고 있다. 그러나 군사 원정에서 히타이트를 물리친 인물은 메르넵타가 아니라 그의 부친 람세스 2세였다. 메르넵타는 자신의 목적을 위해 부친의 업적을 이용했던 것이다. 더욱이 두 왕국간에 작성된 현존 문서에는 북부 시

아래 | 기원전 10세기경 축조된 것으로 추정되는 게제르의 솔로몬 게이트 유적지

위 | 카데시 전투에서 히타이트인들과 싸우고 있는 람세스 2세 부조 | 아브심벨 대신전 소재

리아의 카데시에서 벌어진 전투가 사실상 비겼음을 보여 주고 있다. 결국 메르넵타가 이스라엘을 파괴했는지의 사실 여부는 불투명하다고 볼 수 있다. 중요한 것은 메르넵타가 왕위에 오른 지 5년쯤 되었을 때, 이스라엘인들은 이미 가나안에 자리 잡고 있었음을 보여 주는 기념비의 내용이다. 구약성서에 따르면 유대인들은 약속의 땅에 들어오기 전에 40년 동안 시나이와 파란 광야에서 유랑했다. 출애굽이 적어도 메르넵타 재위 5년 전에 일어났고 그보다 수십 년 전에 일어났을 가능성도 있다는 점을 암시하고 있는 것이다. 따라서 논란의 여지가 많은 이 문제는 그의 부친 람세스 2세의 재임기로 되돌아갈 수밖에 없다.

물론 출애굽이 람세스 2세의 재임기에 있었다는 가정도 문제가 없지 않다. 맨프레드 비텍이 피-람세스로 알려진 칸티르와 텔 엘-다바를 발굴한 결과를 보면 람세스 시대가 도래하기 최소 500년 전에 이미 주거지가 있었다는 것을 보여 주기 때문이다. 다시 말해서 이스라엘인 노예를 동원하여 건설된 것이 아니라는 이야기다. 특히 이곳이 힉소스인들의 옛 수도인 아바리스였다는 증거 또한 상당히 많다. 가나안의 '양치기의 왕'인

아래 | 카데시 전투가 벌어진 곳으로 추정되는 카데시 평원

위 | 이스라엘인의 출애굽 | 스코틀랜드의 화가 데이비드 로버츠의 작품(1829년) | 영국 버밍엄미술관 소장

힉소스인들은 기원전 1730년경부터 155년간 이집트를 통치했으므로 람세스 2세가 피-람세스의 건설 계획을 추진했더라도 이곳은 그의 치세가 시작되기 훨씬 전부터 존재해 왔고 그 이름 역시 람세스 2세를 기념해서 지어졌을 가능성이 높다. 더욱이 셈어를 사용하는 힉소스인들은 이스라엘인들의 선조일 수도 있기 때문에 그들이 한때 아바리스(피-람세스)에 살았다는 것은 강제노동과 아무런 관련이 없다. 말하자면 이스라엘인들의 조상이 수백 년 전에 정착했던 선조들의 고향이었던 것이다.

구약성서에 따르면 이스라엘인들의 출애굽과 광야에서의 유랑 시기는 기원전 1450년경과 람세스 2세의 재위 중반기라고 할 수 있다. 그러나 수많은 증거들은 모든 사건이 '아마르나 시대'로 불리는 고대 이집트 역사의 혼란기와 관련이 있다는 것을 암시하고 있다. 아마르나 시대는 기원전 1367년경 제18왕조의 10대 파라오인 아멘호테프 4세의 왕위 계승으로 시작되었다.

아래 | 람세스 2세의 장제전인 라메세움 유적

위 | 아마르나 양식으로 제작된 아크나톤 석조상 | 카이로박물관 소장

아케타텐의 적

부친인 아멘호테프 3세의 재임기 후반에 파라오가 된 아멘호테프 4세는 일신교 숭배를 도입하는 등 고대 이집트 역사에서 전례 없는 과업을 추진한 인물이었다.

그가 숭배한 신의 형상은 태양의 원반 모양을 지닌 아톤으로 표현되었으며 두 지평선의 전지전능한 생명력을 소유한 것으로 여겨졌다. 현존하는 조각품 중에 주황색 태양 원반의 아툼을, 생명의 상징인 앙크*ankh* 십자가를 목에 매달은 영원의 표상 우라에우스-뱀이 감싸고 있는 모습을 형상화한 것이 있는데 태양에서 뿜어 나오는 가느다란 빛들이 앙크 십자가를 들고 있는 손까지 이어지고 있다.

아멘호테프 4세는 아톤의 원판圓板을 새로이 신의 유일한 상징으로 공포했고 자신의 이름을, 아몬 신을 기념한다는 의미의 아멘호테프에서 아톤의 '영광' 또는 '정신'을 뜻하는 아크나톤*Akhnaton*으로 바꿨다.

나일강 하류로 277㎞쯤 내려가면 동쪽 연안에 텔 엘-아마르나라는 곳

아래 | 아톤 신을 경배하는 아크나톤과 그의 가족들 | 텔 엘-아마르나의 대궁전 출토 | 카이로박물관 소장

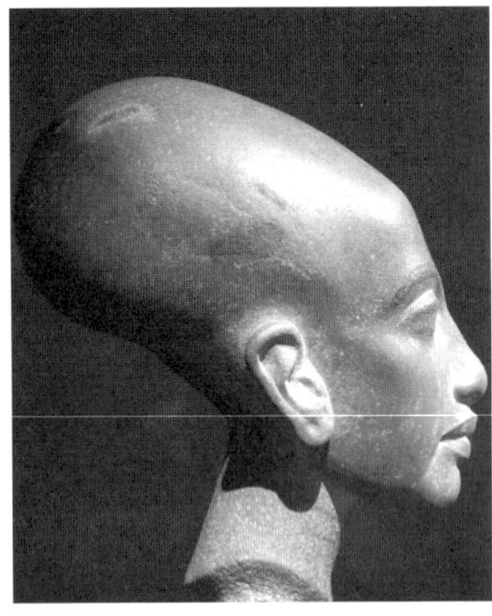

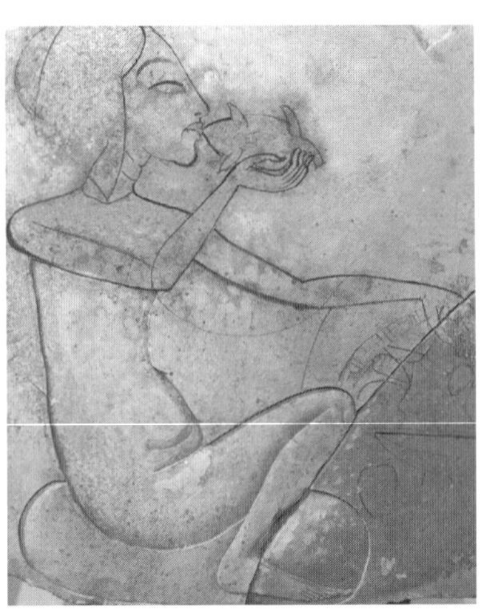

위 | 아크나톤의 딸 두상(왼쪽 | 뮌헨 이집트예술국립박물관 소장), 오리 고기를 먹는 공주 벽화(오른쪽 | 카이로박물관 소장)

이 있다. 아멘호테프 4세는 수도를 테베에서 이곳으로 옮겼고 이집트에서 찾아보기 힘든 노천식 태양 신전인 아톤 대사원을 건설했다. 도시 이름도 '아톤의 지평선'이란 뜻의 아케타텐*Akhetaten*이라고 불렀다.

많은 학자들이 텔 엘-아마르나를 발굴한 결과, 아크나톤이 위대한 예술가이자 시인이며 신비주의자, 철학자임을 알게 되었다. 확실히 그는 기존의 파라오와 달랐다. 무엇보다 1700년간 계속되어 온 강력한 제왕적, 군국주의적 예술과는 아주 대조적으로 자연주의적 표현을 중시했다. 자신과 왕비 네페르티티가 여섯 딸과 함께 휴식을 취하거나 식탁에 앉아 고기를 뜯는 모습 등을 묘사했다.

신전의 부조나 조각상의 표현 양식도 종래와 크게 달랐다. 예컨대, 파라오는 커다란 두개골, 기다란 얼굴, 큰 입술, 여자 같은 엉덩이와 가슴,

아래 | 텔 엘-아마르나에 세워진 아케타텐 대궁전의 북쪽 전경

위 | 스멘크카레와 왕비 메리타톤 부조(왼쪽 | 베를린신박물관 소장), 투탕카멘 석상(오른쪽 | 시카고대학 동양사박물관 소장)

튀어 나온 배를 가진 인물로 묘사되었다.

그가 왜 이런 모습의 묘사를 택했는지는 학자들마다 견해가 엇갈린다. 계속된 근친상간으로 내분비 장애를 겪었고 신체적 기형을 초래했다는 견해를 밝힌 학자도 있었다. 그러나 그의 직계 가족의 미라에서는 어떠한 특성도 발견되지 않았다.

아크나톤의 재위 기간은 17년에 불과했다. 그 가운데 12~13년을 텔 엘-아마르나에서 보냈다. 그는 이집트와 중동 전역을 휩쓸었던 전염병 때문에 죽은 것으로 추정되고 있다.

그가 죽은 뒤, 섭정을 맡고 있었던 스멘크카레가 몇 달 동안 왕좌에 머물렀고 그 또한 젊은 나이에 죽자 어린 투탕카텐이 왕위를 계승했고 아몬 신을 섬기는 테베 제사장의 압력으로 아몬 신을 경배한다는 뜻의 투탕카멘으로 개명했다. 이들 세 사람의 관계는 명확하지 않지만 스멘크카레와 투탕카텐이 형제지간이고 그들의 부친이 아크나톤의 아버지인 아멘호테프 3세로 보

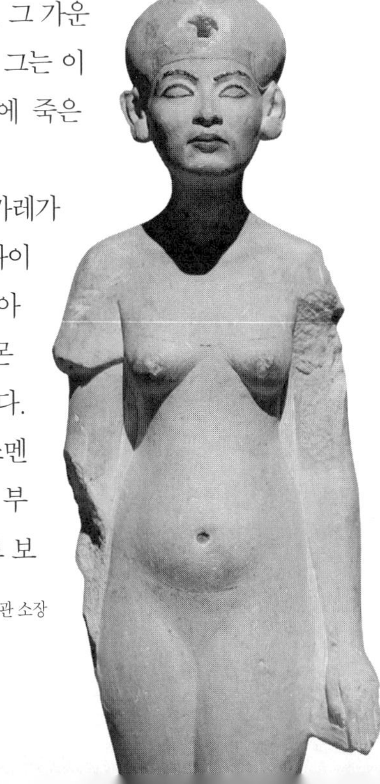

오른쪽 | 아크나톤의 왕비 네페르티티의 전신상 | 베를린신박물관 소장

위 | 거대한 화강암으로 제작된 아멘호테프 3세의 두상 | 대영박물관 소장

인다. 그리고 아멘호테프 3세는 아들의 재위 11년 되는 해까지 섭정권을 가졌던 것 같다.

어린 투탕카멘은 18세까지 9년 간 이집트를 통치했고 뒤이어 아크나톤 재임 시에 궁정장관을 지냈고 투탕카멘 때도 고위 관리로서 섭정이며 왕가와 유대를 갖고 있던 아이가 4년 정도 통치했다. 그리고 투탕카멘의 군사장관이었던 호렘헤브가 그 뒤를 이어 왕위를 계승했는데 그는 아크나톤뿐만 아니라 스멘크카레, 투탕카멘, 아이 등 아마르나 시대의 흔적을 지우는데 온 힘을 쏟은 인물이었다. 그들의 이름을 사용하는 것을 금했고 특히 아크나톤의 재임기를 가리켜 '반역, 모반'의 시기이며 '아케타텐의 적'의 시기라고 규정했다.

호렘헤브는 아마르나 시대의 파라오들, 아톤 신앙과 관련된 모든 것을 목표로 삼았다. 아톤 신전을 부수고 조각상을 쓰러뜨렸으며 부조와 비문을 훼손하는 등 아톤 신의 모든 상징물을 파괴했다. 아크나톤이 수도로 삼았던 텔 엘-아마르나의 동쪽 절벽에 있는 아크나

왼쪽 | 호렘헤브와 아몬-레의 석상 | 토리노이집트박물관 소장

위 | 아톤 찬가가 새겨진 벽 | 텔 엘-아마르나의 아이 무덤 근처 소재

톤과 그의 가족들, 신하들의 무덤을 파헤치는 등 아크나톤의 빛나는 하얀 성채를 철저하게 파괴했다. 그 바람에 호렘헤브의 재임 첫 해인 기원전 1335년경 텔 엘-아마르나는 판자촌으로 전락하여 소수 유목민들의 근거지가 되고 말았다. 건축물들은 모두 해체되었고 석재들은 다른 지역의 건축용으로 재사용되었다.

한마디로 호렘헤브의 행동은 단일 신앙으로 이집트를 통합하려 했던 파라오 아크나톤에 대한 철저한 모독이었다. 그리고 아마르나 시대와 관련된 모든 것을 대상으로 삼았다는 점에서 아크나톤의 일신교 숭배가 이집트 역사에 얼마나 큰 영향을 끼쳤는가를 실증시켜 주는 반증 사례이기도 하다.

호렘헤브는 왜 이토록 과거를 철저히 부정하려고 했을까. 아크나톤과 그의 후계자들이 이교도의 왕이라고 비난받은 이유는 무엇일까. 몇몇 학자들이 아크나톤의 아톤 신앙과, 출애굽 이후 이스라엘인들이 받아들인 모세의 신앙을 비교하는 것은 바로 이 점을 염두에 두고 있기 때문이다. 예컨대, 아크나톤이

오른쪽 | 호렘헤브 | 헬리오폴리스 출토 | 시애틀 태평양과학센터 소장

직접 지은 것으로 알려진 아톤 신에게 바치는 찬가 '아톤 찬송집'은 기원전 980년경 솔로몬 왕 시절 최초로 기록된 찬송시(시편 104편)와 대단히 흡사하다. 그렇다면 이것은 단순한 우연의 일치일까. 아니면 그 중 하나가 다른 하나에 영향을 끼친 것일까.

모세와 유일 신앙

오스트리아의 신경학자 지크문트 프로이트는 1937년 모세가 아크나톤의 궁정과 관련 있는 이집트인이라는 내용의 논문을 발표했다. 즉, 모세는 아크나톤의 궁정 관리였으며 아크나톤 사후 나일강 삼각주에 거주하던 이스라엘인들을 선택하여 이집트를 탈출하게 했고 아크나톤의 일신교를 신봉하게 만들었다는 주장이었다.

그는 '주*Lord*'를 지칭하는 유대어 '아도나이*Adonai*'를 이집트어로 바꾸면 '아톤'이 된다고 했다. 또 하느님이 모세에게 말씀했다는 탈출기(12장 12절)의 "이날 밤 나는 이집트 땅을 지나면서 사람에서 짐승에 이르기까지 이집트 땅의 맏아들과 맏배를 모조리 치겠다. 그리고 이집트 신들을 모조리 벌하겠다. 나는 주님이다"라는 구절을 정확하게 이해할 수 있다면서, '주' 대신 '아도나이'라는 표현을 사용하면 '이집트 신들을 모조리 벌하겠다. 나는 아톤이다'라는 뜻이 된다는 것이다. 새로 태어난 사내아이는 유대 법에 따라 낳은 지 8일 만에 할례를 받아야 하는데 아시아 혹은 중동 지역이 아니라 고대 이집트에서 최초로 시행되었다고 주장했다. 모세가 유대인들에게 전한 고대 이집트의 전통이라는 것이다.

프로이트의 견해는 당연히 유대교 장로들의 반발을 불러일으켰다. 1939년 이러한 내용을 담은《모세와 유일 신앙》을 출판하려 하자 유대교 장로들은 유대교의 윤리를 파괴시킨다면서 출판 철회를 요구했다. 프로이트는 책이 출판된 지 몇 달 뒤에 세상을 떠났지만 그의 견해는 타당성 여부와 상관없이 유대교의 유일 신앙 설립과 관련된 아크나톤의 삶과 사상을 재평가하는 계기를 마련해 주었다.

1990년 똑같은 주제를 다룬 또 한 권의 책이 출판되었는데 이집트 출신의 역사학자 아흐메드 오스만이 펴낸《이집트의 파라오 모세》라는 저술이었다. 그는 프로이트를 포함한 대부분의 사람들이 감히 상상하지 못한 이론, 즉 아크나톤이 모세와 동일한 인물이라고 주장했다.

이 책은 50년 전의 프로이트보다 훨씬 큰 파장을 초래했다. 특히 이집트의 무슬림 지도자들을 화나게 만들었다. 왜냐면 모세는 코란의 주요 선지자이고 무슬림으로 태어난 오스만은 성스러운 법을 지킬 의무가 있는데 이를 어기고 신성모독을 자행했기 때문이었다. 1989년 영국의 작가 살만 루시디가 저술한 《악마의 시》와 마찬가지로 오스만의 책도 카이로 시내에서 공공연히 불태워졌다. 코란에 등장하는 인물과 사건에 대해 급진적인 견해를 표시한 대가였던 것이다.

그렇다면 우리는 아흐메드 오스만의 견해를 어떻게 받아들여야 할까. 아크나톤이 출애굽의 지도자와 동일 인물이라는 증거는 하나도 찾아볼 수 없다. 내가 보기에, 120년의 파란만장한 삶을 살았던 모세는 몇몇 유대인과 이집트인에 대한 희미한 기억에서 창조된 혼합 인물이 아닐까 싶다. 분명한 사실은 아톤 신을 유일 신앙으로 삼은 시기의 아크나톤 생애가 성서에 나오지 않는 모세 관련 이야기를 보여 준다는 점이다.

불결한 사람들

비유대교의 초기 문헌에 따르면 모세와 출애굽 이야기는 기원전 320년경 활동했던 고대 이집트의 사제이자 역사가인 마네토의 작품이다. 그는 그리스어로 《에깁티아카*Aegyptiaca*》라는 역사서를 저술했는데 플라비우스 요세푸스, 섹스투스 줄리우스 아프리카누스(서기 232년 사망), 가이사레아의 유세비우스(서기 264~360년) 등 후대 작가들이 수없이 인용하고 있다. 오늘날 마네토의 작품은 하나도 전하지 않고 후대 작가들의 저술에 단편적으로 남아 있을 뿐이다.

기록을 보면 마네토는 당시 이집트에서 회자되었던 선지자이자 지도자인 모세와 관련된 이야기를 잘 알고 있었던 것 같다. 그러나 모세의 생애와 시대에 관한 마네토의 기록은 구약성서에서 이스라엘 민족이 경배한 인물과는 대조적이었다. 그래서 요세푸스는 〈아피온을 반박함〉이란 논문에서 마네토의 글을 비난하기도 했다.

먼저 요세푸스의 저술을 통해 마네토의 이야기부터 살펴보자.

이집트에 아메노피스*Amenophis*라는 파라오가 있었다. 평소 신과 만나기를 갈망해 온 그는 '파피스*Papis*의 아들 아메노피스'라는 이름의 '현자'이자 '예언가'에게 자문을 구했다. 현자는 파라오에게 이집트에 살고 있는 '나병 환자'와 '불결한 사람들'을 모두 잡아들여 나일강 동편 채석장에서 강제노동을 시킨다면 소원을 이룰 수 있을 것이라고 했다.

파라오는 현자의 말대로 8만 명의 불운한 사람들을 잡아들여 채석장에서 강제 노역을 시켰다. 그러나 자신의 충언이 가져올 결과를 잘 알고 있던 현자는 "불쌍한 사람들을 도우러 오는 민족이 있을 것이다. 그들은 파라오를 물러나게 하고 13년 동안 이집트를 다스릴 것이다"라고 예언하고는 스스로 목숨을 끊고 말았다. 현자의 죽음과 그가 남긴 예언을 전해 들은 파라오는 '나병 환자'와 '불결한 사람들'에게 관용을 베풀었다.

기원전 1575년경 '목동들' 혹은 힉소스 왕들은 제18왕조를 연 파라오 아모세의 군대에 패하여 쫓겨났다. 그들이 떠난 뒤, 파라오는 황무지로 변한 힉소스인들의 수도 아바리스에 '불결한 사람들'을 정착시켰다. 이곳에 정착한 8만 명의 '불결한 사람들'은 '헬리오폴리스 사제들 중'에서 지도자를 선출했는데 그의 이름은 오사르시프*Osarsiph*였고 나중에 모세*Moses*로 개명했다.

그는 이집트와 전혀 다른 법률과 관습을 제정하고 이집트 신을 숭배하지 말도록 가르쳤다. 신에게 바칠 신성한 동물을 죽이는 것을 허용했고 다른 집단에 들어가는 것을 금했다. 또 '불결한 사람들'에게 채석장에서 일하지 말고 성벽을 쌓아서 전쟁 준비를 하라고 일렀다. 헬리오폴리스의 사제들 및 오염된 사람들과 동맹을 맺고는 목동들, 즉 힉소스인들에게 도와준다면 과거의 수도 아바리스를 되돌려 주겠다고 했다.

힉소스인들은 이 제의를 받아들였고 오사르시프-모세는 20만 명의 '목동' 지원군의 도움을 받아 이집트를 장악했다. 그는 파라오를 추방하고 나머지 군대를 에티오피아로 보내 버렸다. 그러나 13년 뒤, 추방되었던 파라오가 30만 명의 군사를 양성하여 아들 람세스의 제2군과 함께 이집트로 돌아왔고 오사르시프-모세와 '불결한 사람들'과 힉소스의 '목동들'

위 | 아모세 1세 때 힉소스와의 전투에 참전했던 군 지휘관 아모세(에바나의 아들) | 아모세의 바위무덤 벽화 | 네케브 소재

은 싸움에서 패하여 시리아 국경으로 쫓겨났다.

이상이 마네토가 전하는 모세 이야기의 근간이다. 마네토는 힉소스인들이 쫓겨난 지 518년 뒤에 이 사건이 일어났지만 그 연대는 별 의미가 없다고 했다. 그가 산출한 연대는 전통적인 출애굽 시기보다 200여 년 뒤인 기원전 1057년경이었다.

마네토 이야기의 진실

이집트에 유리하게 쓰여진 마네토의 사이비 역사 이야기에는 아주 중대한 역사적 의미가 암호화되어 있다.

신과 만나기를 소원했다는 파라오 '아메노피스' 이야기는 아크나톤이 금지시켰다가 호렘헤브 재위 전에 잠깐 부활했던 다신교 숭배를 암시하며 일종의 종교개혁이 있었음을 보여 준다. 그리고 '아메노피스'는 '호르 *Hor*' 혹은 '오로스 *Oros*'라는 이름의 왕과 동일 인물로 추정된다. 오사르시프-모세의 이야기에는 '호르'나 '오로스'가 '아메노피스'의 조상으로 언급되고 있지만 동일한 인물일 것이다. 아크나톤 연구의 권위자인 미국의 역사학자 도널드 레드포드 역시 같은 견해를 제시하고 있다.

또 '아메노피스'라는 이름은 아크나톤의 아버지 아멘호테프 3세의 또 다른 이름이기도 하다. 따라서 오사르시프-모세가 대항했던 파라오는 두

위 | 고대 이집트의 피-람세스로 알려지고 있는 텔 엘-다바의 고고학 유적지

사람, 즉 아크나톤의 아버지인 아멘호테프 3세와 27년 간 재위했던 호렘헤브일 가능성이 크다. '파피스의 아들 아메노피스'라는 현자 역시 하푸의 아들 아멘호테프라는 역사적 인물이다. 아멘호테프 3세 당시 토목장관이었던 그는 80세에 생을 마감했고 아멘호테프 3세 재위 34년에 마지막으로 언급되고 있다.

'나일강 동편' 채석장에서 강제 노역을 했던 '나병 환자'와 '불결한 사람들'은 고센의 히브리인들로 보인다. 탈출기에 따르면 그들은 나일강 삼각주 동부 지역의 도성 건설에 동원되었다.

피-람세스, 즉 아바리스는 힉소스인들의 과거 수도이며, 마네토에 따르면 이집트에서 왕을 몰아내는데 협력한 대가로 오사르시프-모세가 되돌려 주었다. 그리고 오사르시프-모세가 이집트와 반대되는 법률과 관습을 전했으며 이집트 신에 대한 숭배를 금지시키고 다른 집단에 들어가지 말라고 지시했다는 내용은 아크나톤의 만신 숭배 금지, 텔 엘-아마르나

아래 | 아멘호테프 3세가 세운 와디 알 세부아의 아몬 신전 유적

로의 수도 이전, 같은 신앙을 가진 사람의 등용과 같은 맥락의 이야기로 해석된다.

위 | 하푸의 아들인 아멘호테프 석상 | 룩소르박물관 소장

실제로 아크나톤의 행동을 보면 외부 세계와 단절된 채 '연맹' 사람들과 교류했던 오사르시프-모세를 떠올리게 한다. 또 이집트에서 13년 간 통치했다는 대목은 아크나톤이 재위 6년째 되던 해에 아케타텐, 즉 텔 엘-아마르나로 수도를 옮겨 통치한 시기와 정확하게 일치한다.

바로 이상과 같은 점에서 이집트 출신의 역사학자 아흐메드 오스만은 아크나톤이 모세라고 주장했고 미국의 역사학자 도널드 레드포드 또한 오스만의 가설이 옳다고 했다.

레드포드는 마네토의 오사르시프-모세 이야기가 신전의 문서나 구전으로 보존된 아크나톤의 종교개혁을 직접 반영한 것이라고 추정했다. 1986년 펴낸 저서《파라오 왕의 목록, 연보와 일지》에서 "사막 지역에 정착했다는 내용은 히지라와 비슷한 느낌이 든다. 나병 환자와 목동들에 의해 초래된 13년 간의 고통의 세월은 아크나톤이 신도시에서 머무른 기간과 같다. 오사르시프-모세라는 인물은 아크나톤의 역사적 흔적을 토대로 창조된 것이 분명하다"고 기술하고 있다. 여기서 히지라는 마호메트가 박해를 피해 메카에서 메디나로 이주한 것을 가리키는 말이다.

오사르시프-모세처럼 아크나톤도 히브리인들과 밀접한 관계가 있는 것으로 보인다. 1988년 벨기에의 고고학자 알랭 지비가 이끄는 프랑스

아래 | 호렘헤브의 동굴 신전 | 게벨 엘-실실라 소재

발굴 팀이 사카라 공동묘지에서 히브리족인 아페르-엘*Aper-el*|*Abd-el*(엘의 신하라는 뜻)의 무덤을 발견했는데 그는 바로 아크나톤의 수석 장관이었다. 아페르-엘이 히브리인이라는 것은 이름을 지칭하는 상형문자에서 알 수 있다. 즉, 접미사 '엘*el*' 혹은 '이아 *ia*'는 히브리 신과 결합되는 과정에 있던 가나안 최고의 신의 이름이기 때문이다.

그렇다면 아페르-엘이 감수성이 예민한 아크나톤의 성장기에 영향을 미친 것일까. 두 사람의 친밀한 관계 때문에 나일강 삼각주 동쪽의 히브리인들에게 특별한 지위를 부여한 것일까. 만약 이것이 사실이라면 아크나톤이 구약성서에 등장하는 유대인의 출애굽과 관련이 있는 인물일 가능성은 높다고 볼 수 있다.

아마르나 시대의 파라오와 모세의 유대교 형성이 어떤 관계를 갖고 있는가를 연구해 온 영국의 역사학자 그레이엄 필립스는 1998년 펴낸《하느님의 행위》라는 책에서 그 가능성을 설명하고 있다. 즉, 그는 그리스 티라 섬의 화산 폭발이 이제까지 알려진 기원전 1450년이 아니라 기원전 1370~1365년에 일어났다는 증거를 제시하면서 아마르나 시대에 커다란 영향을 미쳤다고 주장했다. 당시는 아크나톤의 재임 초기(아버지 아멘호테프 3세와의 공동 섭정기였던 것 같다)였다.

영국의 작가 이안 윌슨은 1985년 출판된《출애굽의 수수께끼》라는 책에서, 기원전 1500년경 티라 섬이 최종 폭발한 것으로 미루어 볼 때, 출애굽 관련 사건은 제18왕조 하트셉수트의 통치기인 기원전 1490~1468년경 일어났다고 추정했다.

만일 티라 섬의 화산 폭발이 기원전 1370~1365년인 것으로 확인된다면 전혀 새로운 상황이 펼쳐지게 된다. 그리고 새로운 시각을 통해 출애굽 사건의 진실을 규명할 수 있다고 생각된다.

마네토는 람세스*Ramesses*|*Rampses* 혹은 세토스*Sethos*라는 아메노피스 왕의 아들에 대해 언급하면서, 그가 아버지를 도와 오사르시프-모세

아래|아페르-엘의 무덤|사카라 소재

위 | 세티 1세에게 향과 헌주를 하는 람세스 2세(맨 왼쪽은 무트, 콘스 신) 부조 | 카르나크 신전 소재

와 '불결한 사람들'과 힉소스인들을 이집트에서 쫓아냈다고 했다. 람세스-세토스의 아들의 이름 역시 람세스이며 66년 간 이집트를 통치했다고 했는데 이로 미루어 볼 때 그가 바로 세티 1세이며 그의 아들 람세스 2세도 66~67년 동안 왕위에 머물렀음을 알 수 있다.

출애굽 시기의 파라오

마네토에 따르면 오사르시프-모세가 아메노피스 왕에 대항할 때, 그의 아들 람세스는 겨우 다섯 살이었다. 기원전 1307년 세티 1세는 40~45세 때 왕위에 오른 것으로 알려지고 있기 때문에 오사르시프-모세가 역사적 실존 인물이라면 기원전 1335년경 호렘헤브 재위 초반에 뚜렷한 세력을 형성했을 것이다. 따라서 오사르시프-모세가 아크나톤의 일부 성격과 행동을 구체적으로 보여 주긴 하지만 성서 속의 모세처럼 여러 사람의 특성을 혼합한 인물이라고도 생각할 수 있다.

정말로 이 사건이 호렘헤브 치세 때 시작된 일이라면 아크나톤의 추종자들을 박해했다는 왕은 '요셉을 알지 못했다'는 성서의 압제자 파라오와 동일 인물일 것이다. 즉, 호렘헤브의 뒤를 이은 세티 1세의 전왕이자 제

아래 | 아티나오스 항구에서 바라 본 티라 섬의 분화구와 해안

위 | 세티 1세 | 세티 1세 신전의 부조 | 아비도스 소재

19왕조 창건자인 람세스 1세가 출애굽 당시의 파라오라는 이야기가 된다. 아흐메드 오스만도 《이집트의 파라오 모세》라는 책에서 같은 결론을 도출하고 있다.

그렇다면 람세스 1세가 즉위한 직후, 호렘헤브 통치 당시 나일강 삼각주 동부 지역에 정치범으로 투옥되어 있던 아톤 숭배자들과 이스라엘인들로 하여금 이집트를 떠나도록 허락한 것일까. 이것이 사실이라면 왜 그런 조치를 취한 것일까.

1904년 플린더스 피트리는 시나이반도 남서쪽에 있는 세라비트 엘-카딤의 하토르 신전에서 람세스 1세가 아톤 신앙의 신봉자임을 보여 주는 비석을 발견했다. 비석에는 아크나톤 시대의 미술 작품과 흡사한 옷차림

아래 | 아몬 신에게 봉헌하는 세티 1세 | 세티 1세 장제전 부조 | 엘-쿠르나 소재

위 | 토트 신과 호루스 신으로부터 신성한 물을 담은 앙크로 정화되는 람세스 1세 부조 | 카르나크 신전 소재

의 왕이 보이고 그가 '아톤의 일주一周를 주관하는 왕'임을 선포했다는 구절이 있다. 아톤 신의 이름이 시나이반도의 비문에 나타난 사실은 이해하기 어렵지만 람세스 1세와 직접 연결되어 있는 것만은 분명하다.

이 비문에 대해, 피트리는 "호렘헤브의 무자비한 아몬 신앙이 온 나라를 휩쓴 뒤에 아톤을 언급한 것은 정말 놀라운 일이다. 아톤에 관한 언급이 마지막으로 나타난 것은 아이 왕의 통치기다"라고 해석했다.

그렇다면 파라오 아이가 죽은 기원전 1335년경부터 22년 뒤에 람세스 1세가 왕위에 오를 때까지 아톤 신앙이 소멸되지 않았던 것일까. 아톤 신앙의 추종자들이 나일강 삼각주 동부의 히브리 노예들과 같이 살았다는 것이 이집트 탈출을 허락한 동기였을까.

아래 | 세라비트 엘-카딤의 하토르 신전 유적

위 | 전리품을 아몬 신(그 뒤에는 세크메트-콘수-마아트 신)에게 바치는 세티 1세 부조 | 카르나크 신전 소재

호렘헤브 사후, 왕위를 계승한 람세스 1세는 이미 늙고 허약한 노인이었기에 아들이지만 라이벌이었던 세티 1세를 막을 힘이 없었을 것이다. 따라서 약 2년 남짓 되는 람세스 1세의 통치 기간 중 4개월이나 1년 정도는 두 사람의 공동 섭정 기간이었을 가능성이 높다. 그렇다면 마네토가 오사르시프-모세의 기록에서 람세스, 세티, 세토스의 이름을 혼동한 것을 이해할 수 있다. 두 사람의 특성이 결합되어 람세스-세토스라는 단일 인물이 탄생한 것이다.

세티 1세는 출애굽을 둘러싼 사건과 관련 깊은 인물이다. 마네토의 기록에서 아메노피스, 즉 호렘헤브를 도와 '나병 환자'와 '목동들'을 이집트에서 추방하기 위한 군사원조를 제공한 인물 역시 세티 1세로 추정된다. 호렘헤브처럼 위대한 군인이었던 세티 1세는 이집트를 철권 통치하면서 엄격한 도덕과 법률을 강요했다. 특히 아크나톤과 스멘크카레 통치기에 박해를 받았던 테베의 아몬 신앙을 후원했다. 때문에 아크나톤과 아마르나 시대의 파라오들이 소중히 여긴 것들은 모두 세티 1세의 적이 되었고 나일강 삼각주 동부에 있던 셈족 역시 예외가 아니었다.

실체 파악을 위한 단서

여기서 생각해 보자. 마네토가 람세스 1세와 세티 1세의 공동 섭정 기간에 일어났던 실제 사건을 모두 결합한 것이라면…. 오사르시프-모세에 대한 마네토의 기록이 실제 사건과 혼합된 기록이라면 나일강 삼각주 동

위 | 파-가나안에서 샤수족과 전투를 벌이고 있는 세티 1세 부조 | 카르나크 신전 소재

부의 가나안인들이 일종의 봉기를 일으킨 것으로 보인다. 모세라는 이름으로 개명한 헬리오폴리스의 사제 오사르시프의 지휘 아래 뭉친 가나안인들은 세토스, 즉 세티 1세 군대와의 싸움에서 패해 이집트 밖으로 쫓겨났다는 추정이 가능하다. 세티 1세가 재위 1년에 샤수족에 대한 군사 원정을 감행한 역사적 사실이 이 가정을 뒷받침한다. 샤수족은 팔레스타인, 시리아, 시나이의 유목민 혹은 베두인족의 이름이며 힉소스의 후예를 지칭하기도 한다.

당시 비문에는 샤수족 왕에게 봉기의 소식을 알리는 다음과 같은 내용이 쓰여 있다.

> 샤수족 원수들이 모반을 꾀하고 있다. 부족장들은 코르(팔레스타인과 시리아)의 구릉지대에 모여서 소요와 혼란을 획책한다. 그들은 동료를 살해하며 궁정의 법을 따르지 않는다.

나일강 삼각주 동부에서 셈족의 봉기가 촉발되자, 세티 1세는 군대를 이끌고 북쪽으로 갔다. 먼저 지금의 가자 지역에 해당하는 파-가나안에서 샤수족과 전투를 벌여 승리했다. 이어 북쪽으로 올라가 팔레스타인을 통과하고 지중해 동부 해안에 도착했는데 이곳은 갈릴리 호수 맞은편이었다. 야노암과(이스라엘 기념비에는 세티 1세의 손자인 메르넵타의 통치기로 언급) 베트-셰안, 하마스 모두 무릎을 꿇었다. 마침내 북부 시리아의 히타

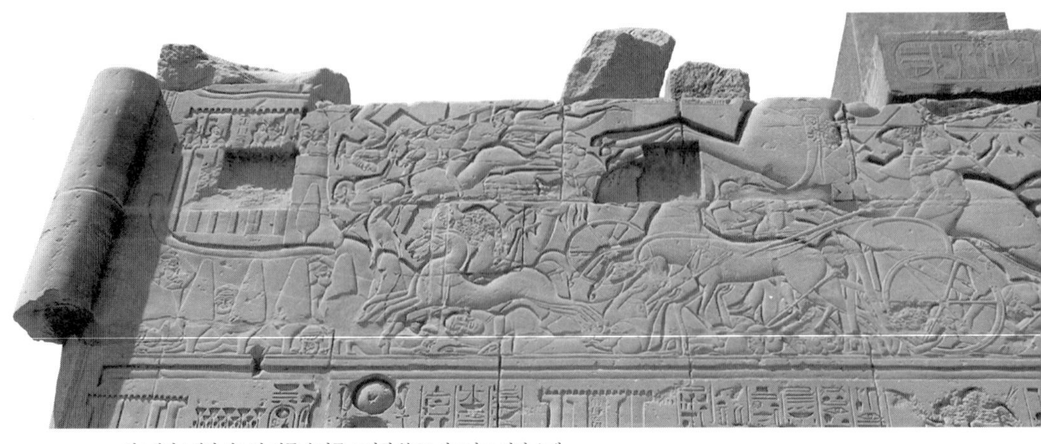

위 | 세티 1세의 야노암 전투 승리를 묘사한 부조 | 카르나크 신전 소재

이트 요새에 도착했던 것이다. 카르나크의 아몬 대신전에는 이때의 전승 장면이 새겨져 있고 마네토 역시 이 사건을 언급한 것이리라.

그런데 나일강 삼각주 동부의 히브리인들은 가나안의 억압받는 형제들을 위해 봉기했을 가능성이 높기 때문에 그들의 이집트 탈출은 세티 1세의 반셈족 군사 원정의 결과라고도 볼 수 있다. 이스라엘인들이 가나안의 약속의 땅이 아니라 시나이와 파란 광야의 황무지를 택한 것은 팔레스타인 점령에 관심이 있었던 세티 1세가 사막으로 쫓아오지 않을 것이라는 전략적 고려에서 택했을 가능성이 높다.

그럼 왜 '불결한 사람들' 및 '목동들'과 이스라엘인들이 이집트를 떠나도록 허락한 것일까. 람세스 1세가 아톤 신앙 때문에 임종 시에 셈족에게 떠나도 좋다고 허락한 것일까. 그리고 이 소식을 들은 세티 1세가 군대를 이끌고 쫓아가서 고센 땅으로 다시 데려오려고 했던 것일까.

그들은 분명 이집트 노동력의 주요 원천이다. 따라서 파라오가 마음을 바꿔 홍해까지 쫓아갔다는 탈출기의 내용은 충분히 이해할 만하다. 다만 나는 세티 1세가 홍해에 빠져 죽었다고 보지 않는다. 왜냐면 이러한 견해는 출애굽과 관련된 파라오가 한 명이 아니라 두 명, 즉 람세스 1세와 세티 1세라는 것을 암시하기 때문이다. 마네토 역시 오사르시프-모세에 관한 기록에서 그 가능성을 내비치고 있다.

결론적으로 모세와 출애굽은 탈출기에서 묘사된 것처럼 기원전 1367

위 | 세티 1세의 카데시(사진 위) 및 리비아 전투(사진 아래) 승리를 묘사한 부조 | 카르나크 신전 소재

년경 아크나톤의 즉위와 함께 시작되어 60여 년 뒤인 세티 1세의 재위 첫 해인 기원전 1307년경 절정에 달했다고 요약할 수 있다. 만일 이것이 역사적 사실로 증명된다면 이스라엘 국가 건설을 둘러싼 사건에 완전히 새로운 시각을 제공할 것으로 본다.

우선 모세의 후계자 여호수아가 이끄는 이스라엘 군대가 이집트에서 비롯된 금지된 기술을 소유했다고 가정할 수 있다. 다시 말해서 아크나톤의 재임 초기에 아톤 신앙을 탄생시킨 사람들과 어느 정도 관련이 있지 않을까. 그들은 과거 수천 년 동안 보존되었던 사제 집단의 오래된 기술을 계승했고, 마침내 예리코 성을 함락시키기 직전에 여호수아의 귀에 들렸던 것이리라.

이 사람들은 누구일까. 성서에서 '주님 군대의 장수'로 묘사된 신비스런 인물과 관련이 있을까. 해답은 오사르시프-모세가 엘리트 종교집단인 헬리오폴리스의 사제였다는 마네토의 구절에서 찾아볼 수 있다.

헬리오폴리스의 사제들은 누구였으며 그들은 이교도의 왕 아크나톤의 등극에 어떤 역할을 했을까. 앞으로 살펴보겠지만 그들이 고대 이집트의 종교 발전에 끼친 영향은 장로신들의 유산을 발견하려는 나의 노정에 중요한 이정표가 된다.

제10장

최초의 창조 지점

서기 1세기경 알렉산드리아의 아피온이라는 고대 그리스의 문법학자는 모세에 관해 놀라운 사실을 언급했다. 동시대에 활동했던 유대인 역사가 플라비우스 요세푸스가 전하는 아피온의 저술《에깁티아카》에는 다음과 같은 구절이 있다.

> 나는 헬리오폴리스의 모세에 관한 이야기를 들었다. 그는 선조들의 관습을 따라야 한다고 생각하여 야외에서 성벽을 향해 기도를 드렸다. 그러다가 일출 방향을 향하는 것으로 바꿨고 이것은 헬리오폴리스의 상황에 적절했다. 또한 바늘(오벨리스크?) 대신 기둥을 세웠는데 아래는 보트처럼 움푹 패여 그림자가 꼭대기에서 그 구멍으로 떨어졌다. 그림자는 태양의 일주 코스를 그대로 돌게 될 것이다.

아피온이 이 글을 쓴 것은 출애굽이 일어난 지 1300년 뒤였다. 하지만 글의 내용을 보면 아피온의 시대에도 이집트인들의 마음에 이스라엘의 위대한 종교 개혁가의 인상이 강하게 남아 있음을 알 수 있다.

아피온도 마네토와 마찬가지로 헬리오폴리스의 현자가 '나병 환자들'과 '불결한 사람들'을 결속시켜 이집트의 힘에 맞서 싸우다가 이집트에서 추방당했다고 했다. 그리고 헬리오폴리스의 오래된 사제들에게 '적당한' 태양 숭배를 옹호했다고 인용하고 있다.

태양의 도시

모세가 헬리오폴리스 사제였다는 이야기는 어디서 나온 것일까. 성서에서 훌륭한 입법가로 등장하는 모세가 어떻게 사제의 모습으로 묘사된 것일까. 1930년대 말, 지크문트 프로이트가 이집트에서 성장했음을 언급하기 전까지, 모세는 종교 행사를 관장하던 레위 가문에서 태어난 이스라엘인으로 간주되었다. 그러나 아마르나 시대의 초창기에 아크나톤이 주창한 종교개혁과 관련 있는 인물이라면 모세와 헬리오폴리스 사제들의 연관성은 보다 뚜렷해진다.

기원전 1367년경 왕위에 오른 아크나톤은 자신이 아톤을 숭배하는 최초의 선구자라고 선포했지만 그의 전능한 유일신을 아톤이라고 부르지는 않았다. 즉위하고 나서 9년 간은 레-하라크티*Re-harakhty*, 즉 지평선의 호루스로 지칭했다. 레-하라크티는 매의 머리를 한 태양신 레의 형상이며 두 개의 지평선의 이원적 특성을 드러내는데 일출시에는 동쪽에서 떠오르고 일몰시에는 서쪽으로 가라앉는다.

고대 이집트에서 레 숭배의 중심지는 헬리오폴리스였다. 헬리오폴리스는 아랍어로 아인-샴스'*Ain-Shams*라고 한다. '태양의 눈' 혹은 '태양의 도약'이란 뜻이다. 성서에서는 온*On*이라고 불렀다. '기둥의 도시'라는 뜻의 이집트어 아누*Aunu*|*'Ounû*|*Iwnw*를 음차한 것이다. 이 명칭은 헬리오폴리스 태양 신전의 앞마당에 있던 오벨리스크와 밀접한 관련이 있다.

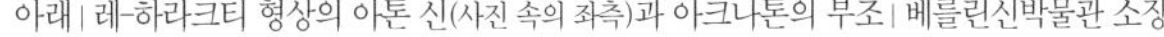
아래 | 레-하라크티 형상의 아톤 신(사진 속의 좌측)과 아크나톤의 부조 | 베를린신박물관 소장

그리고 제12왕조의 세소스트리스 1세 재임기(기원전 1991~1962년경)에 재건된 마지막 태양 신전의 흔적은 오늘날 카이로 국제공항과 가까운 엘 마타리아 근교에서 찾아볼 수 있다.

아크나톤은 헬리오폴리스 사제들의 이상과 가르침, 그들의 직함, 독특한 숭배 양식 등을 받아들였고 적극 후원했다. 아피온이 언급한 것처럼 헬리오폴리스에서는 매일 새벽마다 태양을 환영하는 의식이 야외 신전에서 거행되었다. 레 신을 모시는 이 신전은 테베의 아몬 신전에 이어 두 번째로 큰 대규모 신전이었다.

이러한 헬리오폴리스 신앙은 17년 간의 아크나톤 재임기뿐만 아니라 그 뒤를 이어 각각 3년 간씩 왕위에 있었던 스멘크카레와 투탕카멘의 통치 기간에도 유지되었다. 아크나톤의 재위 9년부터는 비문에서 레-하라크티에 대한 언급이 사라졌지만 아톤 신앙의 발전과 보급 뒤에 강력한 사제 집단이 있었던 것은 분명하다.

실제로 아크나톤이 새로운 태양신 아톤을 주창한 배경에는 헬리오폴리스 사제들의 레 숭배의 특별한 측면, 특히 레-하라크티의 태양신 역할이 자리 잡고 있었던 것으로 보여진다. 그의 재임 초기에 세워진 비문을 보더라도 레를 아톤의 숨겨진 빛으로 묘사하고 있기 때문이다. 특히 테베의 카르나크 신전에는 레-하라크티가 매의 머리를 한 남신男神의 형상을 취하고 그 위에 우라에우스-뱀이 감싸고 있는 태양 원반이 놓인 부조가 있다.

헬리오폴리스의 최고 사제는 '위대한 예언자' 역할도 수행했는데 아마르나 시대의 아톤 제사장이자 아크나톤의 개인적 고관이기도 했던 메리-레 2세에게도 똑같은 칭호를 붙여주었다. 그의 원래 이름은 헬리오폴리스의 태양신을 경배하는 뜻을 갖고 있었다. 어쨌든 헬리오폴리스 사제들은 아크나톤이 시도한 다신多

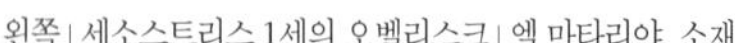

왼쪽 | 세소스트리스 1세의 오벨리스크 | 엘 마타리아 소재

위 | 아톤 신에 대한 숭배를 보여 주는 메리-레 2세의 무덤 부조 | 텔 엘-아마르나 소재

神 숭배 폐기와 유일신 헌신에 일정한 역할을 했다고 생각된다.

아톤 신을 열렬히 숭배한 아크나톤은 그 상징인 태양 원반을 경외하여 개명까지 했다. 그러면서 수도를 재정비하고 다른 신에 대한 숭배를 금하는 등 이집트 문화를 완전히 새로운 모습으로 바꿨다. 이렇듯 전면적 변혁을 단기간에 추진한 동기는 무엇이었을까.

헬리오폴리스의 천문 사제들

헬리오폴리스는 고대 이집트에서 학문과 '대학'의 중심지였다. 수많은

아래 | 우라에우스-뱀이 태양 원반을 감싸고 있는 레-하라크티에게 봉헌하는 세티 1세 부조 | 카르나크 신전 소재

위 | 세티 1세에게 앙크를 건네는 아툼 신(우측) | 세티 1세 신전 부조 | 아비도스 소재

고대 그리스의 작가와 여행가들이 헬리오폴리스 사제들과 대화하기 위해 이곳을 방문했다. 기원전 4세기경 알렉산더 시대가 도래하기 전, 헬리오폴리스는 거대한 신전 군으로 둘러싸인 장엄한 경관을 자랑하는 도시였다. 너비 13m, 높이 9m의 이중 벽으로 둘러싸인 관공서, 학교, 야외 법정 등이 있었다.

그리스어인 헬리오폴리스는 '태양의 도시'라는 뜻으로 태양신 레에 대한 숭배를 뜻하는데 레 숭배는 과거의 아툼 숭배에서 발전했다. 그리고 태양신의 최초 형태인 아툼 신은 위대하고 완전한 존재로 알려져 있다. 헬리오폴리스에서 레 숭배가 아툼보다 대중적인 인기를 얻은 것은 기원전 2678년경 피라미드 시대에 이르러서였다. 고왕국시대 왕족들의 후원 때문이었다.

헬리오폴리스 사제들이 남긴 고대 유산과 지식은 널리 알려져 있었다. 기원전 5세기경 헤로도토스는 저서 《역사》에서, 이곳의 사제들은 "역사상 가장 유능한 이집트인이라는 평가를 받는다"고 기록하고 있다. 기하학, 의학, 신화, 철학에 정통했고 천문학의 대가로도 여겨진다면서 멤피스 및 테베의 사제들과 함께 "태양년과 그 진로가 열두 부분으로 나누어짐을 최초로 발견했다"고(황도 12궁과 음력 열두 달, 30일) 기술하고 있다. 또

위 | 오시리스-켄티 봉헌비(왼쪽 | 베를린신박물관 소장). 카세크헴레-네페르호테프의 돌기둥(오른쪽 | 루브르박물관 소장)

고대 그리스의 열두 신의 이름을 처음으로 사용했고 신에게 바치는 제단과 성상, 신전을 최초로 만들었다고 했는데 이러한 것은 대부분 사실로 증명되고 있다.

기원전 1750년경 제13왕조의 파라오 카세크헴레-네페르호테프는 나일강 중부의 서안에 위치한 아비도스에다가 석비를 세웠다. 석비에는 그가 어떻게 창조되었는지, 신들이 어떻게 만들어졌는지가 궁금하다면서 신(오시리스 켄티 *Osiris khenti*)의 〔진정한〕 모습을 알고 싶다고 적혀 있다. 또 신의 형상을 지상에서 기념물로 만들었던 시기에 자신의 〔입상〕을 어떻게 만들지, 그리고 아툼 신의 고대의 글을 보기를 기원한다고 적었다. '모든 비밀을 알고 있는' 사제들의 초대를 받아 헬리오폴리스의 아툼 도서관을 방문했다면서 오시리스 켄티와 비슷한 것을 보았다고 했다. 장인들에게 아비도스 서쪽의 공동묘지에 묻혀 있다고 생각되는 '선조들'의 조각상을 만들라고 지시했다

오른쪽 | 신(아툼과 슈)에게 공물을 바치는 세티 2세의 석상 | 헬리오폴리스 출토 및 전시

는 내용도 들어 있다. 이렇게 본다면 헬리오폴리스 도서관은 그의 시대에도 오래된 것으로 여겨지는 고서적을 보유하고 있었던 것이다.

헬리오폴리스 사제였던 마네토가 저술한 왕의 목록, 현존하지 않는 이집트 역사서에 보이는 자료의 대부분은 모두 이 도서관에서 수집된 것이었다. 고대 그리스의 철학자 피타고라스, 탈레스, 데모크리토스, 그리고 수학자이자 천문학자인 에우독소스도 이곳을 찾은 것으로 알려지고 있다. 그런가 하면 철학자 플라톤(기원전 429~347년)은 이집트 사제들(아마도 헬리오폴리스의 사제들)이 '1만 년 동안 혹은 무한대의 시간 동안' 별을 관찰했다고 기록하고 있다. 헬리오폴리스 사제들이 천문학의 대가였다는 것을 암시하는 기록이다.

헬리오폴리스의 신전에는 '별들의 방'이란 신성한 장소가 있고 '최고 천문학자'라는 직함을 가진 대사제가 별로 장식된 관복을 입고 별 모양이 달린 긴 막대기를 관직의 상징으로 들고 다녔던 것으로 보인다. 그러나 그들의 천문학적 관심은 별의 위치나 진행 방향에 국한된 것 같지는 않다. 플라톤이 지적했듯이, 그들은 시간의 행로를 관찰하기 위해 천체를 이용했는데 헬리오폴리스의 바늘 모양 오벨리스크가 바로 이러한 역할

아래 | 헬리오폴리스의 신전에 세워졌던 오벨리스크들 | 뉴욕(왼쪽)과 런던(오른쪽) 소재

을 수행한 것으로 보인다. 14세기경 활동했던 아랍 연대기 학자 알-마크리지의 설명을 보자.

> 헬리오폴리스의 태양 신전 아인-샴스에는 너무나 아름다운 두 개의 기둥이 있다. … 높이는 50큐빗 정도이며 … 꼭대기의 뾰족한 부분은 구리로 만들어졌다. … 염소자리의 최초 지점에 들어서는 순간, 즉 연중 낮이 가장 짧은 날에 태양은 두 오벨리스크의 남쪽 끝과 꼭대기에 도달한다. 그리고 게자리의 최초 지점, 즉 연중 낮이 가장 긴 날에는 오벨리스크의 북쪽 끝과 꼭대기에 닿는다. 두 오벨리스크는 태양이 진동하는 두 극점과 그 사이의 주야평분선을 형성한다.

헬리오폴리스가 폐허로 변하고 한참 지난 뒤에 기록된 알-마크리지의 설명은 아피온의 견해를 되풀이한 것처럼 보인다. 일찍이 아피온은 '기둥의 그림자가 태양의 일주 코스를 따라가도록 만든' 모세라는 종교 개혁가에 대해 언급했었다. 그리고 헬리오폴리스에 세워진 몇몇 오벨리스크들은 춘분과 추분을 지나 서서히 이동하는 태양의 진로를 표시하기 위해

아래 | 헬리오폴리스의 신전에 세워졌던 오벨리스크들 | 바티칸(왼쪽)과 로마(오른쪽) 소재

위 | 투트모세 4세 석상 | 루브르박물관 소장

세워진 것으로 추정된다. 왜냐면 이러한 지식은 천구 지평선 상에서 위치를 바꾸는 별의 움직임을 관찰하는데 필수적이기 때문이다.

지평선의 호루스

아크나톤이 헬리오폴리스의 레 숭배를 이용하여 종교개혁을 실시했다는 것을 부인할 학자는 거의 없을 것이다. 그러나 그 과정을 이해하려면 먼저 아크나톤의 할아버지인 투트모세 4세(기원전 1413~1405년경)의 재임기까지 50여 년 전으로 거슬러 가야 한다. 왜냐면 투트모세 4세가 태양신 레에게 최고의 신이라는 지위를 최초로 부여했기 때문이다.

투트모세 4세가 왕자이던 시절, 하루는 사냥을 하다가 피곤하여 모래 위로 삐쭉 튀어나온 스핑크스 머리에 기대어 쉬다가 그만 잠들었다. 꿈속에서 스핑크스 정령이 나타나 덮혀 있는 모래를 치워 준다면 파라오가 되게 해 주겠다고 했다. 꿈에서 깬 왕자가 모래를 치우자 정령의 약속대로 왕위에 올랐다. 그는 이 꿈의 내용을 화강암 석비에 새겨 스핑크스의 두 발 사이에 세웠는데 지금도 그곳에 그대로 있다.

투트모세 4세가 꾼 예언적 꿈의 진실이 무엇이든지 간에, 이것은 두 가지의 사실을 나타낸다. 하나는 투트모세 4세가 헬리오폴리스의 태양신

오른쪽 페이지 | 고대 이집트 제18왕조의 여덟 번째 파라오인 투트모세 4세가 대스핑크스 앞에 세운 화강암 석비

위 | 사람 형상의 케프리-레와 세티 1세 부조(왼쪽 | 아비도스의 세티 1세 신전 소재). 레의 조각상(오른쪽 | 루브르박물관 소장)

레의 숭배를 후원했다는 것이고 다른 하나는 헬리오폴리스 사제단이 투트모세 4세를 지지했다는 것이다.

투트모세 4세가 태양신 레를 숭배한 까닭은 스핑크스 때문이었다. 그리고 레-하라크티 혹은 호라크티*Horakhty*, 지평선의 호루스는 모두 매 머리 형상의 신이지만(아크나톤이 카르나크에 건설한 초기 신전에는 그렇게 묘사되었다) 그 이름은 스핑크스와 관련이 있는 것처럼 보인다.

스핑크스 앞에 세워진 석비를 보면 스핑크스의 터의 수호신은 하르-엠-아케트-케프리-레-아툼*Har-em-akhet-Khepri-Re-Atum*이라 했다. 레와 아툼은 이미 설명했고 케프리는 쇠똥구리 모습을 한 태양신, '지평선의 호루스' 하르-엠-아케트는 레-하라크티의 또 다른 형상이다.

석비에는 투트모세 4세가 '모든 왕의 살아 있는 형상' 하라크티의 보호자라는 구절이 있는데 스핑크스를 지칭하는 것으로 보인다. 영국의 이집트학 학자 E. A. 월리스 버지는 다음과 같이 설명하고 있다.

> 헤루-쿠티*Heru-khuti*(호라크티 혹은 레-하라크티)를 표현한 가장 큰 기념물은 기자 피라미드 근처

왼쪽 | 하트셉수트 신전의 레-하라크티 부조 | 다이르알바리 소재

위 | 아몬 신에게 공물을 바치는 투트모세 4세 부조 | 카르나크 신전 소재

의 스핑크스이며 이것은 그의 표상이자 상징이다.

기자고원 남동쪽에서 수호자 역할을 하는 스핑크스는 헬리오폴리스에서 남서쪽으로 22.5㎞밖에 떨어져 있지 않다. 그리고 각양각색의 피라미드가 건설되었던 고왕국시대 이래 기자(이집트어로 로스타우 *Rostau*)는 헬리오폴리스 사제단의 관할 내에 있었다. 모르긴 해도 기자는 사제들에게 죽은 이들의 공동묘지, 신화 속의 지옥의 모습으로 비춰졌을 것이다.

투트모세 4세가 스핑크스 몸체 주변의 모래를 치우자 예언적 꿈이 실현되고 석비를 건립했다는 사실은 무엇을 의미할까. 그것은 헬리오폴리스 근처의 레 사제들과 레-하라크티, 즉 지평선의 호루스와의 연합을 시도했다는 것을 보여 준다.

사실 헬리오폴리스 교의敎義에 대한 투트모세 4세의 후원은 신왕국시대에 전례가 없는 일이었다. 기원전 1575년경 힉소스인 축출과 함께 시작된 제18왕조의 파라오들은 모두 아몬 신을 경배했다.

아래 | 거대한 스카라브 조각상 | 카르나크 신전 소재

위 | 투트모세 4세의 페리스틸륨 | 카르나크 신전 소재

아몬 신을 추종하는 사제단이 이집트 남부에 위치한 테베에서 국가 대사와 왕권 의례를 주관했던 것이다. 투트모세 4세도 레-하라크티를 경배하기 위해 테베의 카르나크에 있는 아몬 대신전의 동서축에 오벨리스크를 세우기도 했다.

그러나 헬리오폴리스의 태양신을 가장 숭배했다는 것은 그의 통치기에 제작된 거대한 석조 풍뎅이가 테베에서 발견됨으로써 사실로 입증되었다. 거기에는 아톤을 '전투의 신'이라 부르면서, 아톤은 '그의 영토에서 파라오를 강하게 만들며 그의 백성들을 통치한다'고 새겨져 있다.

투트모세 4세의 아들이자 아크나톤의 부친인 아멘호테프 3세(기원전 1405~1367년경)도 이집트 종교의 전체적인 변화에 영향을 받으며 헬리오폴리스의 태양신 숭배를 지속적으로

아래 | 카르나크 신전에 세워졌던 투트모세 4세의 오벨리스크 | 로마 라테란 궁전 앞 소재

위 | 카르나크의 아톤 신전에서 출토된 아크나톤 상 | 카이로박물관 소장

후원했다. 그리고 아크나톤은 부친보다 한 발 더 나아가 이집트 최초로 아톤 신전과 사제단을 만듦으로써 그 지위를 격상시켰다. 왕족의 배에 '아톤의 빛' 혹은 '아톤의 광채'라는 이름을 붙이더니 마침내 자신의 이름을 '아톤의 정신'이라는 뜻의 아크나톤으로 개명까지 했다.

물론 파라오가 특정한 숭배 중심지나 신을 경배하는 일이 드문 일은 아니다. 하지만 투트모세 4세와 그의 아들 아멘호테프 3세가 헬리오폴리스의 태양신을 공공연히 옹호한 사실은 눈여겨 볼 만한 대목이다. 단순히 한 개인 취향으로만 여길 일이 아니다. 더욱이 아크나톤은 헬리오폴리스 신전을 후원하는데 그치지 않고 태양신 숭배를 더욱 장려했다. 레

아래 | 카르나크의 아톤 신전 부조 | 룩소르박물관 소장

위 | 아톤 신에게 공물을 바치는 스핑크스 형상의 아크나톤 부조 | 텔 엘-아마르나 출토 | 하노버 케스트너박물관 소장

와 레-하라크티가 융합되어 아톤의 주요 특성을 형성했고 아크나톤 자신은 사람 머리의 스핑크스를 형상화하기 위해 본인이 설정한 동물 형상의 사용 금지라는 원칙을 내버리기까지 했다.

독일 하노버의 케스트너박물관이 소장하고 있는 부조에는 아크나톤이 사람 머리를 한 스핑크스의 모습으로 아톤 신에게 공물을 바치는 장면이 전형적인 아마르나 예술양식으로 묘사되어 있다. 레-하라크티에 대한 절대적 헌신을 보여 주는 이 모습은 투트모세 4세처럼 기자고원의 스핑크스가 중요한 의미가 있었음을 나타낸다.

그 의미는 무엇일까. 아크나톤이 스핑크스의 숨겨진 비밀에 관해 헬리오폴리스 사제들로부터 무엇인가 알아낸 것일까. 이 문제를 밝히기 위해서는 우선 아크나톤이 헬리오폴리스 교의를 얼마나 깊이 있게 이해했는지를 파악하는 것이 급선무다.

앞서 언급했듯이, 아크나톤은 동물 숭배와 우상 숭배를 금지했다. 하지만 그는 자신을 사람 머리의 스핑크스로 묘사했고 우르-메르 *Ur-mer*신

아래 | 텔 엘-아마르나 남쪽에 위치한 귀족들의 무덤 전경

위 | 므네비스 | 하토르와 마아트 신전의 출입문 부조 | 다이르알마디나 소재

의 화신이자 '라*Ra*의 생명'으로 묘사되는 헬리오폴리스의 성스러운 황소 므네비스를 경배했다. 므네비스를 관리하는 임무를 띤 사제를 별도로 임명했고 므네비스가 죽은 뒤에는 미라로 만들어서 헬리오폴리스에 특별히 마련된 무덤에 매장토록 했다. 수도를 텔 엘-아마르나로 옮긴 뒤에는 그 동쪽에 조성한 왕가의 무덤, 즉 로열 와디*Royal Wadi*에 자신의 무덤과 함께 므네비스의 미라를 보존하는 거대한 무덤을 만들도록 했다. 한마디로 이 무덤의 존재 자체는 헬리오폴리스 신앙에 대한 아크나톤의 외경심을 단적으로 보여 주는 증표인 것이다.

벤벤-스톤

아크나톤이 헬리오폴리스 신앙에서 가장 중요한 요소인 벤벤*benben* | *bnbn*을 숭배했다는 것도 대단히 의미심장하다. 벤벤은 원뿔, 피라미드, 계단식 물체처럼 생긴 신성한 돌을 가리키는데 '벤벤의 집' 혹은 '불사조의 집'이라 불리는, 헬리오폴리스의 태양 신전 마당의 석조대 위에 놓여 있었다.

아크나톤은 재위 4년째 되던 해, 테베의 종교 중심지인 카르나크에 벤벤의 집을 헬리오폴리스와 비슷한 규모로 세우면서 헬리오폴리스의 신전처럼 야외에 사암으로 만든 벤벤-스톤*benben-stone*을 세웠다. 6년째

위 | 제드-기둥 모양의 고대 이집트 건축물 | 사카라 소재

되던 해에는 테베에서 북쪽으로 300㎞ 떨어진 나일강 연안에 텔 엘-아마르나라는 신도시를 건설하면서 야외 신전인 '아톤의 위대한 집'을 세웠다. 여기에도 일출 점과 가장 가까운 동쪽 끝에 벤벤-스톤을 모셔 둔 벤벤의 집을 두었는데 돌로 만든 단의 둥근 꼭대기가 벤벤-스톤이다. 그는 또 부친인 아멘호테프 3세가 아톤 신전을 세운 헬리오폴리스에도 벤벤-스톤과 비슷한 석비를 세웠다. 여기에는 아크나톤과 그 가족들이 태양 원반 앞에 꿇어 앉은 모습이 새겨져 있다.

벤벤-스톤을 숭배하는 관습은 어디서 비롯된 것일까. 그 기원은 아직까지도 불분명하다. 원래 벤벤-스톤은 고대 이집트인들이 절대시하던 운철로 만들어졌고 별을 숭배하는 것과 관련이 있다고 주장하는 학자들이 많다. 그러나 문헌이나 기록이 없기 때문에 이 주장은 가설에 불과하다. 더욱이 그 원형은 피라미드 시대 이전에, 아마도 이집트 왕조가 시작되기 전에 사라졌다. 헬리오폴리스 사제들이 벤벤-스톤의 원형을 바늘 모양의 기둥 위에 있는 원추형 돌로 바꿨다는 것이 일반적인 견해지만 원래의 모습을 확인할 길은 없다. 만일 바늘 모양의 기둥이라면 이집트 건축에서 자주 등장하는 오벨리스크의 원형이 아닐까.

벤벤-스톤에 대한 아크나톤의 지대한 관심은 헬리오폴리스의 종교 개혁가 모세가 '바늘*gnomons* 대신 기둥*pillars*'을 세웠다는 알렉산드리아의 아피온의 기록을 설명해 주기도 한다. 여기서 'gnomons'라는 단어는 바늘 모양의 오벨리스크를 지칭하는 것이고 'pillars'는 아크나톤이 카르나크, 텔 엘-아마르나, 헬리오폴리스에 세웠다는 둥근 석조단을 의미하는 것으로 보인다.

아피온에 따르면 모세는 '야외에서 성벽을 향해 기도를 드렸고' '헬리오폴리스 상황에 적합하게' '일출 방향을 향해' 경배하라고 지시했다는데 아크나톤 재임 당시 헬리오폴리스 사제단의 영향으로 추진된 종교개혁의 변형된 기억이 아피온이 살았던 기원전 1세기경에도 널리 퍼져 있었음을 보여 주는 것이 아닐까 생각된다.

신성한 존재

아크나톤이 벤벤-스톤에 매료된 까닭은 무엇일까. 그리고 벤벤-스톤은 아크나톤에게 어떤 의미가 있었을까. 왜 신전 중심부에 우상처럼 보이는 숭배물을 놓아야겠다고 생각했을까. 미국의 역사학자 도널드 레드포드는 다음과 같은 견해를 피력하고 있다.

> 아멘호테프 4세가 신화 속 다신교 상징에 대한 혐오의 차원에서 이런 창조의 형상을 중요하게 생각했다는 설명은 아무래도 이상하다. 벤벤은 우리 생각처럼 신화와 불편한 관계에 있지 않았다.

벤벤-스톤에 대한 아크나톤의 외경심을 이해하기 위해서는 고대 이집트에서 벤벤-스톤이 무엇을 의미하는지부터 파악해야 한다.

내가 보기에, 벤벤-스톤은 본질적으로 태초의 언덕을 형상화시킨 것이다. 태초의 언덕이란 어둠 속 태초의 대양에서 최초의 여명보다 더 빨리

아래 | 아크나톤이 세운 텔 엘-아마르나의 아톤 소신전

떠오른 최초의 땅을 말한다. 이것이 곧 제드-기둥 *djed-pillar*을 나타낸 것이며 훗날 레로 변형된 태초의 신 아툼이 그 위에서 세상을 창조한 것이리라.

이집트 사카라에 있는 제5왕조의 파라오 우나스(기원전 2370~2340년경)의 피라미드를 비롯하여 제5~6왕조 때 세워진 피라미드의 내부 벽에는 벤벤-스톤에 대한 설명이 구체적으로 기록되어 있다. 그리고 영국의 이집트 언어학자 R. T. 런들 클라크는 이 '피라미드 문서'를 헬리오폴리스의 천문 사제들이 남긴 것으로 추정하고 있다.

이들 문서에서 눈길을 끄는 것은 아툼-레 *Atum-Re*와 안누 *Annu*(헬리오폴리스)의 태양 숭배를 되풀이해서 언급하고 고왕국시대의 왕이나 피라미드와 직접 관련이 있다고 밝힌 점이다. 따라서 벤벤-스톤은 헬리오폴리스에서 기원한 것이 분명하다.

그렇다면 벤벤-스톤의 기능은 무엇일까. 나는 원래 최초의 창조 지점, 즉 최초의 시대인 셉 테피의 장소를 표시하는 기능을 수행하기 위한 것이라고 본다. 이곳에서 헬리오폴리스의 '위대한 9인', 즉 네체루 신들이 최초로 세상에 나왔을 것이고 이어 '작은 9인'이라는 두 번째 집단이, 세 번째로 9명의 변화무쌍한 신들이 나왔을 것이다. 마지막에는 '신성한 존재'라는 신화적 집단이 그들을 대체했다고 본다.

이집트학 학자 압델-아지즈 살레는 《헬리오폴리스의 발굴》이란 저서에서 '신성한 존재'가 곧 셈수-호르이며 '전 왕조 시대의 지배자 혹은 군주'라고 주장했다. 그리고 헬리오폴리스 사제들은 이 반신반인半神半人들이 왕자의 집 혹은 귀족의 집으로 알려진 최초의 신전을 세웠다고 믿었을 것이라고 추정했다. 그는 또 '신성한 존재'들이 호루스-왕의 시대가 도래하기 전인 황금시대에 헬리오폴리스와 그 부근을 다스렸을 것으로 확신한다고 밝혔다.

아래 | 우나스의 피라미드 | 사카라 소재

위 | 우나스의 피라미드 내의 벽에 새겨진 피라미드 문서 | 사카라 소재

이러한 개념들은 분명히 위대한 지성과 뛰어난 지혜를 지닌 천문 사제들에게 단순한 신화가 아니라 우주 원리 속에서 시적 언어로 표현된 실체였을 것이다. 그들은 헬리오폴리스야말로 기자와 이곳에 최초의 신전을 건설했던 신들의 집이라고 믿었을 것이 틀림없다.

실제로 기자고원은 천문학적인 배치뿐만 아니라 뛰어난 기술과 더불어 오랜 역사를 갖고 있다. 다시 말하면 헬리오폴리스의 천문 사제들이 스핑크스를 건설했던 장로문화에 관한 기억의 일부를 보존하고 있었음을 나타내고 있는 것이다. 장로신들은 초대 파라오가 즉위하기 수천 년 전인 사자자리 시대, 즉 최초의 시대에 이집트를 다스렸을 것이다. 그리고 이들의 선진 기술을 계승한 사람이 있다면 그들은 분명 헬리오폴리스의 사제단일 것이다.

그렇다면 따져 보자. 이들이 이집트 왕조 초기에 소리에 의한 공중 부양과 초음파를 응용하는 드릴링 기술을 사용한 사람들인지, 피라미드 시대의 선진 기술 배후에 헬리오폴리스 사제단이 있었는지, 그리고 그들이 소리 기술에 준하는 것을 아크나톤에게 전해 주었는지를 알아보자.

이 문제에 답하기 위해서는 신들의 황금시대를 둘러싼 비밀 신화가 피라미드 건설기부터 아크나톤 시대에 이르기까지 이집트 왕조와 종교에 어떤 영향을 미쳤는지를 이해할 필요가 있다. 그래야만 전체적인 윤곽이 드러난다.

제11장

시대의 정신

앞에서 헬리오폴리스가 신들의 영토였던 최초의 창조 지점이라는 견해를 살펴봤지만 다른 지역일 가능성도 있다. '숨겨진 자'라는 뜻의 아몬 신의 숭배 중심지였던 테베 역시 헬리오폴리스 못지않은 강력한 후보지다. 오히려 테베의 사제들은 테베야말로 태초에 심연에서 나온 원시의 언덕 위에 세워진 가장 오랜 도시라고 믿었다.

예컨대, 네덜란드의 라이덴박물관이 소장하고 있는 라이덴 파피루스를 보면 테베가 '땅이 생겨난 때의 언덕'이라면서 '인류는 테베의 이름으로 모든 도시를 세우기 위해 테베에서 생겨났고' '테베의 예에 따라 모두

아래 | 고대 이집트 제6왕조의 네페르카레 페피 2세 당시 이푸웨르가 작성한 파피루스 | 라이덴박물관 소장

도시'로 불렀다고 적혀 있다. 이 파피루스는 제6왕조 네페르카레 페피 2세의 통치 말기에 재무 관리였던 현인 이푸웨르가 왕실에 올린 연설문 필사본이다.

테베의 아몬 대신전에서는 반구형 돌 모양의 옴팔로스(그리스어로 '배꼽'이란 뜻)가 벤벤-스톤의 역할을 대신했다. 만물의 중심을 상징하는 이 옴팔로스가 왕의 즉위와 퇴위를 선포하는 신탁을 내렸던 것이다.

위 | 고대 그리스의 옴팔로스 | 델포이고고학박물관 소장

고대에는 옴팔로스가 많았다. 가장 유명한 것이 그리스 델포이의 옴팔로스다. 그리스 신화에 따르면 천신天神 제우스는 세계의 정확한 중심을 알고자 동쪽과 서쪽 경계에서 각각 두 마리의 독수리를 날려 보냈다. 쉬지 않고 날아간 두 마리의 독수리가 델포이에서 만나자, 그 지점에 황금 독수리가 새겨진 배꼽 돌을 세웠다. 대리석을 달걀 모양으로 깎아서 만들었는데 달걀은 모든 신화에서 창조의 상징으로 사용된다.

아몬-레의 탄생

고왕국시대에는 대부분의 왕족들이 헬리오폴리스를 후원했기 때문에 테베가 이집트에서 가장 오랜 종교 중심지라는 의견은 무시되었다. 그러나 제11왕조가 시작된 중왕국 시대(기원전 2134~1786년경)에 이르러서

아래 | 이집트 테베의 아몬 대신전 제1탑문과 제2탑문(콘수 신전에서 바라본 전경)

위 | 아메넴헤트 3세 석상 | 베를린신박물관 소장

는 아몬 신앙에 의한 의례와 신화가 전국적으로 중요성을 갖기 시작했다. 테베 왕조가 흥하여 이집트 왕국 전체를 장악했기 때문이었다. 제12왕조의 파라오 4명은 아몬 신을 경배한다는 뜻에서 '아몬이 최고다'라는 뜻의 아메넴헤트*Amenembet*로 개명하기까지 했다. 반면에 헬리오폴리스의 영향력은 급격하게 쇠퇴하고 말았다.

종교 발상지를 놓고 벌이는 전쟁에서, 테베가 헬리오폴리스보다 우위를 점하게 되었지만 완벽하게 승리한 것은 아니었다. 왜냐면 이집트 사제들의 남북 분열은 뿌리가 깊다. 그 뿌리는 북쪽 헬리오폴리스의 전설적인 호루스-왕과 남쪽 누트*Nubt*(나카다)의 세트-왕(후에 세트 신) 사이의 부족 전쟁 시기까지 거슬러 올라간다.

기원전 3100년경 최초의 호루스-왕인 메네스가 이집트를 통일한 뒤에도 분열의 정서는 깊이 남아 있어서 훗날 로마시대와 마찬가지로 종교적, 문화적 반목을 일으켰다. 당시의 상황은 남북전쟁이 끝난 지 100년이 넘었지만 여전히 남북 분쟁이 상존하는 미국, 천주교도와 개신교도가

왼쪽 | 람세스 3세와 호루스-세트 신의 입상 | 카이로박물관 소장

위 | 상·하 이집트 통일을 뜻하는 룩소르 신전의 람세스 2세 동상 부조(좌측 파피루스는 상이집트, 우측 연꽃은 하이집트 상징)

극심한 정치적, 종교적 반목 상태에 있는 아일랜드에 비견될 정도였다.

지배 왕조의 몰락으로 멤피스를 비롯한 대부분의 이집트 영토가 유목 민족인 힉소스인들의 세력 하에 들어간 제2중간기(기원전 1786~1575년경) 초기의 상황도 마찬가지였다. 힉소스인들은 문화적 배경의 차이에도 불구하고 이집트의 생활양식에 재빨리 적응했고 기원전 1730년경 나일강 삼각주 동부의 아바리스를 권력의 중심지로 삼았다.

그들은 이집트 파라오의 신화와 의례를 채택했고 왕권 의례를 거행하기 위해 헬리오폴리스 사제의 도움을 받았다. 비문에 따르면 적어도 4명의 힉소스 왕이 태양신 레를 숭배하는 의미의 이름을 사용했다. 말하자면 헬리오폴리스 신앙에 명백하게 귀의한 것이었다.

아래 | 람세스 2세의 동상 측면에 부조된 고대 힉소스인들 | 룩소르 신전 소재

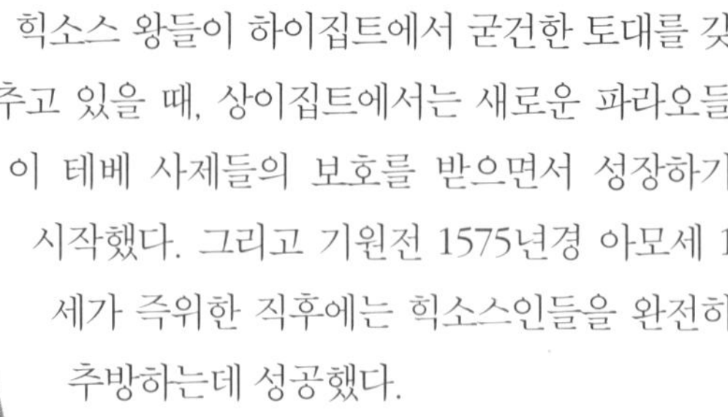

위 | 아모세 1세 전신상 | 브루클린박물관 소장

힉소스 왕들이 하이집트에서 굳건한 토대를 갖추고 있을 때, 상이집트에서는 새로운 파라오들이 테베 사제들의 보호를 받으면서 성장하기 시작했다. 그리고 기원전 1575년경 아모세 1세가 즉위한 직후에는 힉소스인들을 완전히 추방하는데 성공했다.

제18왕조(기원전 1575~1308년경)의 초대 파라오이자 신왕국시대의 첫 파라오인 아모세 1세는 힉소스인들을 몰아낸 뒤에도 옛 수도인 멤피스로 돌아가지 않았다. 테베에 머무르면서 아몬 사제들로 하여금 왕권 의례를 수행하도록 했다.

제18왕조의 파라오들은 외국에서 공물을 받아 모은 재산을 모두 아몬 신전의 건축에 쏟아 부었다. 그리고 아시아에서 약탈한 전리품과 누비아의 공물로 신전을 장식했다. 나일강 서쪽에 바위 무덤 형태의 새로운 묘지도 조성했다. 왕가의 계곡으로 유명한 이곳은 1922년 영국의 고고학자 하워드 카터가 투탕카멘의 무덤을 발견한 장소이기도 하다.

이제 테베는 제18왕조 파라오들의 강력한 후원에 힘입어 이집트에서 가장 영향력 있는 종교 중심지가 되었다. 그러나 헬리오폴리스의 우주 철학은 오랜 역사와 체계적인 이론을 갖추고 있었기에 무시할 수 없었다. 헬리오폴리스의 레 사제단 역시 무력하게 왕실의 호의를 잃을 수 없는 처지였다. 결국 이들은 타협을 이뤘다. 테베의 주요 신인 아몬이 태양신 레의 주요 특성을 흡수하여 아몬-레*Amun-Re*라는 합성 신이 탄생하

아래 | 왕가의 계곡 전경 | 다이르알바리 소재

위 | 세티 1세 신전의 아몬-레 성소 입구 | 아비도스 소재

게 된 것이다. 이로써 아몬-레는 이집트의 최고 신이 되어 아몬의 신비한 능력, 아툼-레의 신성함과 위대함을 모두 구현하게 되었다.

아톤의 지평선

이렇듯 제18왕조 초기에 상·하 이집트의 합의가 있었지만 헬리오폴리스 사제들로서는 테베에 패했음을 인정하지 않을 수 없었다. 훗날 투트모세 4세가 즉위하기 전까지는 아무것도 할 수 없는 상황이었다.

기원전 1420년경, 꿈에 따라 스핑크스의 모래를 치워 주고 왕위에 오른 투트모세 4세는 헬리오폴리스 사제단과 연합했고 그 결속은 기원전 1367년경 아크나톤이 즉위할 때까지 50년 동안 서서히 공고해져 갔다. 특히 아크나톤은 헬리오폴리스 신앙을 받아들였을 뿐만 아니라 테베의 아몬 신전 중심부에 벤벤의 집을 세우기도 했다. 최초의 창조 지점인 옴팔로스-돌의 정치적, 영적 영역을 차지하려는 노골적인 시도였던 것이다.

이집트학 학자들은 아크나톤이 신도시를 건설한 것은 아

오른쪽 | 아몬-레 청동상 | 기원전 680~640년 작품 | 월터스미술관 소장

위 | 바크선 위로 아케트를 떠받치는 파바사와 신들 | 파바사의 무덤 부조 | 테베 근처 알-아사시프 소재

톤 신앙의 중심지로 삼을 목적이었다고 해석한다. 그러나 아톤 신앙은 이미 헬리오폴리스에 거점을 두고 있었고 레-하라크티를 단순히 개선한 형태이기 때문에 이 해석은 받아들이기 어렵다. 설사 맞는다고 해도 텔 엘-아마르나에 신도시를 건설한 이유로서는 납득하기 힘들다.

아크나톤이 헬리오폴리스를 이집트의 최초의 창조 지점으로 생각했다면 신도시 아케타텐의 아톤 신전 안에 있는 벤벤의 집은 신성한 통치 장소를 마련할 뿐만 아니라 최초의 창조 지점을 새롭게 확립하려는 시도였을 것이다.

아마르나 시대 전문가인 영국의 이집트학 학자 시릴 알드레드는 아케타텐 동쪽의 '왕가의 와디' 언덕에 갈라진 계곡 틈이 있는데 이곳에서 태양이 떠오르는 것을 목격한 아크나톤이 '아톤의 지평선'이라는 뜻의 아케타텐을 건설했다고 주장한다. 특정 시기에 태양이 떠오르는 이곳은 '지평선'이라는 뜻의 아케트*akhet*를 상징하는 상형문자처럼 안장 모양으로 움푹 들어간 모습의 지형이다.

생각해 보면 대단히 홍미로운 이론이다. 아크나톤이 이곳에서 일출을

아래 | 유리관으로 덮여 있는 아크나톤의 국경비 A | 투나 엘-게벨 소재

위 | 아톤 신을 경배하는 아크나톤 가족들 | 아크나톤의 국경비A 옆에 있는 부조 | 투나 엘-게벨 소재

목격했다면 분명히 종교적 영감을 자극받았을 테고 최초의 장소라고 생각했을 것이다. 하지만 나는 수도를 텔 엘-아마르나로 옮긴 데에는 좀 더 현실적이고 심오한 목적이 있다고 생각한다. 아케타텐은 정치적, 종교적 의도만으로 건설된 것이 아니기에 아크나톤의 아톤 신앙과 어느 정도 관련이 있을 것이다.

외딴 곳에 신도시를 건설한 동기는 무엇이었을까. 문제를 푸는 실마리는 아마르나 관할권을 표시한 경계비에서 찾아볼 수 있다. 단단한 암석으로 만들어졌고 움직일 수 없도록 고정된 경계비는 절벽과 맞닿아 있는 텔 엘-아마르나의 동쪽 끝이나 나일강 강변 근처에서 모두 14개나 발견되었다.

이들 석비에는 레-하라크티-아톤*Re-harakhty-aten*에 대한 아크나톤의 신념과 도시 건설, 왕족들이 참가했던 비석 봉헌식에 대한 사항이 자세하게 새겨져 있다. 또 '아톤이 아크나톤에게 신도시의 장소를 계시했고

아래 | 아크나톤의 국경비U | 텔 엘-아마르나 소재

그 누구도 신도시를 다른 곳에 건설하도록 설득할 수 없었다'는 구절도 적혀 있다. 이것은 신도시의 선택에 신성한 계시가 개입되었고 아크나톤과 가까운 몇몇 사람이 그의 결정에 의문을 제기했다는 것을 보여 준다. 그래서 경계비에는 석비를 없애거나 훼손시킨다면 다른 것으로 즉시 교체할 것을 선언하고 있다.

이상한 것은 아크나톤이 '마아트에서 살고 있다*ankh-em-maat*'는 구절이 반복해서 등장한다는 점이다. '마아트에서 살고 있다'라니…. 무슨 의미일까. 다른 파라오들은 이런 표현을 사용하지 않았다.

마아트란 무엇일까. 아니, 누구일까. 어쩌면 아크나톤이 동부 사막 끝의 미개척지에 이집트 최초의 창조지를 재건한 이유를 알려 주는 실마리를 제공할지 모른다.

마아트에서 살고 있다

마아트는 고대 이집트의 여신이다. 타당한 모든 것, 즉 정의, 진리, 질서, 바른 행위를 상징한다. 여러 가지 점에서 천칭天秤을 들고 있는 여성의 원형으로 간주되는데 천칭은 황도12궁의 천칭자리와 관련이 있다. 또 마아트는 한 손에는 정직의 칼, 다른 한 손에는 정의의 저울을 들고 영국 런던의 중앙형사재판소를 내려다보는 여성상과 동일시되기도 한다.

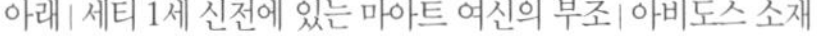
아래 | 세티 1세 신전에 있는 마아트 여신의 부조 | 아비도스 소재

마아트의 상징은 하얀색 타조 깃털이다. 머리에 띠를 두르고 하얀색 타조 깃털을 꽂는다. 이 깃털은 지옥의 신 오시리스가 죽은 이의 영혼의 무게를 재어 그 진실성을 시험할 때, 정의의 저울의 평형추로 사용된다. 그런가 하면 이집트 왕조 초창기부터 달의 신 토트의 배우자 신으로, 특히 헬리오폴리스에서 숭배를 받았다.

그러나 우주적 원리로서의 마아트는 진리와 정의의 여신 이상의 의미가 있다. 이집트 예술에서는 마아트가 쐐기 모양 받침대에 서 있는 모습으로 묘사되곤 하는데 이 받침대는 '똑바로 서 있다'는 그녀의 이름으로 미루어 볼 때, 1큐빗의 측정 단위 혹은 측정 도구로 추정된다. 따라서 마아트의 하얀색 깃털은 호루스-왕의 신성한 통치권 확립에 의한 우주 질서의 형상화, 그리고 왕권 중심지의 지리적 범위를 나타내는 측정선이라는 마아트의 기본적 역할을 상징하는 셈이다.

사실 신성한 왕권이라는 개념은 복잡한 문제다. 오늘날에는 별로 의미가 없는 개념이지만 고대 이집트인들에게 우주 질서 확립의 문제는 신성한 통치의 가장 근원적인 문제였다. 올바른 신화와 의례를 수행하지 못하여 천계天界와 물질계의 연관성이 약해지면 혼돈으로 치닫는다고 믿었기 때문이다. 그래서 파라오는 우주 질서를 유지하기 위해 선택된 장소에서 통치권을 행사해야만 했고 그 장소는 지상계와 천계가 만나는 지점,

아래 | 죽은 이에 대한 지하세계의 신 오시리스의 심판 | 하토르 신전 부조 | 다이르 알 마디나 소재

만물의 중심이자 시작 지점이라고 믿었다. 태곳적부터 신들의 책무를 이어받아 세상의 창조 행위를 계속하는 것이 바로 파라오의 역할이라고 믿었다는 것이 바로 '마아트에서 살고 있다'는 의미인 것이다.

물론 아크나톤이 마아트의 원리를 채택하여 신도시를 건설한 것으로 해석할 수도 있지만 아크나톤의 종교적 집착은 다른 파라오들보다 훨씬 심했다고 볼 수 있다. 영국의 고고학자 시릴 알드레드는 다음과 같이 언급하고 있다.

> 아크나톤이 살고 있다는 마아트를 좀 더 깊이 있게 연구한 결과, 초기 번역은 지나치게 단순화시킨 점이 없지 않다. 이것은 태초에 만물이 창조주의 손을 떠날 때 생기는 조화를 뜻하는 것이다.

따라서 아크나톤은 텔 엘-아마르나에 우주 질서의 확립과 더불어 네체루 신들이 살았던 최초의 시대와 똑같이 신성한 통치 양식을 창조하려고 시도했다는 것이 시릴 알드레드의 결론이다.

아크나톤이 최초의 시대라는 개념에 특별한 관심을 갖고 있었던 것은 분명하다. 시릴 알드레드에 따르면 아크나톤은 '세상이 생겨난 최초의 시대에 아톤이 자신을 드러낸 장소를 찾으라는 영감을 받아서' 테베를 떠나기로 했다는 것이다.

아크나톤은 최초의 시대에 대해 무엇을 알고 있었을까. 그 의미는 어떤 것일까. 네체루 신들과 헬리오폴리스의 신성한 존재들의 실체를 확신했던 것일까. 그래서 이집트 종교의 외관을 바꾸고 동부 사막 끝으로 옮겨간 것일까. 그렇다면 그 최초의 장소가 테베나 헬리오폴리스와 멀리 떨어져 있다고 믿은 까닭은 무엇일까.

아래 | 텔 엘-아마르나의 주거 지역 유적지

텔 엘-아마르나의 선택

아크나톤은 재위 4년째 되던 해에 기존의 신앙 중심지인 테베가 이집트 최초의 창조 지점이었다는 견해가 잘못되었음을 깨닫고는 좀 더 강력한 무엇인가가 필요하다고 생각했을 것이다. 무한한 정신의 힘이 존재하는 장소에서 새로운 영겁의 역사를 창조하고 기존의 주장을 모두 포용할 수 있는 거대한 이상을 품었을 것이다. 즉, 테베와 헬리오폴리스에 한 발씩 걸친 거인 이집트를 상상했던 게 틀림없다.

그는 자신의 계획을 어떻게 실행했을까. 고대 지리학의 심오한 지식이 그 해답을 제시하고 있다.

아크나톤이 세운 신도시는 북쪽으로 헬리오폴리스와 18왕조 때 테베로 이름이 바뀐 남쪽의 헬리오폴리스의 중간 지점에 위치하며 각각 275㎞ 떨어져 있다. 이 사실은 결코 우연의 일치가 아니다. 물론 이집트학 학자들도 세 곳의 지역적 연관성을 부인하지는 않지만 그 중요성을 충분히 이해하고 있는 것 같지는 않다.

나는 대피라미드와 북반구의 측지학적 관계를 최초로 밝힌 미국의 계측학자이자 수학자 리비오 스테치니만이 아크나톤의 취향을 진정으로 이해했다고 생각한다. 아크나톤의 삶에 매혹된 그는 신도시가 지구의 위도선과 경도선을 정밀하게 고려한 계획에 따라 배치되었음을 밝혀냈다. 미국의 작가 피터 톰프킨스의 저서 《피라미드의 비밀들》에 헌정한 부록에서, 리비오 스테치니는 다음과 같이 설명하고 있다.

> 아톤 신을 위한 새 수도의 위치는 북위 27도 45분이며 이집트 최북단인 〔나일강 삼각주〕의 베데트와 최남단인 북위 24도 0분〔아스완 또는 엘레판티네〕의 중간 지점에 위치한다. 나일강 강변에 건설해야 하기 때문에 경도는 중요하지 않았을 것이다. 새 수도의 경도는 이집트의 서쪽 축에서 1도 지점인 동위 30도 50분이다.

아래 | 고왕국과 중왕국 시대의 제단과 돌무덤이 있는 엘레판티네 섬

그는 신도시가 고대 이집트의 최남단과 최북단의 정확한 중간 지점이라는 것은 결코 우연의 일치가 아니라고 주장했다. 대피라미드의 측정치와 기원전 3100년경 메네스가 확립했다고 하는 상·하 이집트의 동서 경계선도 같은 측지학적 지식을 나타내기 때문이라는 것이다.

아크나톤이 세운 신도시에서 홍해 쪽으로 텔 엘-아마르나와 베네트 사이의 거리만큼 움직이면 아즈 자티야 곶 가까이 있는 그래님 섬에 닿게 된다. 따라서 고대 이집트인들은 아즈 자티야 곶과 그보다 약간 남쪽에 있는 그래님 섬이 수에즈만의 최남단이라고 생각했던 것 같다. 서기 1세기경 알렉산드리아에서 활동한 고대 그리스의 지리학자인 프톨레마이오스는 이 섬을 드레파논 곶이라고 불렀다.

리비오 스테치니는 14개의 경계비에 보이는 도시의 측정치를 모두 조사한 결과, 파라오 시대 이전의 측지학 체계에 따른 배치였다는 결론을 내렸다. 일례로 신도시의 최북단과 최남단을 표시하는 2개의 경계비에는 서로 간의 거리가 6아투르, 3/4케, 4큐빗이라고 적혀 있는데 스테치니의 계산에 따르면 4만 7233.1m이다. 참고로 1아투르는 1만 5000로얄 큐빗(7862.2m) 또는 1만 7000지리적 큐빗(7848.8m)이며, 1케는 350로얄 큐빗(183.45m) 또는 400지리적 큐빗(184.68m)이다. 그리고 3/4케는 지리적 큐빗과 완벽한 조화를 이루기 때문에 스테치니는 경계비의 지리적 배치에 이 단위를 사용했다는 결론을 내렸다.

아무튼 리비오 스테치니의 꼼꼼한 계산 결과, 이 수치는 고대 이집트의 최북단인 베데트에서 북위 24도 지점인 최남단 아스완까지의 거리 106아투르를 정확한 비율로 나타낸 것임이 밝혀졌다. 그리고 새 도시의 측정치는 정확한 측지 시스템에 따라 지구 중위도中緯度의 초소형 형상과 12×106아투르에 기초한 자오선 호弧의 길이를 정확하게 표현한 것이었다. 스테치니가 내린 결론은 다음과 같다.

> 아크나톤은 테베가 이집트의 측지 중심이 아니며 마아트의 엄격한 해석에 따라 텔 엘-아마르나를 선택했다는 것을 증명하려고 했다. 마아트는 이집트의 측정치를 통해서 구체적으로 드러나는 우주 질서다. 그는 정확한 측정

위 | 아크의 상형문자 부조 | 카르나크 신전 소재

의 표준을 따르기 위해 지리적 큐빗을 사용하는 전 왕조의 측지 시스템으로 회귀했다.

시릴 알드레드의 말처럼, '태초에 우주가 창조주의 손을 떠날 때 존재했던 조화'를 재창조하려는 의도에서 새 수도의 위치와 크기를 선택했다는 스테치니의 견해는 놀라운 주장이 아닐 수 없다.

그는 이집트가 네체루 신들의 다스림을 받았던 최초의 시대에 대해서도 언급했다. 하지만 어떤 연관성이 있는지에 대해서는 설명하지 않았다. 어쨌든 그의 연구 결과를 토대로 하여 이제부터라도 아크나톤의 역사적 역할을 새롭게 재평가해야만 할 것이다. 그렇다면 마아트의 원리에 따라 아크나톤이 시도했던 첫걸음이 그 시작점이 될 것이다.

불사조의 비행

아크나톤이 아톤 신을 경배하기 위해 자기 이름조차 바꿨다는 점에서 신성한 왕권과 최초의 시대와의 연관성에 대해 관심이 많았던 것은 분명하다. 아크나톤이란 단어는 일반적으로 '영광' 혹은 '아톤의 정신'으로 해석되며 최근 '아톤에 이로운 것'으로 번역되기도 한다. 하지만 아크나톤의 '아크'라는 접두사의 의미는 그 이상이다. 죽은 뒤에 하늘로 올라가서 극지방의 별이 된다는 파라오의 정신을 상징하기 때문이다. 이 별은 하늘

위 | 벤누-새 | 호루스 신전 부조 | 프톨레마이오스 왕조 시대 작품 | 이드푸 소재

을 운행하며 결코 떨어지지 않는다. 그리고 신성한 영혼 혹은 아쿠 *akhu*(akh의 복수형)는 우주의 힘과 하나 되어 시간의 행로를 보여 주며 황도의 극 주변을 운행한다.

'아크'라는 개념은 반복적인 시간의 순환이라는 헬리오폴리스 신앙에서 필수불가결한 요소다. 그리고 왜가리 혹은 벤누-새*bennu-bird*와 관련된 이집트 신화와 연관성이 있다.

헬리오폴리스의 창조신화에서, 벤누-새는 보라색 깃털의 불사조로 표현되는 그리스 신화와 달리 아툼 신(후에는 레)으로 형상화된다. 그리고 최초의 아침의 일출 순간에 원시의 언덕으로 내려오는 것으로 묘사되고 있다. 즉, 태양이 신성한 벤벤-스톤을 내리쬐면 '불의 섬'으로 날아가는데 그곳은 바로 신들의 탄생과 부활의 공간으로 알려진 전설적인 장소다. 헬리오폴리스에서 원시의 언덕이 있었다는 이 장소는 신들의 황금시대인 최초의 시대의 종말과 새로운 시대의 도래를 나타낸다. 그리고 그때마다 벤누-새가 헬리오폴리스로 돌아와 한 영겁의 종말과 다음 영겁의 시작을 알린다는 것이다.

헤로도토스는 기원전 5세기 중반경 이집트를 방문했을 때, 벤누-새에 관한 이야기를 들었다면서 저서《역사》에 다음과 같이 기록하고 있다.

그다지 신빙성이 있어 보이지는 않지만 그들〔헬리오폴리스 사람들〕은 내게

이 새에 관한 이야기를 들려주었다. 아라비아에서 어미 새를 데려온 새는 어미 새의 온몸에 몰약을 바르고 태양 신전에 시신을 묻는다는 것이다. 우선 어미 새를 데려오기 위해 운반이 가능한 크기로 공 모양의 몰약을 만든 뒤, 공에 구멍을 내어 어미 새를 그 속에 넣고 신선한 몰약으로 입구를 막으면 공은 처음과 똑같은 무게가 된다. 그리고 이것을 이집트로 가져와서 몰약을 발라 태양 신전에 묻는다. 이것이 그들의 새 이야기다.

이 이야기는 이집트의 원사료에 묘사된 벤누-새와 차이가 있지만 전설적인 해오라기가 나타나서 한 영겁의 종말을 고한다는 사상을 나타내는 것만은 똑같다.

현실에서, 해오라기는 매년 한여름에 나일강으로 돌아온다. 하지만 신화 속의 해오라기는 훨씬 긴 시간 주기를 보여 주는데 500년 주기설부터 1460년 주기라는 견해까지 학자들마다 제각각이다. 이 가운데 1460년 주기는 이집트에서 새해에 시리우스 별이 최초로 나타나면 시작되는 시리우스 주기를 말한다.

실제로 이집트 신화에서는 이 불사조의 신성한 해의 주기가 정해져 있지 않다. 그러나 아크의 개념과 밀접한 관련이 있기 때문에 '위대한 해', 즉 세차주기와 황도 극의 회전과는 연관성이 많다. 아마도 세차주기는 셈수-호르나 신성한 존재들이 헬리오폴리스 사제들에게 전해 준 비밀스런 지식이 아니었을까 생각된다.

어쩌면 아크나톤이 이러한 아크의 원리를 고려해서 텔 엘-아마르나에 마아트의 자리를 마련한 것은 최초의 시대의 신성한 질서를 보여 주기 위한 것이고 마아트와 벤누-새의 살아 있는 화신이 되고자 했던 것이 아닐까. 실제로 그는 여러 가지 방법을 동원하여 자신을 '시대의 정신'으로 만들었고 이집트 역사의 진행 방향을 바꿀 수도 있었다.

스핑크스 석비

무엇이 아크나톤으로 하여금 이런 생각을 갖도록 자극한 것일까. 누가 새로운 우주 시대를 창조하라는 영감을 불러넣어 준 것일까. 분명 테베

위 | 기자고원의 대스핑크스 앞에 있는 석비

의 아몬 사제들은 아닐 것이다. 왜냐면 아크나톤은 헬리오폴리스 사제와 차이가 많은 테베 사제들의 우주 교리에 전적으로 반대하고 있었기 때문이다. 따라서 헬리오폴리스의 천문 사제들일 가능성이 높다.

헬리오폴리스 사제들은 최초의 신전과 기념물이 호루스-왕들보다 수천 년 전에 이집트를 다스렸던 신성한 종족이 건설한 것으로 믿고 있었다. 토리노 파피루스에 따르면 셈수-호르는 기원전 3100년경 상·하 이집트가 통일되기 전에 1만 3420년 동안 이집트를 다스렸다. 1만 3420년이란 기간은 구전으로 전해 온 것이기 때문에 진위 여부에 연연할 필요는 없다. 중요한 것은 네체루 신들과 셈수-호르에서 시작되는 연대기를 믿고 있었다는 점이다.

호루스-왕들은 신성한 선조들이 다스렸던 장소도 물려받았다. 그들이 거주하던 헬리오폴리스의 주변은 조상신들의 장소로 여겨졌고 최초의 신전과 기념물이 건설되었다. 물론 이곳에는 투트모세 4세의 스핑크스 석비에 '로스타우… 헬리오폴리스의 서쪽 지평선', '최초의 시대의 빛나는 장소'로 묘사되었던 기자도 포함되어 있었다. 대스핑크스와 기자 피라미드가 있는 곳은 신들의 지평선을 의미하기 때문이었다.

헬리오폴리스 사제들이 믿고 있던 우주 원리는 대피라미드의 설계 및 목적과 연관될뿐더러 제3~6왕조시대에 건설된 피라미드 부지, 즉 아부

위 | 이집트 제6왕조 파라오인 테티의 피라미드 왕의 방 동쪽 벽에 새겨진 피라미드 문서 | 사카라 소재

루아이시, 아부시르, 사카라, 다슈르 등의 건축물과도 관련이 있다. 당시 이곳은 고왕국시대의 수도인 멤피스의 묘지의 일부로 건설된 곳이었다.

기원전 2678년경 제3왕조의 파라오 조세르를 위해 계단식 피라미드를 설계한 건축가 임호테프도 헬리오폴리스의 대사제였다. 그리고 제5~6왕조 때 건설된 피라미드의 내부 벽에 새겨진 '피라미드 문서'들도 모두 헬리오폴리스 교리에서 차용한 것이었다.

헬리오폴리스 사제단이 정말로 장로문화에서 비롯된 오랜 전통과 비밀스런 지식을 전수받았다면 아크나톤은 분명히 이를 알고 있었을 것이다. 입문 과정이 있었는지, 개인 교습을 받았는지는 알 수 없지만 그가 습득한 비밀 지식은 그

왼쪽 | 임호테프 사원(사진에서 좌측) | 필라이의 이시스 신전 제1탑문 앞 소재

의 생애에 커다란 영향을 미쳤을 것이다. 그럼 아크나톤의 부친 아멘호테프 3세와 헬리오폴리스의 태양 신앙을 후원했던 할아버지 투트모세 4세도 알고 있지 않았을까.

이 문제를 푸는 실마리는 대스핑크스의 모래를 치웠다는 사실에 있다. 투트모세 4세는 단순히 꿈대로 파라오가 되기 위해, 그리고 미학적, 종교적 목적 때문에 이러한 행동을 하지 않았을 것이다. 그렇다고 해서 헬리오폴리스 사제들로부터 스핑크스 구획의 발굴을 허가받을 필요도 없었을 것이다. 그럼 뭔가를 찾고 있었던 것일까.

투트모세 4세가 세운 스핑크스 석비를 보면 지하 신전에서 쉬고 있는 스핑크스를 파라오가 경배하는 모습이 새겨져 있다. 혹 스핑크스 지하에 있다는 비밀의 신전이나 방을 암시하는 것은 아닐까. 정말 궁금한 일이 아닐 수 없다. 어쩌면 헬리오폴리스 사제들이 찾고 있었던 것인지도 모른다.

뚜렷한 증거가 없는 상황에서 이 문제를 더 이상 논의하기는 힘들다. 그러나 투트모세 4세, 아멘호테프 3세, 그리고 아크나톤이 헬리오폴리스 사제들과 직접적으로 관련이 있는 비밀 지식 혹은 뭔가를 발견하기 위해 그들을 후원했을 가능성은 상당히 높다. 만일 그렇다면 아크나톤이 그의 종교 원칙을 저버리고 왜 자신을 스핑크스로 묘사했는지를 이해할 수 있다. 분명한 이유는 알 수 없지만 장로신들의 잃어버린 세계를 재창조하려고 시도한 것이 아닐까 라고 추정된다.

그런데 아크나톤의 1인 혁명은 실패로 끝났다. 어쩌면 너무 많은 사람들의 노여움을 샀기 때문에 성공할 가능성이 처음부터 없었는지 모른다. 그는 사후에 이집트 역사의 반역자, 이단자로 간주되었고 갖가지 저주를 받았다. 아무도 그의 이름을 입에 담지 않았고 그저 오사르시프와 모세라는 이름으로 언급되었을 뿐이었다. 마네토와 아피온의 저작물, 그리고 고대 히브리 지도자의 성서는 그가 바로 이스라엘의 유대교 혁명을 촉발시켰다고 언급하고 있다.

예루살렘 교회는 기원전 1세기경 사해에서 보수적이지만 금욕적인 삶을 살았던 모세의 추종자들이 세운 것이다. 복음서가 믿을 만한 것이라면 이 신흥 종교는 '시대의 정신'이 되고자 했던 누군가에 의해 세상에 나왔을 것이다. 이때 성스러운 영혼을 가진 새는 불사조가 아니라 하얀 비둘기였다.

혼돈에서 질서가 생기고 질서에서 혼돈이 생긴다.

아크나톤 재위 당시, 헬리오폴리스 사제들은 이집트를 유일신 왕국으로 바꾸려는 시도에 핵심적인 역할을 수행했다. 그들 중 몇몇은 최초의 아톤 사제가 되어 아마르나 수습 사제를 가르쳤을 것이다. 그리고 살아남은 아톤 신앙의 추종자들은 기원전 1307년경 람세스 1세와 세티 1세가 공동으로 다스리던 시기에 있었던 출애굽 사건 당시 히브리인들과 함께 있었음이 거의 확실하다. 헬리오폴리스 사제들 가운데 몇 사람이 히브리인들과 함께 시나이와 파란의 황무지로 갔을까. 마네토와 아피온의 말을 믿는다면 오사르시프-모세라는 종교 개혁가뿐이다.

앞에서, '주님 군대의 장수'라는 인물이 여호수아에게 나팔 소리로 예리코 성벽을 무너뜨리는 방법을 알려 주었다고 했다. 이 사건과 예리코 성의 함락이 실제로 일어났다면 그는 하느님의 성스러운 사자使者가 아니라 소리 기술에 정통한 보통 사람이었을 가능성이 높다. 아니면 여호수아 군대의 진격을 가까이 관찰한 아톤 사제이거나 헬리오폴리스 사제가 아니었을까. 만약 장로신들의 고대 과학과 기술이 전달되었다면 호루스-왕과 헬리오폴리스의 천문 사제들일 것이다.

지금 내가 언급할 수 있는 이야기는 이 정도다. 물론 그 이상의 일이 벌어졌는지도 모른다. 헬리오폴리스 사제들이 신성한 종족과 관련된 다른 증거를 갖고 있는지도 모를 일이다. 어쩌면 네체루 신들과 신성한 존재들이 최초의 신전과 기념물을 건설했던 장소에 관한 것일 수도 있다.

투트모세 4세의 스핑크스 석비에는 '신들의 신성한 길'이 헬리오폴리스에서 기자-로스타우, 즉 서쪽 지평선으로 뻗어 있다고 적혀 있다. 나는 '신성한 길'의 끝에 무엇이 있는지, 헬리오폴리스 사제들이 기자를 '최초의 시대의 빛나는 장소'로 생각했던 이유가 무엇인지를 알고 싶었다.

제12장

로스타우의 비밀

현대인에게 태양은 아침에 떠올라서 저녁에 지는 게 지극히 당연한 현상이다. 태양이 밤에 사라지는 것을 걱정하지 않는다.

그러나 고대 이집트인들은 전혀 다르게 생각했다. 그들은 해가 지면 태양이 어디로 가는지에 특별한 관심을 갖고 이에 관한 신화 체계를 형성했다. 태양이 서쪽 지평선으로 지면 암-두아트*am-duat*(두아트*tuat*라고도 한다)라는 암흑세계를 통과하는 복잡한 여행을 하는데 밤의 구역 혹은 '시간'으로 알려진 열두 부분으로 나누어져 있다는 것이 이집트 신화의 주요 골격이다. 자세한 내용을 보자.

숫양 머리를 한 위대한 태양신 아툼은 뱃머리가 높은 범선 위에 서 있다. 모든 신과 악마와 영혼이 살고 있는 각각의 '시간'을 통과할 때마다 작은 신들의 무리가 배를 끌고 간다. 태양신은 불구덩이, 살인용 흉기, 펄펄 끓는 개울, 불쾌한 악취, 난폭한 뱀, 포악한 동물 등 갖가지 장애물을 피해야만 한다. 한 시간에서 다음 시간으로 넘어가기 위해 마법의 주문을 외우면 뱃머리의 우라에이-뱀(우라에우스의 복수형)들이 암흑을 비추는 영원한 빛을 마련한다. 마침내 12시간의 여행을 성공적으로 끝마치면 태양은 새벽녘에 동쪽 지평선에서 다시 태어난다. 그리고 이 과정은 시간의 종말이 올 때까지 밤마다 계속된다.

위 | 고대 이집트의 〈두아트의 서〉를 묘사한 람세스 3세의 석관 부조 | 루브르박물관 소장

제5~6왕조의 '피라미드 문서'처럼 태양의 암-두아트 여행에 관한 기록은 파라오가 죽은 뒤 지하세계를 통과할 때 별자리표나 길잡이의 역할을 했다. 이때 파라오는 사후*Sahu* 또는 오리온 성운의 형태로 오시리스 신과 하나 되는 과정을 밟는 것으로 되어 있다. 그리고 두아트 묘사의 상징성 속에는 수많은 별들의 주제가 들어 있다. 그 가운데 지하세계에 관한 것은 태양이 밤 동안 여행하는 천체를 반영한다.

여러분은 이것이 두아트 신화의 전부라면 태양이 사라지는 것을 설명하기 위해 헬리오폴리스 사제들이 만든 우주 철학이론이라고 대수롭지 않게 여길지 모른다. 실제로 파라오 시대의 후반기에는 그런 인식이 지배적이었다. 그러나 이 신화의 기원을 자세히 살펴보면 왕조시대에 훨씬 앞서 이집트에 존재했던 지하세계의 상징적 기록에 관한 흔적이 있다는 것을 알 수 있다.

문 지키는 수호자

지하세계와 관련된 고대 이집트의 문서로는 〈낮에 나옴의 서*Per-em-hru*〉 혹은 〈사자의 서*Book of the Dead*〉 테베 수정판과 〈두아트의 서*Shat-ent-am-tuat*〉, 그리고 〈문의 서*Book of Gates*〉 등이 있다. 이 가운데 〈두

위 | 고대 이집트의 〈사자의 서〉(아니 판본) | 기원전 1200년경 작품 | 대영박물관 소장

아트의 서〉를 보면 놀랍게도 친숙하게 느껴지는 형상을 찾아볼 수 있다.

두아트에는 외부 세계와 통하는 2개의 문이 있다. 태양이 지는 서쪽 산에는 입구, 태양이 떠오르는 동쪽 지평선에는 출구가 있다. 이 2개의 문을 아케르*aker* | *akeru*가 지키고 있는데 그림에서는 보통 사자 머리나 앞발만 보인다. 일반적으로 아케르는 서로 등을 기댄 두 마리의 사자나 머리가 둘 달린 괴물로 묘사된다. 그리고 두아트의 입구는 디즈니의 영화 '알라딘'에 나오는 동굴처럼 사자의 벌려진 입처럼 생겼고 태양신은 이곳을 통해서만 지하세계로 들어갈 수 있다.

여기서 수호자에 대한 이야기는 논의의 초점을 벗어난 주제다. 왜냐면 돌사자를 입구의 수호자로 삼는 것은 고대 세계의 일반적인 현상이기 때

아래 | 고대 이집트의 〈문의 서〉를 나타낸 람세스 4세의 무덤 벽화 | 테베 왕가의 계곡 소재

문이다. 청동기시대에 건축된 미케네의 사자문이나 고대 아시리아 제국에서 가장 오래된 도시 니네베의 날개 달린 황소가 그 좋은 예다.

양쪽 지평선의 두 마리 사자는 원래 무엇을 나타낸 것이었을까. 순수하게 상징적 동물이었을까. 아니면 해가 뜨고 질 때 천구 지평선에 실제로 존재했던 사물이었을까. 아케르-사자가 태양이 뜨고 지는 경로, 즉 황도선에 있기 때문에 황도 12궁 가운데 하나를 나타냈을 것이고 사자자리를 의미한다는 것은 쉽게 알 수 있다.

그렇다면 우리가 알고 있는 이집트 점성학과 모순되는 점은 없을까. 최초로 기록된 〈두아트의 서〉에는 사자자리가 하지 전날 일몰시에만 서남서쪽 지평선에서 스러지는 태양을 받아들일 것이라고 쓰여 있다. 그리고 다시 태어난 태양을 다음날 새벽 동남동 지평선에 내놓을 것이며, 이때 태양과 함께 떠오를 것이라고 했다.

'피라미드 문서'에도 하짓날 일출 직전에 사자궁이 천계에서 붉게 떠오른다는 구절이 있어서 두아트의 기록과 일치한다. 이 문서는 또 시리우스 별이 하지에만 태양과 같이 떠오른다고 암시하고 있는데 이때는 아프리카 적도 부근에 있는 높은 산의 눈이 녹아서 나일강이 범람하는 시기이기도 하다.

이러한 내용은 14세기의 아랍 연대기 학자 알-마크리지의 견해와도 일치한다. 그는 헬리오폴리스 사제들이 오벨리스크를 이용해서 연중 해

아래 | 고대 이집트의 〈사자의 서〉(아니 판본)에 묘사된 아케르 | 대영박물관 소장

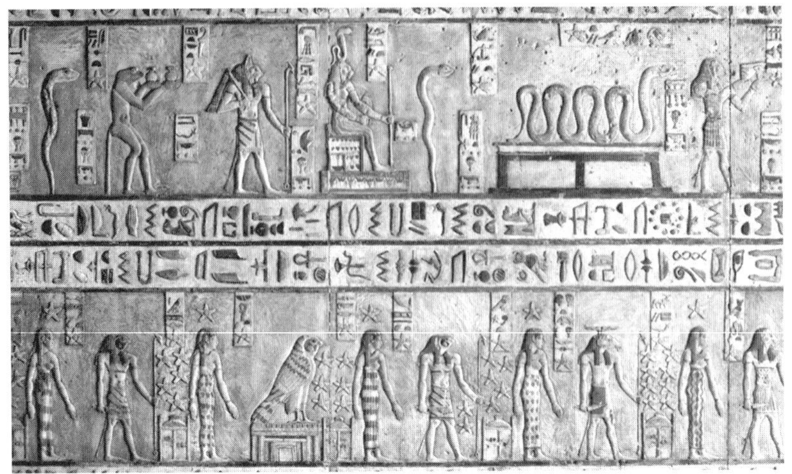

위 | 고대 이집트에서 태양의 여정을 나타내는 바키우의 움직임을 묘사한 하토르 신전의 부조(부분) | 단다라 소재

가 가장 짧은 날과 가장 긴 날을 알아냈다고 했다. 그레이엄 핸콕과 로버트 보발 역시 저서 《창세의 수호신》에서 하라크티 혹은 레-하라크티를 암시했고 하지 직전 70일 동안의 사자자리 움직임이 피라미드 문서에 언급되고 있다는 것을 밝히고 있다.

분명히 태양신이 두아트의 12 '시간'을 여행한다는 이야기는 황도대의 12궁을 지나가는 태양의 여정을 의미하는 것처럼 보인다. 이 여행은 태양이 지점至點에 도달하는 순간, 사자자리에서 시작하여 사자자리에서 끝난다. 납득할 만한 설명이긴 하지만 이 해석을 받아들이기에는 중대한 문제가 있다.

이집트학 학자들에 따르면 신화에서의 암흑의 12 '시간'은 바키우 *bakiu*라는 36개의 별자리로 구성된 천문 구조에서 나왔다.

하짓날 시리우스 별이 태양과 함께 최초로 나타난 것을 시작점으로 해서, 각각의 별자리들은 다음 바키우에 길을 내주기 전의 열흘 동안 태양과 함께 떠오른다. 그리고 다음 바키우는 열흘 동안 머무른 뒤, 그 다음 바키우에게 자리를 내준다. 이렇게 계속하여 36개의 별자리가 지나가는데 이 열흘간의 기간을 그리스어로 데칸*decans*, 이집트어로 바키우라고 한다. 열흘로 이루어진 데칸의 36부분은 1년의 360일을 이루고 헬리오폴리스에 속했던 네체루 신들 중 다섯 명에게 바친다는 뜻으로 닷새의 윤

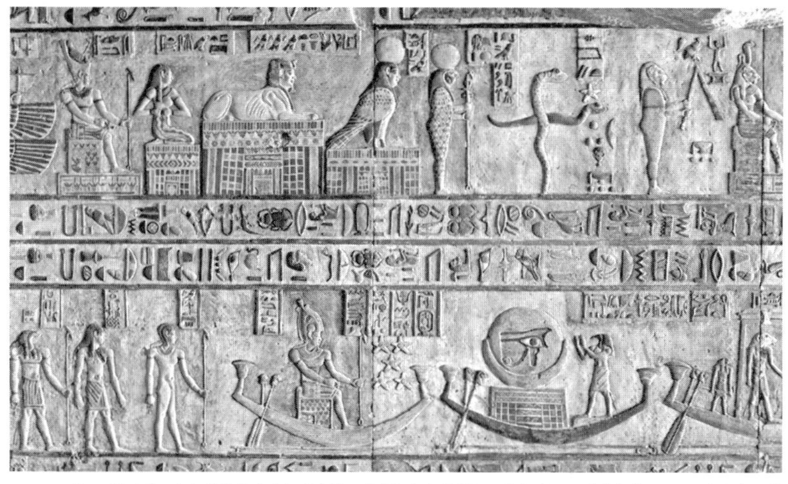

위 | 고대 이집트에서 태양의 여정을 나타내는 바키우의 움직임을 묘사한 하토르 신전의 부조(부분) | 단다라 소재

날을 남겨 두었다. 결국 두아트의 12시간으로 여겨진 것은 바키우의 움직임이라는 것이다. 그리고 36개의 별자리 가운데 12개 이상은 시리우스별이 최초로 떠오르기 전인 암흑의 시간에 나타난다. 따라서 두아트-지하세계가 12구역으로 분할되었음에도 불구하고 이 기간은 실제 시간이나 황도 12궁을 지나가는 태양의 경로와는 전혀 관계가 없다는 것이 천문학자와 이집트학 학자들의 견해다.

그러나 36데칸의 야간 달력은 중왕국 시대(기원전 2100~1796년경)에만 사용되었고 별자리와 달력 체계의 중요성에 관해 상·하 이집트의 견해가 다르다는 증거가 있다. 하짓날이 고대 이집트의 우주 신화와 의례에서 중요한 역할을 한 것이겠지만 태양신이 두아트에서 보낸 12시간의 비밀을 밝혀 주는 또 다른 해석도 가능하다는 이야기다.

앞서 언급했듯이, 헬리오폴리스 사제들은 스핑크스가 지평선의 호루스로 표현된 태양신 레-하라크티(하라크티)의 사자 형상이라고 생각했다. 두아트의 동쪽 지평선 출구를 지키는 2개의 아케르-사자 가운데 하나를 형상화한 것이라고 여겼다.

레-하라크티와 아케르-사자가 연관이 있다는 것은 스핑크스와 사자자리가 직접 관련되어 있음을 암시한다. 즉, 대스핑크스는 피라미드 시대의 하짓날, 사자자리와 태양이 함께 떠올랐던 장소가 아니라 그보다 8000여 년 전인 사자자리 시대의 춘분날에 함께 있었던 장소를 응시하고 있는 것이다.

태양이 하짓날이 아니라 춘분날에 두아트 여행을 했다면 열두 부분의 구획은 일리가 있다. 암흑과 빛이 12시간씩 똑같이 존재하는 시간은 주야평분시밖에 없기 때문이다. 그렇다면 헬리오폴리스의 천문 사제들은 태양이 춘분 전날 일몰 때, 서쪽 지평선에 나타나는 사자자리 아케르-사자의 보호를 받는다고 생각했을 것이다. 그리고 '정확한' 12시간의 암흑을 통과하면 사자의 보호에서 벗어나 주야평분시 새벽에 동쪽 지평선에 떠오른다고 봤을 것이다.

분명히 태양은 사자자리 시대에만 사자자리의 별들 속으로 사라지고 나서 정확하게 12시간 뒤의 새벽에 그 별들과 함께 떠올랐을 것이다. 그렇다면 스핑크스가 레-하라크티와 아케르-사자의 형상을 취한 이유가 설명이 된다. 왜냐면 스핑크스는 사자자리 시대에만 동쪽 지평선의 사자궁을 응시하고 있기 때문이다.

나는 두아트와 천구 지평선, 암흑 속의 12시간의 관계에 대해 믿을 만한 해석은 이것뿐이라고 생각한다. 춘분은 한 시대의 천문학적인 영향력뿐만 아니라 황도 12궁에서 정확한 제로零를 나타내기 때문에 두아트와 황도 12궁은 연관성을 가질 수밖에 없다. 두아트-지하세계를 통과하는 태양의 이상적인 시기가 춘분날 밤이라는 이론 또한 모든 정황과 맞아떨어진다. 하지만 이것은 사자자리 시대에만 적용된다.

그렇다면 분점을 표시하기 위해 스핑크스를 건설한 장로신 시대에 이러한 개념을 발전시킨 것일까. 이것이 사실이라면 후대에, 아마도 피라미드 시대에 세차운동을 고려하여 두아트와 관련된 전체 신화를 변형시켰다는 이야기가 될 것이다. 지금은 춘분날에 사자자리가 뜨고 지는 것이 아니라 하짓날에 그러한 현상이 일어난다. 그리고 태양과 함께 떠오르는 시리우스 별과 나일강의 범람 시기가 일치한다.

결국 헬리오폴리스의 천문 사제들이 천구 지평선의 중요성에 관한 기존 견해를 완전히 바꾼 셈이다. 물론 스핑크스가 응시하는 방향은 주야

오른쪽 페이지 | 아툼 신이 지하세계의 12시간을 여행하는 장면이 묘사된 람세스 6세 무덤의 천정 벽화 | 룩소르 소재

평분시 지평선에 고정되어 두아트라는 고대 개념을 간직하고 있다. 또 두아트는 두 마리의 아케르-사자와 '정확한' 12시간의 밤이라는 주제와 관련되어 있다. 그리고 12시간의 밤은 오늘날 황도 12궁을 의미하는 바키우라는 36별자리와 동일시되고 있다.

태양신의 여정

스핑크스와 두아트 사이의 천문학적 연결고리를 밝혀냈으니 이제부터는 신화 속의 지하세계와 기자고원의 관계를 조망해 보자. 우선 〈두아트의 서〉에서 두아트의 12구역을 통과하는 태양신의 여정부터 추적하자. 여기서 인용하는 〈두아트의 서〉는 영국의 E. A. 월리스 버지가 번역한 《이집트의 천국과 지옥》이란 저작물에 수록되어 있다.

태양 범선 위에 서 있는 태양신은 서쪽의 '뿔*horn*' 혹은 산을 통해 지하세계로 들어간 뒤, 최초의 시간인 아리트*arrit*, 즉 입구 방에 다다른다. 갑자기 밀려온 어둠 속에서 여러 신과 동물이 다가오자, 마법의 주문을 외워 두 번째 시간의 통로로 들어간다. 그리고 더 많은 시련과 고난을 겪은 뒤, 세 번째 시간으로 들어가는 것을 허락받는다. 이때부터 암-두아트 문서에 기묘한 변화가 생긴다. 태양신이 밤의 네 번째와 다섯 번째 시간으로 내려가면서 이야기 형식이 달라지는 것이다.

아래 | 고대 이집트의 〈두아트의 서〉 첫 번째 시간을 묘사한 투트모세 3세 무덤 벽화 | 테베 왕가의 계곡 소재

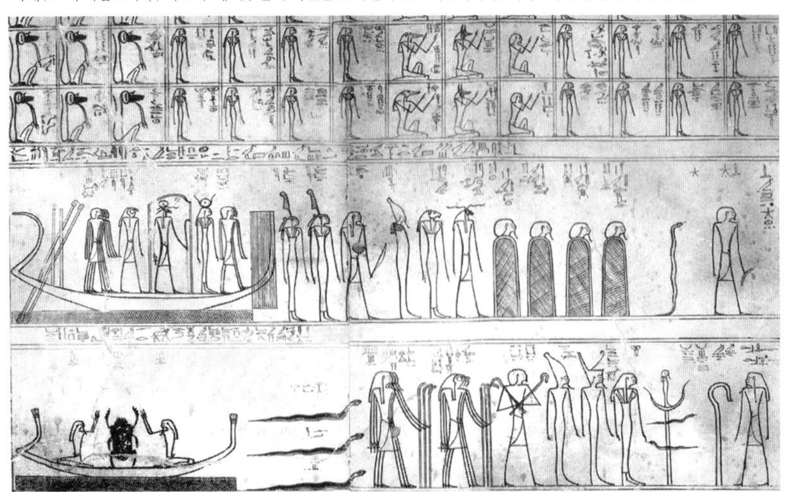

위 | 세케르(소케르)와 투트모세 3세 | 하트셉수트 신전의 아누비스 예배당 벽화 | 다이르알바리 소재

태양 범선은 두아트의 중심 구역인 이곳의 장애물 위를 지나가는데 이 비밀 구역은 '왕국'이나 '영역', '세케르*Seker* 혹은 소카르*Sokar*의 집'이라고 불린다. 여기서 세케르 혹은 소카르라고 불리는 매 머리의 신은 기자를 포함한 피라미드 구역이 있는 멤파이트 묘지, 즉 멤피스 묘역의 수호신을 가리킨다.

투트모세 4세가 세운 스핑크스 석비를 보면 기자의 이집트 명칭인 로스타우를 사용해서 스핑크스가 '로스타*Rosta*의 소카르 옆'에 앉아 있다고

아래 | 고대 이집트의 〈두아트의 서〉 네 번째 시간(일부)을 묘사한 람세스 3세 무덤 벽화 | 테베 왕가의 계곡 소재

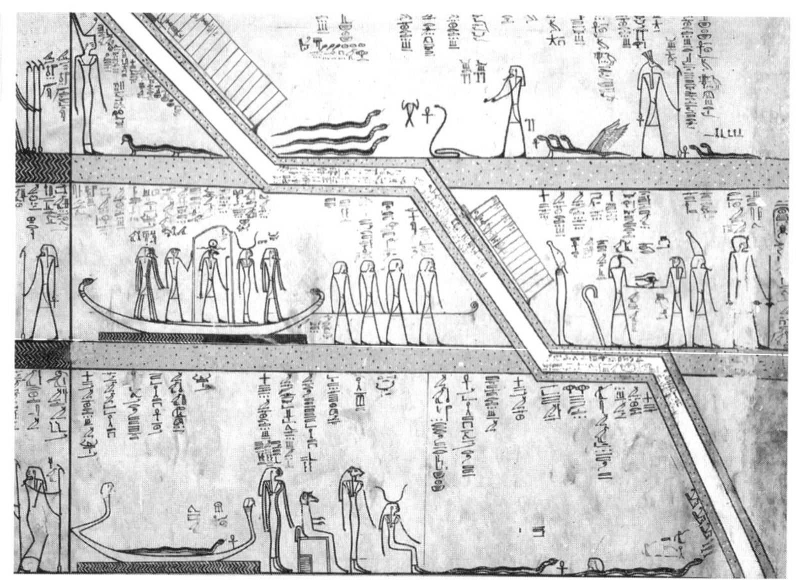

위 | 고대 이집트의 〈두아트의 서〉 네 번째 시간을 묘사한 투트모세 3세 무덤 벽화 | 테베 왕가의 계곡 소재

적혀 있다. 그리고 기자 및 두아트와 밀접한 연관이 있는 지하세계의 신 오시리스의 형상을 띠고 있다.

이어, 태양 범선은 기다란 하강 통로를 통해 소카르의 영역으로 들어간다. 하강 통로에는 위쪽에 직사각형 구획이 있는데 대피라미드 안의 상승 통로, 대회랑과 비슷한 모양이다. 하강 통로의 명칭은 레-스타우 *Re-stau* 혹은 로스타우이고 '레-스타우의 비밀의 길 … 모래 속에 숨겨져 보이지 않는 비밀스런 세케르의 몸이 들어가는 길'이라고 되어 있다.

투트모세 4세의 스핑크스 석비에는 기자-로스타우가 '신들의 신성한 길'에 있다고 적혀 있다. 그렇다면 그 '길'은 네체루 신들이 여행했다는 지하 통로 혹은 복도였다는 이야기다.

아주 흥미로운 사실이다. 더욱이 두아트의 12구역 중 나머지는 사자자리 시대와 관련된 천체 형상을 상징적으로 나타낸 것으로 보이는데 네 번째와 다섯 번째 시간, 즉 소카르의 집은 기자를 의미한다는 게 이집트의 학자 셀림 하산이 내린 결론이었다. 그는 "원래 다섯 번째 구역은(네 번째 구역 포함) 두아트가 변형된 것이며 기자 묘지에 지리적 대응물이 있다"고 주장하고 있다.

두아트-지하세계

로스타우의 '신들의 신성한 길'은 네 번째에서 다섯 번째 시간을 통과하면서 서서히 하강하는데 이곳 통로에도 위쪽에 직사각형 구획이 달려 있다. 이어 '소카르의 집' 중심부로 들어가면 땅이 올라와 텅 빈 언덕과 만나게 된다. 이때 태양신의 수행원들은 태양 범선을 여자 머리가 있는 꼭대기의 언덕으로 끌고 간다. 언덕 위에는 태양신 레 모습의 케프리-스카라브*khepri-scarab*가 종 모양의 둥근 물체에서 내려오는 형상을 취하고 있다. 그리고 둥근 물체의 양쪽에는 번역자 월리스 버지가 '매'라고 언급한 두 마리의 새가 앉아 있다. 그는 '매'를 다음과 같이 정의하고 있다.

> 옴팔로스의 꼭대기이자 소카르의 꼭대기에는 두 마리의 새가 서로 마주보고 있는데 고대 도상학에서 비둘기처럼 보이는 이 새들은 자오선과 위도선의 일반적인 상징이다.

종 모양을 한 둥근 물체의 정체는 무엇일까. 월리스 버지는 어둠의 상징이 표면에 표시되어 있다는 점에서 '세케르의 지하세계'라고 해석했다. 그러나 나는 리비오 스테치니가 주장했듯이 헬리오폴리스, 테베, 델포이의 예와 마찬가지로 벤벤-스톤 혹은 옴팔로스의 상징이라고 생각한다. 소카르의 집 중심부에 있다는 점에서 두아트의 중심일 뿐만 아니라 최초

아래 | 고대 이집트의 〈두아트의 서〉 다섯 번째 시간을 묘사한 투트모세 3세 무덤 벽화 | 테베 왕가의 계곡 소재

의 창조 지점이라고 보기 때문이다. 만약 내 견해가 맞다면 그 아래에 있는 언덕은 태초에 위대한 신의 창조 행위가 있었던 원시의 언덕을 의미할 것이다.

언덕 바로 밑에는 기다란 타원이 있고 그 안에는 매 머리를 한 인물이 날개와 머리가 둘 달린(때때로 셋 달린) 뱀 뒤에 서 있다. 세크리*Sekri*라고 불리는 이 신은 소카르의 변형된 모습이며 타원 자체는 '세크리의 땅'이라고 불려진다. 월리스 버지는 이 기묘한 모양의 곡선이 '두아트의 강에 있는 타원형 섬'을 나타낸다고 해석했다.

타원형 양쪽에는 사람 머리 모양의 두 스핑크스가 앞면의 4분의 1만 보인 채 '세크리의 땅'을 등지고 있다. 아프*Af*라고 알려진 이 스핑크스는 태양신의 형상을 수호하는 역할을 맡고 있는 것으로 미루어, 두아트-지하세계의 입구와 출구를 수호하는 아케르의 또 다른 형태임이 분명하다. 바로 이러한 점들이야말로 소카르의 집과 관련된 신화가 셀림 하산의 주장처럼 별개의 함축적인 형태로 두아트 개념을 나타낸 것이며 12시간의 밤을 좀 더 일반적으로 기술한 변형이라는 증거가 될 것이다.

어쨌든 '소카르의 집'은 기자-로스타우와 직접 관련 있는 지하세계를 반영하기에 그 이상의 의미를 지닌다고 할 수 있다. 즉, 다섯 번째 시간 중심부의 피라미드형 언덕 아래에 있는 타원형 또는 '섬'을 지탱하는 두 마리의 사자는 기자의 스핑크스를 나타내는 것일 테고 로스타우와 두아트의 통로는 기자고원 지하에 터널, 복도, 비밀의 방, 비밀 지식 등이 존재한다는 것을 암시하는 것이 아닐까 싶다. 모르긴 해도 이 지식은 헬리오폴리스 사제들이 작성한 두아트-지하세계의 상징적 기록에 우연히 혹은 계획적으로 보존되었을 가능성이 높다.

사실 기자고원의 모래 밑에 두아트-지하세계를 표현한 물리적 실체가 있다는 가정은 새로운 사실이 아니다. 지하수 침식으로 인해 지하 수로와 구멍이 무수히 많다는 것은 이미 널리 알려졌다. 더욱이 고대 자료에는 '지하세계'로 묘사된 동굴 같은 '비밀의 집'이 파라오 시대에 케르-아하*Kher-aha*라는 곳에 있다고 적혀 있다.

그렇다면 헬리오폴리스의 신성한 영지에 속하는 이곳으로 통하는 입구는 어디쯤일까. 아마도 올드카이로의 시가지 땅속에서 찾아볼 수 있을 것이다.

이집트학 학자인 압델-아지즈 살레가 기록한 전설에 따르면 성 세르기우스 교회의 지하실을 통해서 그곳에 갈 수 있다고 한다. 성 세르기우스 교회는 성모 마리아와 요셉과 아기 예수가 이집트로 피신했을 때 머물렀던 곳으로 전해지는 장소다.

위 | 카이로의 성 세르기우스 교회 내부

케르-아하는 종교적인 목적으로 사용된 지하 성소를 가리키는 용어이긴 하지만 '지하세계'가 기자고원 밑에 존재한다고 여기는 문제와는 아무런 관계가 없다.

여기서 중요한 것은 태양의 두아트 여행에 관한 신화의 변천 과정이다. 이집트학 학자들은 고왕국시대에 널리 퍼졌던 태양 숭배에서 기원했으며 그 후 순수하게 지하세계를 상징하는 개념으로 변형되었다고 주장한다. 반면에 셀림 하산은 훗날 오시리스 신으로 인격화된 조상 숭배의 요소도 포함되어 있다는 견해를 밝히고 있다. 즉, 오시리스는 사자死者의 무덤과 직접 관련이 있는 두아트에 머무르는 신이므로 헬리오폴리스 교의에서 나온 태양 숭배와는 별개일뿐더러 역사가 더 오래된 신앙이라고 판단한 것이다. 따라서 오시리스, 소카르, 기자의 옛 이름인 로스타우와 직접 관련이 있는 '무덤'을 두아트-지하세계의 구체적 형상으로 생각했을 가능성이 농후하다.

그렇다면 스핑크스 근처 어딘가에 최초의 시대로 거슬러 올라가는 지하세계의 입구가 존재한다는 이야기일까. 투트모세 4세가 스핑크스 주변의 모래를 치우려고 했을 때, 헬리오폴리스 사제들이 찾으려고 했던 것이 이것일까. 아니면 투트모세 4세와 아멘호테프 3세, 아크나톤이 스핑크스의 비밀의 방을 보고 네체루 신들과 신성한 존재들이 기자-로스타우의 최초의 신전과 건축물을 건설했다고 확신한 것일까. 그리고 이들 3명의 파라오가 헬리오폴리스를 전폭적으로 후원한 이유가 로스타우의 비밀을 알았기 때문일까.

기록의 홀

오늘날 심령학자들과 뉴에이지 신비주의자들은 기자 피라미드에 지하 미로가 있고 비밀의 방이 존재한다고 믿고 있다. 이들은 잃어버린 아틀란티스 대륙의 생존자나 외계인이 기자 피라미드를 건설했다고 주장한다. '잠자는 신비의 예언자'라 불리는 미국의 에드가 케이시가 1930년대 초반에 심령 치료 기록을 남긴 뒤, 그들은 기자 피라미드의 지하 건축물을 '기록의 홀'이라고 불렀다.

이러한 주장은 흥미롭기는 하지만 새로운 것은 아니다. 이미 로마 시대부터 기자 피라미드 근처에 '지하의 균열과 시린지라는 구불구불한 통로'가 있고 다가올 대홍수로부터 고대 의례의 기억을 보존하기 위한 목적으로 건설되었다는 이야기가 있었다. 앞서 봤듯이, 후대의 아랍 역사가들은 콥트교에도 유사한 전설이 있다고 기록하고 있다.

1993년 비로소 뉴에이지 집단의 환상만은 아닌 것으로 판명되었다. 독일의 로봇 전문 엔지니어인 루돌프 간텐브린크가 제작한 최첨단 로봇이 대피라미드의 왕비의 방 남쪽 통로 끝에서 미지의 방을 발견한 것이다. 그리고 그 해 가을, 스핑크스 구획 아래의 기반암에 가로 9m, 세로 12m의 직사각형 방이 있다는 것도 확인되었다.

1991년부터 발굴 작업을 진행한 미국의 지진학자이자 지구물리학자인 토머스 도베키는 "직사각형 방은 자연적으로 생긴 공간이 아니라 인공적으로 만들어진 것으로 보인다"고 했다.

1996년 플로리다대학과 미국의 사업가 조셉 쇼어가 창설한 쇼어 재단의 지구물리학자들은 스핑크스 구획에서 실시한 지진파 탐사에서 새로운 장을 열었다. 기반암 아래에 9개 이상의 방이 있다는 것을 밝혀낸 것이다. 이집트 고대유물최고위원회의 자히 하와스 역시 관광객에게 위험을 초래할지도 모를 단층과 공동空洞을 찾아낸다는 목적 하에 조사를 진행시켰는데 그의 진짜 목적은 토머스 도베키의 발굴 결과를 확인하고 '기록의 홀'로 들어가는 입구가 있는지를 알아보려는 것이었다.

토머스 도베키와 쇼어 재단의 탐사팀이 발견한 것은 무엇이었을까. 지하수 침식에 의한 공동일까. 아니면 파라오 시대의 이집트인 또는 장로신들이 인공적으로 만든 구조물일까.

이 방이 '기록의 홀' 입구와 관련이 있다고 주장하는 사람도 있다. 예컨대, 에드가 케이시는 21세기가 도래하기 직전에 '기록의 홀'이 발견될 것이라고 예언하면서 이곳으로 연결되는 '방'이 '스핑크스 앞발 사이,' 보다 정확하게 오른쪽 앞발 밑에 있다고 했다. 최근 이곳을 조사한 것도 그 때문이었다.

때가 오면 이 예언이 맞는지 틀리는지를 알게 될 것이다. 그러나 가장 중요한 것은 그 안에 무엇이 있느냐 하는 점이다. 만일 기자의 지하세계와 관련되는 것이라면 누가 왜 그것을 만들었을까. 에드가 케이시의 추종자들이 믿고 있듯이, '아틀란티스의 역사, 역사 기록, 먹거리에 관한 정보, 혼합 약물, 악기와 악곡' 등 잃어버린 문화의 기억을 보존한 일종의 박물관일까. 어쩌면 더 심오한 목적이 있는지도 모르겠다.

헬리오폴리스 사제들이 두아트-지하세계의 네 번째, 다섯 번째 시간 속의 '소카르의 집'과 로스타우의 '길'에 관해 기록했다는 문서에는 이에 관한 내용이 언급되어 있지 않다. 그렇다면 전혀 다른 영감의 원천을 찾아야 할 것이다.

이집트 남부에 위치한 고대 도시 이드푸에는 프톨레마이오스 신전이 있고 이곳에는 최초의 시대의 신들을 찬양하는 신화와 의례가 상형문자로 기록되어 있다. 아무래도 이곳에서 장로신들의 궁극적인 유산을 찾는 여정을 계속해야 할 것 같다.

제13장

신들의 섬

룩소르에서 남쪽으로 87㎞ 떨어진 이드푸에는 제32왕조(프톨레마이오스왕조) 프톨레마이오스 3세 때 짓기 시작한 건축물이 있다. 기원전 237년에 시작했지만 프톨레마이오스 11세가 재위하던 기원전 57년에도 완성되지 않았다고 기록되어 있다.

건축물의 석조 벽에 새겨진 전설에 따르면 이 신전은 '하늘에서 멤피스의 도시 근처 지상으로 떨어진' 신성한 계획에 따라 설계된 고건축을 대체한 것이었다. 건축가는 멤피스 출신으로 헬리오폴리스의 대사제였던 임호테프와 그의 부친 카네페르였다. 두 사람은 제3왕조의 조세르 통치기에 이 지역 최초의 신전을 건설했고, 특히 임호테프는 기원전 2678년경 사카라에 계단식 피라미드를 건설한 인물이기도 하다.

그러나 보다 오래된 전설에 따르면 불가사의한 셈수-호르, 즉 호루스

아래 | 호루스 신전 탑문 | 이드푸 소재

위 | 호루스 신전 벽에 새겨진 건물문서 | 이드푸 소재

의 추종자들로부터 유래한 것이라고 한다. 파라오 시대가 도래하기 훨씬 전에 그들의 지도자 베데트*Behdet*의 호루스를 기리어 이곳에다가 숭배지를 세웠다는 것이다. 고대 이집트의 종교 문헌에는 지도자의 패권 장악을 위해 셈수-호르가 신들의 메스니우*mesniu*, 즉 대장장이가 되어 무기를 만들었다고 쓰여 있다.

셈수-호르가 이곳에 거주했음을 암시하는 이 전설은 이드푸의 프톨레마이오스 신전 벽을 장식한 '건물 문서'를 이해하는데 중요한 단서가 된다. 나는 이드푸의 '건물 문서'가 있다는 것을 1985년에 처음 알았다. 미국의 고대 미스터리 작가 조셉 요크만즈의 저서를 읽으면서, 이드푸 신전의 '건물 문서'가 고대 종족에 관한 증거라는 것을 알았고 E. A. E. 레이몬드의 《이집트 신전의 신화적 기원》도 읽었다. 그녀는 이드푸의 '건물 문서'에 원시시대의 기묘한 세계에 대한 내용이 담겨져 있다는 것을 밝혀낸 이집트학 학자이다.

창조의 최초의 시기

이드푸에서 발견된 '건물 문서'들은 대부분 잃어버린 먼 옛날의 저술에서 발췌한 것들이다. 토트 신이 썼다고 전하는 〈초기 원시시대 언덕에 관한 설명〉, 〈신들이 살던 초기 원시시대의 신성한 책〉, 〈연꽃 제물〉 등이

위 | 글을 쓰는 토트 신 | 람세스 2세의 장제전(라메세움) 부조 | 테베 소재

원본이라고 한다. 이 모든 기록은 신성한 섬의 원시 대양인 '눈*Nun*'에서 서서히 나타났다고 하는데 이 원시 대양은 헬리오폴리스 전통에서 말하는 원시의 언덕을 지칭하는 것이다.

사건은 셉 테피 혹은 최초의 시대, 레이몬드의 번역으로는 '최초의 때'에 다음과 같이 일어난 것으로 묘사되어 있다.

알*Egg*의 섬으로 알려진 원시의 언덕을 호수가 감싸고 있고 호숫가에는 웨트제세트-네테르*Wetjeset-Neter*(때때로 *Wetjeset-hor*)라는 신성한 '갈대밭'이 있다. 이곳에 제드-기둥을 세웠는데 최초의 신성한 주민 60명을 위한 것이었다. 드르티-매*drty-falcons* 혹은 현자의 집단이 이들을 데려왔고 픈-신*pn-god* 혹은 '이 사람'이라고 불리우는 불가사의한 인물이 다스렸다. 카스*Kas*, 날아다니는 바*Ba*, 헤테르-헤르*Heter-her*라는 이름을 가진 집단도 있었다. 정체불명의 이들은 세상의 나머지가 창조되기 전에 창조의 씨앗으로 존재했다. 가장 놀라운 사실은 이들이 헬리오폴리스 전통에서 숭배되던 대大엔네아드와 소小엔네아드의 신들, 즉 네체루 신들보다 앞서 나타났다는 점이다.

이드푸 문서는 총칭하여 '고향'이라고 불리는 알의 섬과 웨트제세트-네테르를 둘러싼 사건을 상세하게 다루고 있다.

우선 창조의 최초의 시기를 마감하는 격렬한 투쟁이 있었음을 암시하고 있다. 즉, 뱀의 형상을 한 '크게 뛰는 자'라는 적이 나타나 신성한 영토의 신성한 주민들을 공격했고 주민들은 '완전한 눈*Sound Eye*'이란 무기로 맞서 싸웠다.

이 무기는 섬에서 생겨나서 그들을 위해 파괴 행위를 한다고 되어 있는데 아무런 설명이 없지만 레이몬드는 '섬을 밝히는 빛의 중심'일 것이라고 생각했다. 어쨌든 이 대규모 참사로 최초의 주민들은 모두 목숨을 잃었고 어둠이 찾아와 최초의 창조 이전으로 되돌아갔다. 죽음만이 도처에 널렸으며 알의 섬은 '전투의 섬' '짓밟힌 섬,' 그리고 종국적으로 '평화의 섬'이라는 이름을 갖게 되었다.

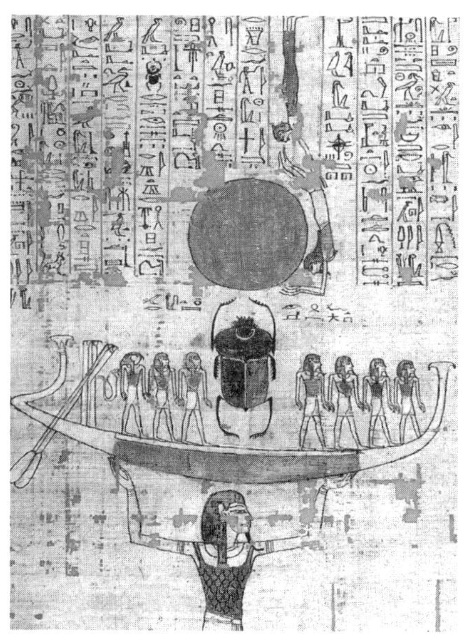

위 | 태초의 천지창조 때 하늘로 올라가는 태양신 레의 범선을 들어 올리는 눈 | 〈사자의 서〉(아니 판본) 부분 | 대영박물관 소장

뱀의 형상을 한 이들과의 싸움이 일어난 뒤, 신성한 섬에는 커다란 변화가 생겼다. 한동안 영원한 어둠 속 '눈'의 원시 대양 아래로 사라졌지만 다시 떠올라 '영혼의 지하세계'라는 이름이 붙여진 것이다. 이곳은 드르티-매와 그들의 지도자 '이 사람'과 픈-신의 죽음을 기리어 '최초의 때'의 장소로 알려진 곳이기도 하다. 드르티-매와 픈-신은 지금 최초의 때의 조상이자 드위-혼령*ddw-ghosts*으로 불리고 있다.

최초의 창조 시기의 유일한 '유물'은 '눈'의 호숫가 옆 갈대밭에 있는 한 개의 제드-기둥뿐이었다. 그 뒤에 새로운 '횃대' 또는 드제바*djeba*로 대

아래 | 태초에 '눈'으로부터 받은 물로 채워졌다고 전하는 카르나크 신전의 신성 호수 | 룩소르 소재

위 | 오그도아드(좌측부터 케크와 케케트, 헤흐와 헤헤트, 눈과 나우네트) | 람세스 3세의 장제전 부조 | 마디나트 하부 소재

체되어 새로운 창조 시대의 중심이 되었고 신성한 주민의 제2세대가 나타났다. 그 중에는 셉티우*Shebtiu*라는 집단이 포함되어 있는데 '짓밟힌 섬'의 주인으로 묘사된 '와*Wa*'와 '아*'Aa*'라는 이름의 지도자였다.

테베의 창조신화에 등장하는 여덟 오그도아드와 동일시되는 8명의 셉티우들은 '멀리 있는 자' '항해자' '피를 먹고사는 영혼, 살육을 일삼는 강심장의 주인'과 같은 희한한 호칭으로 불리웠다. 이어 프타-타넨과 그의 '타넨의 아이들,' '날개 달린 자'와 '높은 자리의 주인'으로 알려진 팰콘 등 주요 신들이 웨트제세트-네테르 신의 대열에 합류했다. 이 조상신들은 장로 혹은 어른으로 묘사되기도 하는데 이집트의 신성한 종족을 가리키는 '장로들, 장로신들, 장로문화'라는 용어는 여기서 비롯된 것이다.

처음에 네체루 신이라고 알려진 제2세대의 신성한 존재들은 웨트제세트-네테르의 새로운 지배자가 되었다. 그들은 헬리오폴리스의 태양 숭배와 관련된 '레와 함께' 사는 '살아 있는 신'으로 여겨졌다. 셉티우와 동료들은 웨트제세트-네테르 근처의 신성한 호숫가에 '쉽터' 혹은 구획을 건설했고, 이어 최초의 신전인 '웨트제세트-네테르

왼쪽 | 람세스 2세와 프타-타넨 입상 | 멤피스 출토 | 뉴칼스베아 클립토테크 소장

위 | 엔네아드(우측부터 아몬-민, 아툼, 슈, 테프누트, 게브, 누트, 이시스, 호루스, 네프티스) | 하토르 신전의 천정 부조 | 단다라 소재

의 집'이 모습을 드러냈다.

이 신전은 팰콘의 신전 혹은 위대한 자리로 불리기도 했다(고대 이집트 인들은 다수의 이름과 호칭을 붙이는데 집착했던 것 같다). 이드푸 문서에 따르면 이 건물은 외부의 거대 구역에 세워졌다. 그리고 진짜 신전은 내부 구역에 있는데 동서 30큐빗, 남북 20큐빗의 규모였다. 신전 앞에는 커다란 안뜰이 있고 안뜰 안에 보다 작은 구조물이 있었다.

비밀스런 시기가 지나자, 호수 해수면이 높아져 '짓밟힌 섬'을 위협했고 웨트제세트-네테르의 집이 파괴되었다. 그런데 기이한 일이 생겼다. 신전의 신들은 '셉티우, 와, 아'에게 '지상의 것들이 권능으로 충만한 곳' 혹은 '물에 둘러싸인 섬'으로 들어가라고 했다. 그들은 해수면이 낮아지라는 주문을 외우면서 섬에 보관하고 있던 비밀스런 힘을 가진 물체, 즉 이흐트 *ibt* 또는 유물 *relics*을 사용했다. 레이몬드는 이 대목을 가리켜 셉티우 혹은 오그도아드가 창조의 임무를 계속하기 위해 신화 속의 다른 세계로 출항한 것이라고 해석했다.

창조의 다음 단계에서는 팰콘 신전이 건설되었고 초기의 전투 지역, 즉

아래 | 고대 이집트 제1왕조의 파라오 제트의 무덤 석비 | 아비도스 출토 | 루브르박물관 소장

위 | 마주 보고 있는 여신 세샤트와 파라오 | 호루스 신전 부조 | 이드푸 소재

뱀들에 의해 최초의 신성한 주민들이 몰살당했던 장소에 태양 신전이 세워졌다. 이어 새로운 건물의 시대가 시작되었다.

그에 앞서 셉티우들은 이흐트-유물을 사용해서 신전 봉헌식을 가졌다. 이 의식은 토트, 프타-타넨, 세샤트, 레, 오그도아드 8신 등 우리에게 친숙한 인물과 관계가 있다. 하지만 이때 새로운 건설 시대가 도래한 것은 아닌 것 같다. 왜냐면 원문은 뒤섞여 있고 중복되기도 한 데다가 식별할 수 없는 부분도 있기에 두 가지의 창조 시기와 관련된 사건을 언급했을 가능성도 있기 때문이다.

아무튼 세상은 점차 진화해 가고 베데트의 호루스가 이끄는 이집트 선왕조기의 조상, 즉 셈수-호르가 웨트제세트-네테르의 신성한 주민을 대신했다. 그 뒤 최초의 호루스-왕이 나타나서 기원전 3100년경 통일 이집트의 초대 왕조를 세운데 이어 세계 창조에 관한 이드푸 문서가 나왔다.

로스타우의 오시리스

이드푸 문서의 중요성은 아무리 강조해도 지나치지 않다고 본다. 그리고 이 전통을 보존해 온 이집트 사제들과 서기관들, 예술가들은 이집트 문명보다 훨씬 앞선 때에 실제로 일어난 사건이라고 생각했을 것이다. 왜냐면 최초의 창조 이야기는 이집트 신화와 전설의 토대를 마련했고 신전과 기념물의 설계, 건축, 봉헌식에도 영향을 미쳤기 때문이다. 이집트인들이 신전을 세운 진짜 목적은 원시시대에 신성한 조상들이 세운 구조물을 정확하게 표현하기 위한 것이었다.

레이몬드는 파라오가 등장하기 전의 시대에 최초의 신전을 건설했던 문화에 대한 기억을 간직한 것이 이드푸 문서라고 주장했다. 그래서 "이러한 전통과 믿음은 선왕조와 원시왕조 시기에 다른 종교 중심지의 친숙한 창조신화가 되었다"고 해석하고 있다. 신화 시대의 사건이 이집트 문명의 불가사의한 기원을 밝혀 주는 핵심적인 역할을 했다는 것이다.

> 그러한 신전이 이드푸에 존재했다는 고고학적 증거는 전혀 찾아볼 수 없으며 이집트의 다른 지역에서도 그런 원시 성소의 흔적은 발견되지 않았다. … 반면에 신전의 출현과 확장에 관한 기록은 분명하고 구체적이어서 사실에 기초했음이 확실하다. … 머나먼 과거의 경험이 이드푸 창조신화의 핵심을 이룬다는 생각이 든다.

레이몬드는 선왕조시대의 창조신화 보급으로 이집트 전역의 종교 중심지에서 동일한 구조를 가진 다양한 형태의 신화가 생겨났다고 주장했다. 또 종교 중심지마다 창조신화와 신전이 어느 정도 관련이 있다는 것을 믿게 되었다고 했다.

그렇다면 세상의 창조, 신의 도래, 최초의 신전 건설을 다룬 신화는 실제로 어디서 유래한 것일까. 해답은 이집트 고왕국시대의 수도였던 멤피스의 어딘가에서 찾을 수 있을 것이다. 왜냐면 레이몬드가 지적했듯이 이드푸 문서는 이집트 신전의 고향으로 여겨지는 멤피스 가까이 위치한 종교 중심지의 기억을

아래 | 멤피스의 스핑크스 상

위 | 오시리스 시신을 보호하는 여신 이시스와 네프티스 | 하토르 신전 부조 | 단다라 소재

간직한 것이기 때문이다. 레이몬드는 사제들과 서기관들이 '멤피스 외부'에서 기원한 초기 전통을 이용했을 것이라고 덧붙였다. 여기서 '멤피스 외부'란 어디를 가리키는 것일까.

이드푸 기록에 따르면 전투의 시기가 끝난 뒤, 알의 섬이 '눈'의 원시 대양에서 다시 떠올라 최초의 신성한 주민들의 '혼령'을 위한 무덤이 되었다. 또 '영혼의 지하세계'라는 이름을 얻고 지하세계의 신 오시리스의 육신이 최초로 쉬어 가는 곳이 되었다.

이 언급은 의미가 있다. 태양신의 두아트 여행을 묘사한 헬리오폴리스 문서에도 '지하세계'라는 동일한 용어를 사용하고 있기 때문이다. 그리고 오시리스 신의 쉼터는 아비도스 묘지와 연관이 있긴 하지만 '소카르의 집'의 네 번째 시간을 포함한 두아트-지하세계의 여러 구역과도 밀접한 관련이 있다.

19세기 프랑스 출신의 이집트학 학자 가스통 마스페로가 기자고원에서 발견한 목록 석비를 보면 기자-로스타우와 오시리스의 연관성을 찾

아래 | 고대 이집트 멤피스의 고분 지역이었던 사카라에서 바라본 다슈르 지역

위 | 오시리스 신(뒤에는 이시스와 호루스 신)에게 봉헌하는 세티 1세 | 세티 1세 신전 부조 | 아비도스 소재

을 수 있다. 즉, 석비에는 대피라미드를 건설했다고 하는 쿠푸 왕이 기자를 방문했다는 내용이 적혀 있고 제26왕조의 주요 문서에도 대피라미드와 스핑크스를 비롯한 기자고원의 건축물들을 언급하고 있다. 따라서 이집트학 학자들은 카프레 왕의 통치기에 스핑크스가 건축된 것으로 추정하지만 쿠푸 왕은 카프레 왕의 선왕이기 때문에 스핑크스는 이미 오랜 역사를 갖고 있었다는 것쯤은 충분히 짐작할 수 있는 일이다. 그 뿐만이 아니다. '오시리스의 집' '로스타우의 주인'이라는 표현과 함께 스핑크스가 '오시리스의 집' '북서쪽'에 있다고 언급되어 있는데 일부 학자들은 스핑크스의 동남동 쪽에 있는 밸리 신전을 의미한다고 생각하고 있다.

지하세계의 사자의 신 오시리스와 '소카르의 집'의 연관성을 밝혀 줄 증거도 많다. 그리고 두아트 영역에 속한 기자-로스타우와 '소카르의 집'은 모두 고왕국시대의 묘지 밑 지하세계와 관련이 있는데 가스통 마스페로가 발견한 목록 석비는 바로 장로문화의 백미인 밸리 신전과 오시리스와의 관련성을 보여 주는 것이다.

오른쪽 | 가스통 마스페로가 발견한 목록 석비 | 카이로박물관 소장

위 | 나일강의 연례적인 범람을 보여 주는 1860~80년대 기자고원 사진

이상과 같은 사실을 모두 종합해 보면 웨트제세트-네테르의 신화적 공간과 갈대밭, 물에 둘러싸인 섬, 신전 군 등 모든 것이 기자에 있었다는 결론에 이르게 된다. 따라서 기자야말로 진정한 최초의 창조 지점이며, 거석 문화 담당자들이 피라미드 시대가 시작되기 전, 아니 수천 년 전부터 살고 있었다는 추정이야말로 설득력 있는 가설이라고 결론 지을 수 있다. 그렇다면 작은 섬이 있는 호수와 갈대밭 근처 신전 군이 있었다는 웨트제세트-네테르의 모습이 오늘날 기자고원의 경관과 일치할까.

물에 둘러싸인 섬

오늘날 기자고원에는 파수꾼 같은 3개의 피라미드가 영구불변의 에너지를 발산하고 있지만 과거의 모습은 어떠했을까. 지금과는 아주 많이 달랐을 것이다. 현재 기자고원에서 동쪽으로 9㎞쯤 떨어진 나일강은 지난 1만 2500년 동안 수로가 서서히 동쪽으로 이동했는데 고왕국시대에는 피라미드 구역 가까이 있었다. 최근 밸리 신전 근처에서 나일강을 오가던 배들이 정박했던 선창이 발굴되기도 했다.

나일강의 범람 역시 시간에 따라 변화했을 것이다. 런던대학의 고고학자 페크리 하산은 기원전 11세기경 나일강의 범람으로 기자 지역 일대에는 강물의 유입량이 상당히 많았을 것으로 추정하고 있다. 기원전 1만 500년~9500년경 마지막 빙하기 말에 일어난 수면 상승 때문이었을 가능성이 높다는 가설이다. 그런가 하면 한여름에 중앙아프리카 고산 지대의 만년설이 녹는 바람에 나일강이 범람했고 강물이 기자고원의 발치까지 다다른 적도 있었다. 이렇듯 기자고원과 나일강 범람이 관련되다 보니, 아랍의 한 전설에서는 나일강 범람으로 인한 풍요로움을 표현하기 위해 스핑크스를 세웠다는 이야기를 전하기도 한다.

모든 사실을 종합하면 기원전 11세기경 기자고원 동쪽의 저지대에는 정기적인 범람으로 얕은 호수가 형성되었고 이 호수가 작은 섬을 둘러싸고 있었다는 결론에 도달하게 된다. 그리고 기원전 3000년경 동부 사하라 지역이 건조해지기 전, 이집트는 아프리카 적도 지역의 사바나 기후와 흡사한 습윤한 기후대에 속했다는 점에서 열대의 덤불과 나무로 뒤덮였을 것이다. 그렇다면 이 지역에 정착한 최초의 신성한 주민들의 눈에는 지금과는 완전히 다른 광경이 펼쳐졌을 것이다.

고대 문헌에는 어떻게 기록되어 있을까. 이드푸 문서 외에도 기자고원 주변에 호수가 있었다고 기록한 문서가 있을까. 서기 9세기경 아랍의 역사가 이븐 아브드 알호큼은 살호우크 왕에 관한 콥트교의 설화를 다룬 이야기에서 다음과 같이 인공 수로의 존재를 암시하고 있다.

> 아직도 시간은 많이 남아 있었다. 그[사우리드 이븐 살호우크 왕]는 중간 지점에 피라미드를 건설하라고 명령했다. 그리고 저수조*cistern*을 만들어 이곳에 들어온 나일강의 물이 알-사이드의 땅까지 서쪽으로 흘러가게 만들었다.

표준영어사전에서 'cistern'이란 단어는 '인공 저수조 또는 자연 저수지'로 풀이하고 있다. 따라서 먼 옛날, 기자 피라미드 근처에 인공 저수조

아래 | 기자고원 전경

위 | 하늘에서 내려다 본 기자고원과 나일강(오늘날 기자고원은 나일강에서 약 9킬로미터 정도 떨어져 있다)

혹은 자연 저수지가 있었고 나일강과 연결되는 수로가 있었음을 암시하는 구절이라고 볼 수 있다. 물이 피라미드로 흘러간다고 했던 알-마수디처럼 이븐 알호큼도 올드카이로의 콥트 고본에서 이 사실을 알았던 것으로 보인다. 파라오 시대부터 전해 온 구전 전통을 기록했으리라.

기원전 5세기 중엽, 기자를 방문한 헤로도토스는 쿠푸의 왕위 계승 과정을 묘사하고 피라미드 석재를 운반하기 위해 10만 명의 인부들에게 포장도로 건설을 지시했다는 내용을 다음과 같이 적고 있다.

> 그것을 건설하는데 10년이 걸렸다. 포장도로 건설 작업, 피라미드가 서 있는 언덕에서의 작업, 저수조로 사용될 지하실을 만드는 작업을 해야만 했다. 이것들은 일종의 섬 위에 건설되었으며 나일강에서 나온 물이 수로로 연결되어 섬 주위까지 흘러왔다.

그는 또 카프레 피라미드의 건설을 언급하면서 다음과 같이 다시 한 번 확인하고 있다.

> 카프레는 선왕을 본받아 피라미드를 건설했지만 그 크기가 같지는 않았다. 내가 직접 크기를 측정했기 때문에 그것은 확실하다. 카프레 피라미드에는

지하 구조물이 없었고 용수 공급을 위해 나일강과 연결된 수로도 없었다.

헤로도토스의 기록을 통해, 우리는 당시의 사람들이 나일강과 수로로 연결된 '일종의 섬' 위에 대피라미드가 건설되었다고 믿고 있었으며 쿠푸 왕이 피라미드 저수조로 사용하려고 했던 '지하실'이 설계 당시부터 계획되어 있었다는 점을 확인할 수 있다.

그러나 대부분의 이집트학 학자들은 기자 피라미드에 대한 헤로도토스의 기록을 외면하거나 무시한다. 물론 긍정적으로 평가하는 학자들도 있다. 그들은 쿠푸 왕의 무덤이 있다는 '물에 둘러싸인 섬' 근처에 미지의 방이 존재한다는 증거가 바로 이 기록이라고 지적한다.

영국의 의사이자 여행가인 로버트 리처드슨(1779~1847년)은 1816년 이집트를 방문하고 나서 다음과 같이 기록하고 있다.

거대한 피라미드(쿠푸 피라미드)의 앞면에는 넓은 도랑이 파여 있는데 피라미드와 나란히 뻗어 있다. 도랑의 크기는 마차가 다니는 길보다 넓고 중간 부분의 높이가 낮다. 입구는 마차 입구와 비슷하다. 이것은 반쯤 모래로 차 있으며 용수 공급용 운하와 같은 수로가 피라미드 동쪽으로 들어간다. 나는 나일강의 강물이 이 수로를 통과하여 피라미드로 들어왔다고 생각한다.

한때 나일강의 범람으로 기자고원 끝자락까지 강물이 다다른 적이 있다는 점에서 로버트 리처드슨의 기록은 눈여겨 볼 만한 자료라고 생각된다. 피라미드 시대나 그보다 이른 시기에 나일강 물줄기를 기자고원의 가장자리로 돌리려고 시도했음을 암시하고 있기 때문이다. 그렇다면 이 저수조에 이집트 신화 속의 '눈'에 존재했다는 원시의 언덕 혹은 섬이 있었을까.

이드푸 문서에 따르면 창조의 섬은 '알의 섬'과 '짓밟힌 섬' 등으로 불리웠지만 테베의 우주 교의에서는 '두 개의 화염의 섬'으로 알려졌다. 이집트 신화에서는 물로 둘러싸인 섬을 언급한 구절이 한 군데가 있다. 바로 두아트-지하세계의 다섯 번째 구역인 '소카르의 집'에 관한 묘사다.

앞서 언급했듯이 월리스 버지는 《이집트의 천국과 지옥》이란 저서에서, 기이하게 생긴 타원형 속에 세크리 신(소카르 신)이 날개와 머리가 둘 달린 뱀 위에 서 있는데 이 타원이 '두아트의 강에 있는 타원형 섬'이라고 해석했다. 그림을 보면 네투*Netu*라는 좁은 '호수' 위에 있고 네투와 '눈'의 관련성을 보여 주는 비문도 보인다. 그리고 원시의 언덕과 종 모양의 옴팔로스 밑에 있어서 최초의 창조라는 개념과 관계가 있다는 것을 나타내고 있다. 이미 전술한 대로 두아트의 영역 중 '소카르의 집'은 로스타우의 '길'이라는 긴 하강 통로를 통해 들어갈 수 있다. 그러므로 두아트의 출입구를 지키는 아케르-사자의 변형인 '아프'라는 두 개의 스핑크스가 세크리의 섬을 지탱하고 있고 그 아프가 오늘날 대스핑크스로 형상화되었다고 볼 수 있다.

결론적으로 인공 저수조에 둘러싸인 섬이 실제로 기자 근처에 있었고 피라미드 시대보다 훨씬 앞선 최초의 시대에 성스러운 영지로 건설되었을 가능성은 아주 높다. 기자를 '최초의 빛나는 장소'라고 했던 스핑크스 석비에서도 재확인할 수 있는 내용이다. 그렇다면 그 위치는 어디쯤일까. 신성한 호수의 정확한 위치에 대해서는 다음 장에서 논하기로 한다.

왕조시대의 거석 건축물인 밸리 신전도 지하세계의 신 오시리스와 관

아래 | 고대 이집트의 〈두아트의 서〉 다섯 번째 시간(부분)을 묘사한 투트모세 3세 무덤 벽화 | 테베 왕가의 계곡 소재

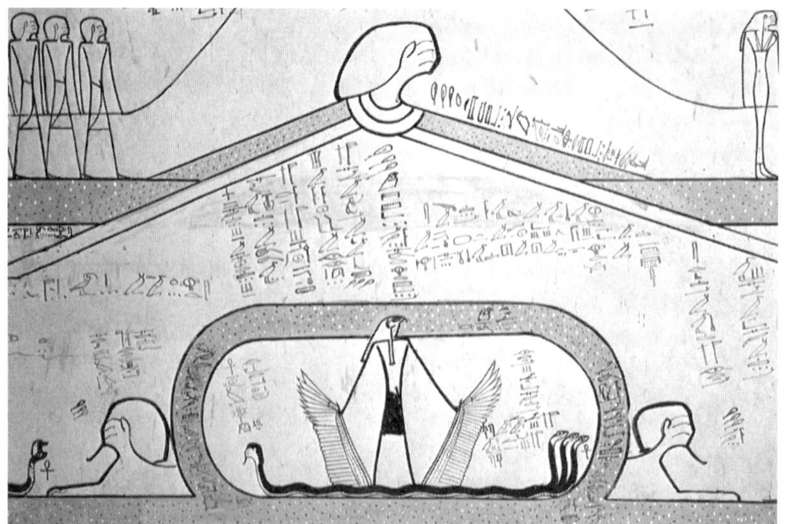

련이 있다고 생각된다. 그리고 아비도스의 오시레이온 신전도 창조의 섬과 관련이 있을 것이다. 레이몬드는 사면이 수로로 둘러싸인 직사각형 돌 '섬'이 '눈에서 나온 최초의 원시의 땅이자 최초의 신성한 장소가 창조되었던 땅'을 나타낸 것이라고 추론했다. 나 역시, 장로신들이 이 거석 건축물을 세웠다면 최초의 창조 사건을 최대한 묘사하고자 애썼을 것이라고 본다. 기자 주변을 꾸미기 위해 원시의 언덕 근처에 저수조를 만들었다는 사실이야말로 그들이 이곳을 얼마나 중요시했는가를 잘 설명해 주기 때문이다.

이드푸 문서의 기원은 헬리오폴리스의 우주 교의와 다르지만 개념과 주제에서 일치하는 부분이 상당히 많다. 예컨대, 웨트제세트-네테르에 살았던 신성한 주민들의 주요 집단이 창조의 두 번째 시기에 레의 동료로 불리어졌다는 사실은 곧 최초의 시대에서 선왕조와 초기 파라오 시대의 아툼과 레 숭배 시기로 전환되고 있었음을 암시한다. 그렇다면 헬리오폴리스 사제들은 이같은 경로로 천문학, 기하학, 의학, 조각, 시간 주기, 기하학적 조경, 그리고 소리 기술에 대한 정교한 지식을 얻은 것일까.

새의 형상을 한 남자

이드푸 문서의 역사적 신빙성을 다소나마 확인했더라도 또 하나의 의문이 뒤따른다. 웨트제세트-네테르에 거주했다는 신성한 존재들의 집단을 어떻게 이해할 것인가 하는 문제다. 태초에 기자 지역에 살았던 핵심 인물들일까. 아니면 레이몬드가 이드푸 문서의 주석에서 결론을 내린 것처럼 단순히 '자연력'의 상징일까.

나는 문헌 자료에서 신성한 주민들이 새와 관련된 이름과 칭호를 갖고 있는 구절에 주목했다. 선왕조시대의 지도자들은 새의 특성, 행동, 외양을 나타내는 이름과 칭호를 사용했는데 기원전 3100년경 원시왕조 말기에 스코르피온으

오른쪽 | 스코르피온의 철퇴 머리 | 옥스포드대학 애슈몰린박물관 소장

위 | 나르메르 팔레트의 앞면(왼쪽 | 이집트박물관 소장). 호르-아하의 이름이 새겨진 돌조각(오른쪽 | 대영박물관 소장)

로 알려진 이집트 왕이 그 좋은 예다. 그 뒤, 나르메르와 상·하 이집트를 통일한 초대 왕 호르-아하 또는 메네스가 차례로 왕위에 올랐다. 메네스의 전투 능력을 나타내는 호르-아하라는 이름은 '호전적인 매(또는 팰콘)'라는 뜻이다.

한마디로 이드푸 문서 속에 등장하는 신성한 존재들의 칭호는 개인, 부족, 집단이 토템이나 동물 이름을 사용했던 시대를 반영한다. 물론 웨트제세트-네테르의 실체를 파악할 만한 직접적인 지식이 없는 상태에서 구체적 사례를 해석하기란 쉽지 않다. 그러나 새에 대해 지속적으로 언급하고, 특히 매에 관한 언급은 주목하지 않을 수 없다.

레이몬드가 말했듯이 '날개 달린 자'라는 칭호를 가진 팰콘이란 인물은 새의 형상을 취한 신성한 존재일 것이다. 즉, '인간'이 '신성한 존재'를 대체했고 우리는 새로 변장한 인간을 살펴보는 셈이다.

레이몬드는 창조의 최초 시기에 존재했던 '이 사람' 혹은 픈-신으로 알려진 인물이 '새 모습을 취한 육신'으로 여겨진다고 했다. 이드푸 문서에는 '창조의 장소와 팰콘의 영지가 연관되어 있고 팰콘 형상을 취한 이 현자들은 세계 창조를 예언했다'는 전통이 담겨져 있다고 적혀 있다. 그럼 팰콘 형상을 취하고 원시시대에 세계 창조를 예언했다는 '현자들'은 누구일까. 그리고 왜 새에 대한 언급을 계속 되풀이하는 것일까.

위 | 호루스 신전의 팰콘 상 | 이드푸 소재

인류학자들의 분류에 따르면 새 형상을 취한 사람은 샤먼이다. 조상의 영혼, 부족의 신과 대화할 수 있을뿐더러 초자연적 형태로 영혼의 세계를 여행할 수 있다는 사람들이다. 그들은 대체로 토착 동물이나 새의 형상을 취하는데 시베리아 샤먼은 순록, 남아프리카 부시맨의 샤먼은 리복 *reebok*, 서아시아의 선사시대 샤먼은 독수리의 형상을 취했다. 그리고 선택된 토템 이미지를 구현하기 위해 동물 뼈나 가죽, 새 발톱이나 깃털 등으로 만든 목걸이, 깃털 머리 장식, 깃털 망토처럼 마법의 힘이 담겼다는 물건으로 온몸을 장식한다.

중요한 것은 이들이 샤먼적 결합을 나타내는 이름으로 공동체에서 알려졌다는 점이다. 인간과 초자연적 존재(동물이나 새)의 만남을 다룬 신화와 전설은 대개 샤먼과의 만남을 추상적으로 기록한 것들이다.

고대 이집트에서 호루스-왕이 즉위 후 13년마다 병든 몸과 영혼을 재생하기 위해 벌이는 헤브세드-축제도

아래 | 헤브세드-축제가 열렸던 조세르 장례전의 안뜰 | 사카라 소재

샤먼적 기원임이 분명하다.

기록에 따르면 이 의례는 신성한 왕권이라는 개념의 필수불가결한 부분이어서 '선조들의 시대' 이래 계속 행해져 왔다. 의례가 진행되는 동안 왕은 가마를 타고 연설 장소로 가서 이집트 전역에서 모인 대표들에게 연설한다. 이때 보석으로 장식된 의복을 입는데 팰콘-신 호루스의 깃털옷을 모방한 차림새를 취한다. 그리고 이집트 전역에서 대표로 초청된 사람들은 새로 즉위한 왕에게 선물을 바치며 행진한다. 이 전통이 '선조들의 시대'로 거슬러 올라간다고 기록된 것은 적어도 선왕조시대 혹은 장로신들의 시대만큼 오래되었다는 것을 뜻할 것이다.

이 견해가 옳다면 웨트제세트-네테르의 신성한 주민들은 자신을 매와 관련시켜 깃털 옷으로 온몸을 장식한 새 샤먼일 가능성이 높다. 그렇다면 헬리오폴리스의 호루스-왕들이 샤먼 전통과 유사한 것을 이어받았다는 뜻이 된다. 그들은 파라오 시대 내내 헤브세드-축제 때 깃털 옷을 입는 것이 중요하다고 생각했을 것이다. 게다가 호루스의 추종자들, 즉 셈수-호르는 문명의 발생 시기보다 수천 년이나 앞서 이집트에 거주했던 장로신의 직계 후손일 가능성이 매우 높다.

이드푸 문서에 등장하는 팰콘이 새 샤먼이라면 웨트제세트-네테르의 나머지 신성한 주민들은 누구일까. 이드푸 문서가 언급하는 단 하나의 특

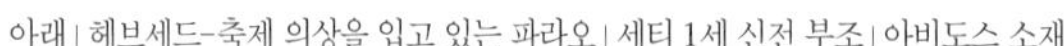
아래 | 헤브세드-축제 의상을 입고 있는 파라오 | 세티 1세 신전 부조 | 아비도스 소재

징은 얼굴 모습이다. 레이몬드에 따르면 '새'의 형상을 한 '이 사람' 또는 픈-신의 동료들은 '얼굴, 혹은 용모'라는 뜻의 이름을 가졌다. 중동 신화의 신성한 존재들처럼 얼굴에 광채가 있다는 이야기다.

페르시아 신화에서. 이란 최초의 신-왕은 파르*farr*, 즉 신성한 영광이라는 용모를 갖고 있는 것으로 묘사된다. 신성함의 표식이 없다면 왕은 통치권을 행사할 수 없는데 신성한 힘을 악용하면 새로 변한 뒤, 떠나서 다시는 돌아오지 않는다고 한다. 성서에 등장하는 인물 중에도 많은 사람이 빛나는 얼굴을 가지고 있다. 에녹, 노아, 아브라함의 얼굴은 태양과 같이 빛났다고 기록되어 있다.

따라서 용모는 신성神性과 신성한 존재의 필수적인 상징이었고 이드푸 문서 또한 이집트 최초 주민들의 실제 용모를 묘사한 것으로 보인다.

그렇다면 이런 사실이 최초의 시대에 이집트에 거주했던 사람들의 모습을 실제로 보여 준다고 말할 수 있을까. 정말로 빛나는 얼굴에 깃털 옷으로 장식한 사람들이 존재했던 것일까. 이드푸 문서가 구석기 시대 말엽인 기원전 1만 500년경 수로水路, 최초의 신전, 스핑크스를 건설한 사람들과 이집트 장로문화의 일면을 최초로 보여 준 것인지 아닌지가 궁금하다. 분명히 이드푸의 '창조신화'는 장로신들의 시대에 존재했던 사람들, 사건, 위치, 건물 설계 등의 기억을 더듬고 있다. 하지만 여기에는 그 이상의 의미가 담겨 있다. 적절하게 해석하기만 한다면 과거 1만 1500년 동안 기자고원 밑의 어둠 속에 묻힌 것의 성격과 모습, 의미를 밝혀낼 실마리를 찾아낼 수 있을 것이다.

제14장

영혼의 지하세계

우리가 타임머신을 타고 기원전 1만 500년으로 되돌아간다면 어떤 모습의 기자고원을 보게 될까. 과연 후기 구석기시대의 최초의 정교한 인류 주거지를 볼 수 있을까. 장로신들의 시대에 어떤 모습이었는지를 생생하게 보여 주는 이드푸 문서를 참고로 그려보자.

우선 아프리카의 적도 부근처럼 싱그러운 초목이 우거진 덥고 습기 찬 곳이다. 한쪽에는 갈대밭이 펼쳐진 호수가 있는데 회색 해오라기와 같은 담수 조류의 쉼터다. 강기슭에는 검은 돌로 깎아 만든 커다란 기둥이 서 있고 그 뒤에는 하얀색이 빛나는 신전 벽이 세워져 있다. 근처 물가에는 최초의 창조 지점의 상징적 장소인 작은 섬, 원시의 언덕이 있고 그 꼭대기에는 신성함을 나타내는 돌 구조물이 있다. 바로 '눈'의 물속에 있는 '짓밟힌 섬'이다.

이곳 토착민들은 야생 곡물을 경작하고 가축을 사육하면서 살아간다. 필요한 도구를 돌로 만들면서 나무로 만든 작살로 물고기도 잡는다. 그러나 신성한 구역 안에는 전혀 다른 종류의 사람들이 살고 있다. 얼굴은 광채로 빛나고 새 깃털로 온몸을 장식하여 신성한 구역 바깥의 사람들과 뚜렷하게 구별된다. 60명이 넘지 않는 이들은 네체루, 신성한 존재, 장로들로 알려져 있고 그들의 기억은 조상들의 시대, 즉 셉 테피의 기억을 보

위 | 카프레 피라미드 근처에서 휴식을 취하고 있는 베두인 | 시기 미상 | 헝가리인 저작물에서 재게재

존한 반신半神 후손들에 의해 수천 년에 걸쳐 이어져 내려왔다.

이러한 광경에 대해, 여러분들은 빈약한 증거와 지나친 추측에 기초한 그림이라고 여길지 모른다. 하지만 앞으로 잃어버린 문명의 최후의 운명을 밝혀내면 장로신들의 형상은 보다 뚜렷하게 나타날 것이다. 우선 그 순간을 위해 섬에서 발견할 수 있는 것들을 제대로 이해할 필요가 있다.

완전한 눈

앞서 살펴봤듯이, 웨트제세트-네테르의 두 번째 창조 시기의 가장 중요한 인물은 '와'와 셉티우의 지도자 '아'다. 그들은 '유물' 또는 '물질'이란 뜻을 가진 '이흐트'라는 물체를 관리하기 때문에 웨트제세트-네테르의 집에서 특별한 임무를 맡고 있다. 이 물체는 창조적인 힘을 구현하며 신전이나 영혼의 지하세계 내부에서만 사용되는데 영혼의 지하세계는 섬의 꼭대기를 지나야 들어갈 수 있는 지하 영지이기도 하다.

두아트-지하세계 전설의 근원이라고 생각되는 영혼의 지하세계가 섬 밑에 있는 일종의 물질적 영역임을 암시하는 근거는 상당히 많다. 이드푸 문서는 이 지하 영역을 '브우-흐늠*bw-ḫnm*'이란 명칭으로 언급하고 있는데 이 명칭이야말로 나의 가설을 뒷받침하는 증거라고 생각한다.

'브우'라는 접두사는 '장소'로 번역되며, '흐늠'이라는 접미사의 뜻은 조금 애매하다. 즉위식 때 '왕권의 획득' 혹은 '희년 축제'에서 '화합'을 의미하거나 '우물'을 의미하기도 하는데 레이몬드는 가장 근접한 영어식 표현이 '우물의 장소'라고 해석했다. '흐늠'은 '건설하다'라는 뜻도 있으므로 작가 조셉 요크만즈는 브우-흐늠을 '건설된 깊은 지하 공간'이라고 번역하여 지하 구조물의 존재를 암시하고 있다.

브우-흐늠이 물리적 구조물을 나타내는 것만은 분명한 것 같다. 레이몬드 역시 그것이 섬에 실제로 있었던 '원시의 우물'이라고 추정하고 있다. 그렇다면 기자-로스타우와 연결된 두아트-지하세계 영역이 신성한 섬과 사람 머리 형상의 스핑크스뿐만 아니라 기다란 하강 통로와도 연관이 있다는 이야기가 된다.

다음으로 계단으로 들어갈 수 있는 섬의 지하 구조물을 탐사해 보자. '이흐트-유물'은 브우-흐늠에 '보관되어' 있고 셉티우 수호자들은 그곳에 들어가 마법의 주문을 행하고 외부 세계의 창조 행위를 촉진한다. 필요에 따라서는 신성한 호수의 수위도 낮출 수 있다. 호수의 수위는 나일강의 높낮이에 따라 달라지므로 이드푸 문서에 따르면 이들이 정말로 강의 연중 범람을 조절할 수 있다고 믿었던 것 같다. 이는 여러분들이 이해하기 힘든 개념일 것이다.

호수의 푸른 물을 건너서 신성한 섬과 연결된 지하공간 브우-흐늠으로 내려갔다면 '원시의 우물' 바닥에 무엇이 있는지를 알아 보자. 아주 먼 옛날, 잊혀진 종족의 잃어버린 유산이 남아 있다는 그곳, 즉 '기록의 홀'로 들어갈 수 있을까. 기록을 살펴보면 건물 내부에는 훨씬 심오한 비밀이 숨겨져 있다.

이드푸 문서는 원시의 언덕을 '알의 섬'이라고 불렀다. 땅을 형성시킨 창조적인 힘이라고 쓰여 있지만 스위흐트*swḫt*, 즉 '알'의 정확한 실체는 하나도 밝혀진 것이 없다. 근원적인 힘도 여러 가지의 이름으로 불리어졌던 것 같고 '싹' 혹은 '씨앗' 이라는 뜻의 븐트와 동의어인 것처럼 보인다. 븐트는 셉티우가 지하세계에서 사용했던 이흐트-힘*iht-power*의 '핵'이고 알의 섬 내부에 있으며 '광채'를 낸다고 하는 '위대한 연꽃' 혹은 '왕좌'와 동일한 물체로 보여진다. 이에 대해 레이몬드는 다음과 같이 설명하고 있다.

> 이집트인들은 최초의 시기에 광채가 나는 핵이 섬의 밑바닥에 남아 있어서 그 광채가 원시의 대양을 비춘다고 믿었던 것 같다.

그렇다면 섬의 심장부에서 신성한 빛을 발하는 '핵'은 과연 어떤 종류의 힘일까. 창조 행위에서 셉티우가 사용한 '이흐티-유물'과 어떤 관계가 있을까.

'완전한 눈'은 섬의 '핵'을 지칭하는 또 다른 이름이며 '섬을 밝혀 주는 빛의 중심'으로 알려지고 있다. 따라서 '위대한 연꽃' 혹은 '왕좌'와 기능적인 관련성이 있는 것으로 보인다. 물론 '완전한 눈'의 파괴 행위가 창조의 최초의 시기 말엽에 투쟁과 어둠의 시기를 초래하여 신성한 섬을 물에 잠기게 하고 웨트제세트-네테르를 파괴시켰다. 따라서 '핵'의 잠재력은 성스러운 영지의 안정성과 직접적으로 관련이 있다고 생각된다.

레이몬드는 신성한 섬의 근원적인 힘을 묘사하는데 사용된 모든 용어가 세상을 창조한 자연력의 추상적인 표현이라고 했다. 하지만 내 생각은 다르다. 왜냐면 원시시대 장로신들의 뚜렷한 역사적 실제성에 대한 지식을 적용하면 이드푸 문서의 상징적 기록은 완전히 새로운 시야를 열어주기 때문이다. 사람과 장소, 사건에 관한 이드푸 문서의 세부 사항들은 엄청난 능력을 소유한 문화의 존재를 강하게 암시하고 있다.

븐트와 링가

로스타우의 '길'이라는 통로와 연결된 계단 밑에 서 있는 지금, 지하세계의 심장부에 무엇이 있는지가 궁금하다. 이드푸 문서에서 신성한 근원의 힘이라고 언급한 '핵'은 무엇일까. 아직도 기자고원의 석회암 밑에서 우리의 발견을 기다리고 있을까. 아니면 오래전에 파괴되어 없어졌는지도 모를 일이다. 증거부터 살펴보자.

먼저 레이몬드가 '싹'이라고 번역한 이집트어 '븐트*bnnt*'는 '븐*bnn*'이라는 남성형 어근의 여성형이며 '성교하다, 아이를 낳다, 남성적인, 남근'이란 뜻을 갖고 있다. 또 원시의 언덕과 관련된 돌, 오벨리스크, 피라미드에 붙여진 '븐븐*bnbn*' 혹은 '벤벤'이라는 단어와 동일한 어근에서 나온 말이다. 영국의 이집트학 학자 존 베인스 역시 '원시의 언덕'이란 뜻의 '븐트'는 '남성다움'과 '발기'라는 뜻의 '븐우트*bnnwt*', 그리고 '븐븐'과 벤누-새와 함께 모두 동일한 어근에서 나온 단어라고 했다.

그렇다면 이것이야말로 헬리오폴리스 교리의 옴팔로스, 즉 모든 것의 중심이자 신성한 창조의 상징이 된다. 그리고 신성한 언덕은 이드푸 문서에서 언급된 '알의 섬'과 동의어이기 때문에 그 밑에 존재하는 지하세계는 남성성과 여성성을 구현하는 벤벤-스톤의 물리적 실체를 나타내는 것이 된다.

제12장에서 살펴봤듯이 '영역' 또는 '소카르의 집'으로 알려진 두아트의 네 번째, 다섯 번째 시간의 세부 묘사 또한 기자-로스타우의 모래 밑에 있을 지하세계의 존재를 강하게 암시하고 있다.

'소카르의 집' 그림을 보면 리비오 스테치니가 비둘기라고 말한 두 마리의 새가 앉아 있는 종 모양의 옴팔로스가 있다. 그리고 신성한 섬, 즉 '세크리의 땅' 및 창조의 언덕과 직접 관련 있는 장소에 놓여져 있다. 따라서 헬리오폴리스의 벤벤-스톤의 개념과 이드푸 및 테베 창조신화의 '싹, 씨앗, 알' 등과 동일한 의미를 가진다고 볼 수 있다. 또 '븐븐'이라는 단어 역시 '소카르의 집'과 연관이 있다. 신화적 세계에서 불을 바치거나 빛의 신을 나타낼 때 사용되기 때문이다. 그렇다면 우주 창조의 능력과 관련된 신성한 돌이 지하세계의 심장부에 존재한다는 이야기가 된다. 정말 이 신성한 돌이 우주 창조력의 근원적 결정체를 구현한 실체일까.

만약 이것이 사실이라면 그 외양과 목적은 시바 신의 창조와 재생의 힘을 남근상으로 표현한 힌두교의 링가*lingams*와 놀랍도록 흡사한 모습이다. 부드러운 표면에 원뿔 모양을 한 이 신성한 돌은 일반적으로 신전의 중심부에 위치한 벽감壁龕이나 성소에 놓여진다. 특히 지하 성소에 보존하는 경우도 많다. 대표적인 예가 인도 봄베이 연안에 있는 엘레판타

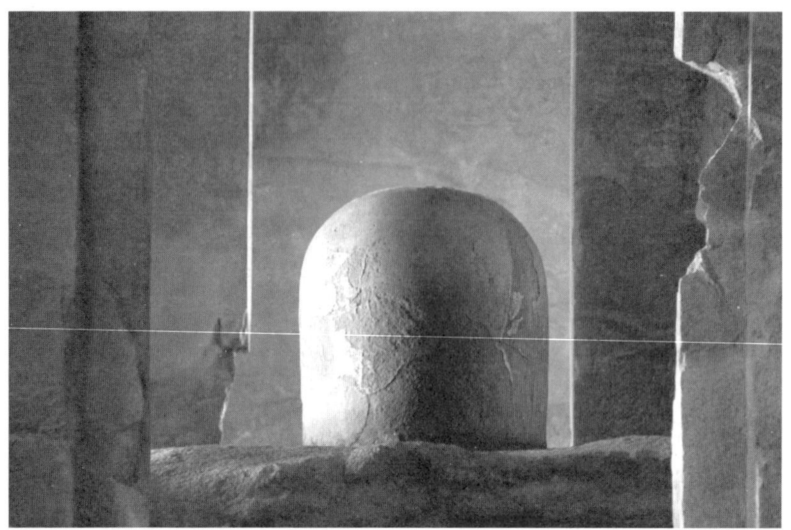

위 | 인도 엘레판타섬의 동굴 신전에 있는 링가

섬의 동굴 신전에 안치된 링가다. 독일의 인도학 학자 하인리히 R. 짐머는 저서《인도 예술과 문명의 신화와 상징들》에서 엘레판타 섬의 동굴 신전 내부를 다음과 같이 묘사하고 있다.

> 거대 신전의 중앙에는 단순하며 거대한 정사각형 사당이 있고 전후좌우의 사면四面 입구에는 신성한 문지기들이 지키고 있다. 그 속에 링가라는 간결한 상징물이 있는데 사방으로 생산의 에너지를 내뿜고 있다. 이 링가는 안쪽의 성소에서 가장 신성한 곳 혹은 '자궁의 집*garbha-griha*'의 중심부를 형성한다. 신전의 가장 안쪽의 성소에서 링가는 고요하게 서 있으며 지하 동굴의 생명의 중심을 이룬다.

이 신성한 링가는 그리스 신화의 옴팔로스, 헬리오폴리스 교리의 벤벤-스톤처럼 세상 만물의 중심에 위치한 최초의 창조 지점, 즉 '세계의 중심'으로 여겨졌다. 그리고 영혼의 지하세계의 '븐트-싹*bnnt-embryo*' 혹은 '븐트-씨앗*bnnt-seed*'과 같은 맥락에서 남근상과 여음상女陰像의 생식력을 모두 표현한다고 믿었다. 하지만 남성의 생식력만을 강조하는 경우도 더러 있다.

불로 봉인된 것

소카르-오시리스의 비밀스런 세계, 즉 기자-로스타우 밑에는 놀라운 마법의 능력을 가진 뭔가가 있다는 증거는 또 있다. 바로 헬리오폴리스의 영향을 받은 관 본문*Coffin Texts*, 즉 매장용 관에 새겨진 마법의 주문*spell*이다. '주문 1080'의 내용을 보자.

> 이것은 어둠 속에서 불로 봉인된 것이다. 그 속에는 오시리스의 기운이 담겨져 있으며 로스타우에 놓여 있다. 이것은 오시리스에서 나와 모래사막으로 전해진 것이기 때문에 비밀스럽게 간직되었다.

로스타우와 '어둠 속'에서 불로 봉인되어 '모래사막' 밑에 감추어진 것이라니…. 도대체 무엇을 말하는 것일까.

이미 살펴봤듯이, 오시리스의 육신이 쉬는 곳은 두아트의 '소카르의 집' 및 이드푸 문서의 영혼의 지하세계와 긴밀하게 연결되어 있다. 따라서 기자-로스타우 지하세계 중심부의 옴팔로스 혹은 벤벤-스톤은 신성한 섬의 '핵'을 암시하는 게 아닐까 싶다.

'소카르의 집' 중심부에 있는 종 모양의 옴팔로스 그림을 보면 윗부분에 상형문자로 '밤' 혹은 '어둠'이라고 쓰여 있다. 이에 대해 월리스 버지는 세케르의 어두운 지하세계와 유사한 것이라고 해석했다. 하지만 나는 완전한 어둠 속에서 봉인되어 있음을 나타내는 표시라고 생각한다. '주문 1080'에서, 그 주위에 불꽃이 있었다는 사실을 말하기 때문이다. 이드푸 문서에서 지하세계의 핵과 관련 있다고 언급한 신성한 불꽃이나 광채를 내보낸다는 이야기다. '봉인된 것'이 '로스타우에 놓여 있어' 지금은 보이지 않게 되었

아래 | 하계 지도가 그려진 구아의 관 | 제12왕조 시대 작품 | 다다르 엘-베르샤 출토 | 대영박물관 소장

다는 내용은 기자의 모래 밑에 존재하는 지하세계 내부의 물리적 실체를 다루고 있음을 거듭 확인해 주는 것이나 다름없다.

나는 '주문 1080'을 처음 읽었을 때, 에녹서라고 이름이 잘못 붙여진 유대 문서와 너무나 비슷해서 깜짝 놀랐다. 기원전 2세기~서기 1세기경 유대교의 경건주의敬虔主義 운동인 하시디즘의 보수주의자들이 편찬한 이 저작물은 에녹의 일생을 다룬 기록으로 1947년 발견된 사해 두루마리에 들어 있었다. 그 내용에서 나의 관심을 끈 것은 에녹이 일곱 하늘을 방문한 대목이다.

에녹은 일곱 번째이자 마지막 하늘에서 '수정'으로 만들어졌으며 '불꽃 같은 혀'로 둘러싸인 '집'의 벽 옆에 서 있었다. 그 '토대' 역시 '수정'이었다고 하며, 서술자의 말을 빌리면 건물 내부의 '천장은 별들의 진로와 같다. … 불타는 화염이 벽을 감싸고 있으며 건물 입구는 불길에 타들어 가고 있었다.' 커다랗고 장엄하며 광채가 빛나는 두 번째 '집'으로 간 에녹은 '수정'으로 만든 '높은 왕좌' 앞에 엎드렸다. 왕좌에는 '빛나는 태양'처럼 밝은 바퀴가 놓여 있고 아래에는 '타오르는 불꽃'이 너무 밝아서 제대로 쳐다볼 수 없었다. 그리고 '그 위에 앉은' 것은 '위대한 영광'이며 그의 옷은 '태양보다 밝게 빛나고 눈보다 희었다.'

물론 에녹서의 이 구절과 관 본문 '주문 1080'은 연관성이 없다. 하지만 하늘나라의 불이 수정으로 만든 벽과 방, 바닥을 뒤덮었다는 구절이 계속

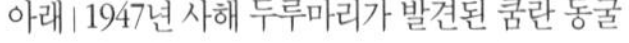
아래 | 1947년 사해 두루마리가 발견된 쿰란 동굴

위 | 티베트 캄 지역에 있는 족첸 수도원 전경

언급되고 있다는 것을 보면 로스타우의 모래사막 밑에 숨겨졌다는 '불로 봉인된 것'이 무엇을 말하는지를 어느 정도 짐작할 수 있다.

불은 무엇을 말하는 것일까. 주황색 횃불이 수정 같은 표면에 굴절될 때 생기는 광채일까. 이것이 사실이라면 지하세계의 옴팔로스나 벤벤-스톤은 수정으로 제작된 거대한 링가라는 이야기가 된다. 로스타우 지하세계의 기다란 통로 끝에서 우리를 기다리는 것이 무엇인지가 궁금하다.

원뿔 모양의 수정

지금까지 기자의 지하세계 중심부에 있는 핵에 대해 살펴본 내용을 토대로 하여 이번에는 셉티우가 창조 행위를 할 때 사용했다는 이흐트-유물을 어떻게 이해할 것인가를 살펴보자.

이드푸 문서에는 작지만 강력한 힘을 가진 이 물체가 '븐트-싹' 또는 '알'의 표현이라고 적혀 있다. 즉, 이들의 창조력은 원래 '븐트-싹' 또는 '알'에서 나왔다는 것이다. 그렇다면 이흐트-유물은 지하세계의 심장부인 핵에 담겨진 우주 에너지를 공명하는 링가 모양의 수정이라는 이야기가 된다. 다시 말하면 족첸 수행자들이 명상할 때 사용하는 원뿔 모양의 수정과 비슷한 모양이라고 할 수 있다.

족첸이란 티베트의 라마교 학파 중 가장 오래되었고 게룩파 다음으로

위 | 헤르메스 트리스메기스토스(사진 속의 가운데) | 스테파노 디 조반니의 1480년경 작품 | 시에나 대성당 소재

큰 종파인 닝마파의 가르침을 말한다. 그들은 원뿔형 돌이 정신을 집중시킬 뿐만 아니라 우주의 창조력과 소통할 수 있는 경로라고 믿고 있다. 옛날에는 가공되지 않은 커다란 수정을 사용했지만 지난 40년 동안 서구에서 가르침을 펼치는 대부분의 족첸 수행자들은 컷글라스 수정 제품을 사용하고 있다.

유대인들의 선조 에녹에 관한 전설에서도 기자 피라미드 밑의 비밀의 방에 놓여 있는 신성한 돌 이야기가 나온다. 이 전설에 따르면 프톨레마이오스 왕조 때 알렉산드리아에 거주하던 유대인들은 에녹이 대피라미드를 건설했다고 믿었다. 에녹은 이집트 신화에서 학문의 신 토트의 그리스-로마형, 즉 '가장 위대한 헤르메스'라는 뜻의 헤르메스 트리스메기스토스와 동일시되던 인물이었다. 또 에녹이 저술했다고 잘못 알려진 책에 따르면 에녹은 별들의 하늘 12구역을 창안한 인물이기도 하다.

어쨌든 에녹의 전설은 올드카이로의 콥트교인 사이에 전해지던 이야기, 즉 전설의 왕 사우리드 이븐 살호우크가 다가올 대홍수의 위험을 미리 알고 기자 피라미드를 건설했으며 모든 과학과 예술 지식을 보존한 비밀의 방을 만들었다는 이야기와 혼동된다. 혼란스럽고 오해의 소지가 있지만 그래도 다른 문헌에서 보이지 않는 흥미로운 요소를 담고 있기에 인용할 만한 가치가 있다고 본다.

전설에 따르면 에녹은 그의 아들 므두셀라의 도움을 받아서 비밀 금고 9개를 하나씩 쌓아 올렸다. 맨 아래에는 '하얀색의 질 좋은 반암'(다른 문헌에서는 '황금 삼각판'이라고 언급)을 놓았는데 히브리 신들의 이름이 적혀 있었다. 두 번째 판에는 천사들이 에녹에게 말했다는 내용이 새겨져 있고 에녹의 아들이 보관했다. 금고들은 모두 봉인되었다.

에녹은 또 그곳에 2개의 불멸의 기둥을 세웠는데 하나는 대리석으로 만들어져 '결코 불타지 않을 것이며' 다른 하나는 벽돌로 만들어져 '물에 가라앉지 않았다.' 그리고 벽돌 기둥에는 일명 프리메이슨의 '고문서'라는 인류의 '일곱 가지 과학'이, 대리석 기둥에는 귀중한 보물이 근처의 지하 저장실에서 발견될 것이라고 새겨졌다는 것이다.

이러한 전설이 어디서 어떻게 유래했는지는 전혀 알 길이 없다. 내용도 창세기의 에녹 관련 구절과 완전히 동떨어진 것이며 다른 히브리 관련 문헌에서도 찾아볼 수 없다. 아마도 알렉산드리아에 거주하던 유대인들의 창작물이 아니었을까 싶다. 다만 프톨레마이오스 시대였던 당시에 대피라미드 수수께끼와 관련되어 있을 가능성이 높다는 점이 흥미롭다. 어쩌면 기자-로스타우의 신성한 섬에 존재한다는 비밀 공간, 영혼의 지하세계의 기억을 단순화한 것일지도 모르겠다.

영적인 장애물 코스

앞에서, 나는 영혼의 지하세계의 하강 통로를 내려가는 상상 여행을 통해 커다란 원뿔 모양의 옴팔로스나 벤벤-스톤과 함께 인도의 시바-링가처럼 작고 신성한 돌이 그곳 중심부 어딘가에 있을지 모른다는 잠정 결론을 내렸다. 그렇다면 그곳의 내부는 어떤 모습일까. 어떤 종류의 방이 있고 전체적인 배치도는 어떠할까. 또 인공적인 유물은 있을까.

이 문제를 푸는 실마리는 두아트-지하세계의 기록에서 찾아볼 수 있다. 〈두아트의 서〉에서 언급된 두아트의 입구 방, 즉 아리트로 묘사된 최초의 구역 혹은 시간은 셉티우 수호자들이 하강 통로로 가기 전에 준비를 하던 입구 홀을 가리키는 말이다. 그럼 이 방은 어디로 향하고 있을까.

우선 태양신의 역할을 수행하며 연속적으로 12구역을 항해하는 입문자를 떠올려 보자. 그는 구역을 지날 때마다 뱀, 괴물, 악마, 장애물 형상의 초자연적 힘과 맞닥뜨리며 시련과 고난을 겪는다. 이 과정을 참아 내면서 마법의 언어를 사용하면 다음 방으로 들어가는 것이 허락되는데 이 전반적인 여정은 영적인 장애물 코스를 지나가는 것과 흡사하다. 각 방을 지난 뒤에는 '븐트-싹' 혹은 '우주 알', 최초의 창조 지점, 벤벤-스톤과 마주치게 된다.

이 가정이 옳다면 지하 홀이나 입구 방을 통해 들어가는 기다란 통로와 연결된 일련의 방들은 바로 영혼의 지하세계일 것이다. 두아트의 출입구를 지키는 두 마리의 아케르-사자는 사자자리 시대에 주야평분시 지평선에서 천체 별자리의 영향을 반영하기 때문에 이 방들이 사자궁과 함께 시작되는 황도의 12구역을 나타낸다고 생각할 수도 있다.

그렇다면 12궁 혹은 각 방들은 별개의 천문학적 영향을 반영하는 것일까. 아니라고 여기는 사람도 있겠지만, 나는 두아트가 직선형이 아니라 태양의 진로처럼 둥근 것이라고 생각한다. 태양신 레에 대한 75가지의 찬가 가운데 제19왕조와 제20왕조 시대의 왕묘에 새겨진 찬가를 보면 '레, 존귀하신 세켐*Sekhem*(힘), (두아트의) 비밀스런 원圓의 주인, 형상을 가져온 자, 비밀 장소에 의지하여 탐트*Tamt* 신의 형상으로 창조를 행하는 당신'이라고 쓰여 있다. 이것은 두아트가 원형임을 나타내는 전형적인 방식인 것이다.

이흐트-유물은 '싹'이나 창조의 '알'을 독자적으로 생성하는 열두 방의 창조력을 뜻할 것이다. 이드푸 문서에는 셉티우가 지하세계에서 마법의 주문과 이흐트-유물을 사용해서 창조 행위를 수행한다고 되어 있다. 강력한 힘을 가진 물체와 이에 대응하는 방들의 완벽한 조화 속에서만 셉티우의 창조 행위가 일어날 수 있다는 것을 암시하는 대목이다. 따라서 수호자들은 강력한 물체나 특수한 방들의 공명이나 우주적 힘을 반사하는 역할을 맡고 선택되었던 것 같다.

이집트의 장로문화가 오늘날의 12궁도에 대해 알고 있었는가에 대해서는 여러 가지로 검토해 봐야겠지만 모르고 있었을 가능성이 높다고 본다. 왜냐면 그들의 황도대 별자리가 선사시대의 메소포타미아에서 기원

위 | 세크메트 입상 | 토리노 이집트박물관 소장

했음을 보여 주는 증거가 많기 때문이다. 그렇다고 해서 장로문화가 황도대를 열두 부분으로 나누지 않았다거나 그들이 속한 세차주기가 우주의 사자나 암사자(세크메트와 대스핑크스의 여신이며 훗날 사자자리의 변형으로 알려졌다)의 힘에 의해 좌우된다는 것을 무시한다는 말은 아니다. 다만 오늘날 보편적으로 사용되는 황도 12궁은 훨씬 뒤에 나타났다는 점을 강조하고 싶을 뿐이다.

이제 원 모양으로 연결된 방 가운데 최초의 방의 모습을 상상해 보자. 우묵한 곳에 '저장된' 링가 모양의 이흐트-유물이 보일 것이다. 아마도 방들은 모두 비어 있을 것이다. 하지만 방마다 다른 음향 상태를 고려해서 방의 모양과 크기를 정하면 셉티우 수호자와 조화를 이루는 우주의 힘을 나타낼 것이다. 그리고 열두 방에서 생성된 힘은 핵, 옴팔로스-돌, 창조의 알이 놓여 있는 중심부에서 하나로 결합될 것이다. 물론 이 이야기는 두아트의 역할과 이집트 장로문화의 선진 기술력에 관해 지금까지 알려진 지식을 토대로 하여 이드푸 문서를 급진적으로 재해석한 것이다.

케마테프 뱀

기자-로스타우 지하세계의 기능을 제대로 규명하기란 쉽지 않다. 그렇다고 해서 불가능한 것도 아니다. 이드푸의 호루스 신전에서 89㎞ 위

위 | 오시리스의 창조의 집 내부 벽화 | 카르나크 소재

쪽에 위치한 테베의 종교 중심지 카르나크의 콘스 신전으로 가 보자. 콘스 신전 옆에 '오시리스의 창조의 집'이란 작은 신전이 있는데 이곳의 문헌에서 이드푸 문서나 헬리오폴리스 문헌에 나오지 않는 이집트 문명의 기원에 대한 실마리를 찾을 수 있다.

테베 문헌에서도 다른 지역의 창조신화와 마찬가지로 태초의 시간에 신성한 언덕의 원시 대양에서 창조가 시작된다. 섬 중앙에 위치한 븐트-유물 혹은 '싹'을 언급하면서 창조의 '알'과 동일시하고 있다. 테베의 창조신화에서 가장 독특한 것은 바로 이 섬의 '영혼'이라는 부분이다. 케마테프 *Kematef*라는 원시적인 뱀을 인격화한 형태인 이것은 뱀의 꼬리가 원시의 언덕을 계단처럼 휘감고 있는 모습을 취하고 있다.

중요한 것은 이 뱀이 '생명이 다했거나 매장되었다고 생각된다'고 묘사하여 테베의 지하세계와 직접 관련 있는 것처럼 보이고

아래 | 콘수 신전(사진 속의 좌측) 옆에 위치한 오시리스의 창조의 집 | 카르나크 소재

이드푸 문서에서 테베의 셉티우로 언급된 여덟 오그도아드 및 창조의 '알'과도 관련이 있는 것 같다는 점이다. 흥미로운 점은 아몬 신앙의 주요 신인 케마테프의 '위대한 영혼'이 사자死者의 왕국에서 위대한 여덟 신과 함께 있다는 오시리스와도 관련 있다는 사실이다.

케마테프는 '스스로 생기거나' 자가수정自家受精을 하는 '알의 창조자'로 알려지고 있다. 또 최초의 때〔셉 테피〕에 븐트를 만든〔낳은〕 '눈 속의 븐트'로 언급되고 있다.

사실 뱀은 지성적 존재다. 태초에 '눈'에서 나온 섬의 중심부에 있는 핵 또는 옴팔로스의 창조자로 여겨졌다. 말하자면 알을 창조하여 그 수호자가 되었다고 생각한 것이다. 이 수호자는 훗날 그리스-로마의 헤르메스 전통에서 훨씬 친숙한 이미지가 되었는데 여기서 지혜의 뱀은 우주 알을 칭칭 감은 모습으로 묘사되고 있다.

고대 전설에 따르면 두 개의 뿔이 달린 테베의 뱀이 죽으면 아몬 신전에 매장된다고 한다. 하지만 이것은 케마테프가 아몬 신전의 신탁이나 옴팔로스-돌과 관련되어 있음을 잘못 해석한 이야기다. 그리스 델포이에 있는 옴팔로스는 양식화된 알의 형상일 뿐만 아니라 신성한 뱀이 묻힌 묘석이라고 여겨졌는데 이와 비슷한 전설이 테베의 케마테프에도 생긴 것이다.

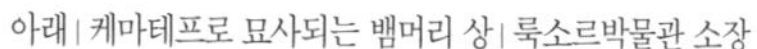
아래 | 케마테프로 묘사되는 뱀머리 상 | 룩소르박물관 소장

케마테프는 그리스-로마 시대에 들어와 다른 뱀신 신화와 결합되었고 창조의 신 크눔과 테베의 신 크네프, 그리고 헤르메스 트리스메기스토스의 가르침, 즉 헤르메티카*Hermetica*의 추종자들이 숭배하는 치노비스 신과 연계되기도 했다. 이러한 케마테프 혼성체는 주로 똬리를 튼 뱀과 사자 머리로 묘사되었고 바키우로 알

위 | 크눔 신전의 천정 부조 | 에스나 소재

려진 36별자리의 하나이기도 했다.

특히 치노비스는 바키우에서 사자자리 최초의 데칸으로 여겨졌다. 그림을 보면 케마테프의 갈기는 12개 또는 7개의 막대 광선으로 이루어져 있는데 각각 황도 12궁을 나타내고 있는 것이다. 아마도 2만 6000년 세차주기의 북두칠성을 표현한 것이 아닐까 싶다.

치노비스에 관한 신화와 의례는 알려진 것이 거의 없다. 다만 서기 2세기경 그노시스파의 페라테 혹은 페라틱스 종파의 저작물에서 일부를 찾아볼 수 있다. 신성모독적인 내용이어서 그다지 알려지지 않은 페라테 문서에는 케마테프 뱀이 코자르*Chorzar*라는 이름으로 다음과 같이 언급되어 있다.

> 나는 밤의 영겁의 잠에서 깨어난 목소리이며 이제 혼돈의 힘을 드러낸다. 그 힘은 심연의 진흙이며 텅 빈 불멸의 물을 들어올린다. 이것은 하얗게 밀려오는 격랑의 힘이다. … 탈라사라는 보이지 않는 물의 힘을 보여 주며 법의 열두 눈에서 나온 것을 이용한다. … 사람들의 무지

왼쪽 | 치노비스가 새겨진 보석 | 서기 2~3세기경 작품 | 보스턴미술관 소장

위 | 탈라사 모자이크 | 다프네 출토 | 서기 5세기경 작품 | 안타키아박물관 소장

> 로 이것은 크로노스라고 불려졌다. … 탈라사에 맡겨진 이 힘은 남성성과 여성성을 동시에 갖고 있으며 열두 관의 열두 구멍에서 나오는 〔물〕 소리를 따라간다. … 이 〔힘〕의 티폰의 딸〔괴물 뱀〕은 … 코자르이다. 그녀는 12각의 피라미드로 둘러싸여 있으며 색색의 피라미드 입구에 어둠을 드리우며 어둠을 완전하게 한다.

이 구절은 기자 지하세계의 본질적 기능을 이해하는데 필수적인 관건이기에 곰곰이 따져 볼 필요가 있다.

우선 밤의 영겁에서 나오는 '보이지 않는 물' 혹은 '텅 빈 불멸의 물'은 '눈'을 의미한다. 태초에 최초의 빛이 원시 언덕에 도달하기 전, 영원한 어둠의 상태로 존재했던 대양을 뜻하는 것이다. '탈라사'는 원시의 혼돈을 지성적 존재로 인격화한 것으로 보이며 여성성을 갖고 있어서 누트(눈의 여성형)라는 이름으로 나타나는 '눈'의 성性과 일치한다. '법의 열두 눈'은 신체의 눈이 아니라 지리적 경관의 '눈', 즉 땅속의 구멍으로 해석되어 지하의 열두 구조물을 암시한다.

코자르라는 괴물 뱀이 '열두 관의 열두 구멍에서 나오는 물소리를 따라간다'는 구절은 해석하기가 힘들었다. 처음에는 '열두 관'이 12영겁 혹은 '위대한 해'를 의미한다고 생각했다. '위대한 해'는 2만 6000년 세차주기와 일치하며 시간 측정을 위한 천체 시스템이었던 것이다.

기원전 2세기경, 오늘날의 터키 남부에서 나타난 미트라 신앙에서는 코스모크라토르, 즉 우주 시간의 수호자는 사자 머리를 한 남성으로 묘사하고 있다. 한 손에는 두 개의 열쇠를, 발밑에는 지구 혹은 우주 알이 놓여 있는 형상을 취하는데 우주 뱀이 상반신을 칭칭 감고 사자 갈기 위로 머리를 치켜들고 있다(사자 입으로 들어가는 경우도 있다). 여기서 사자의 가슴에 박혀 있거나 머리 위에 아치 모양으로 늘어선 것은 황도 12궁을 뜻하며 치노비스와 케마테프의 이미지를 보여 주는 것이다.

결국 페라테 문서에 나오는 '열두 관'은 태어나지 않은 아이와 같은, 다음 영겁의 배꼽 혹은 옴팔로스에게 자양분을 주는 열두 탯줄을 상징하는 것으로 해석된다. 이렇게 본다면 그노시스파의 신앙은 다소 기이하게 보이지만 알렉산드리아의 헤르메스 학파의 우주 교리로부터 영향을 받은 것이 분명하다.

왜냐면 페라테 문서에서 코자르를 '코레'라고 언급하고 있기 때문이다. 코레는 그리스-로마의 여신으로 알렉산드리아에서는 매년 1월 6일 영겁永劫의 아이의 탄생을 축하하는 코레 축제가 벌어지곤 했었다. 특히 크리스마스는 원래 1월 6일이었기 때문에 그리스도의 탄생과 기원전 1세기경 이집트의 코레 신화 및 의례와 관련이 있을 가능성이 높다.

페라테 문서에서 가장 특이한 내용은 코자르가 '12각의 피라미드로 둘러싸여 있으며 색색의 피라미드 입구에 어둠을 드리우며 어둠을 완전하게 한다'는 구절이다. 주석자들은 '12각 피라미드'가 황도대의 12구획을 의미한다고 해석했지만 내가 보기에는 세차 시대의 사자 머리 혹은 뱀 형상의 코스모크라토르를 암시하는 것이 아닐까 생각된다. 코자르, 치노비스, 케마테프 등 여러 이름으로 알려진 이 인물이 바로 '법의 열두 눈'과 '12각 피라미드'의 수호자일 것이다. 그리고 이 생소한 용어들은 기자고원의 모래 밑에 현존한다고

왼쪽 | 미트라교의 크로노스 상 | 서기 2세기경 작품 | 메리다 로마미술박물관 소장

위 | 하토르 신전의 천정에 묘사된 누트 신 | 단다라 소재

생각되는 지하세계에 대한 지식을 나타낸 것이 틀림없다고 본다.

최초의 창조의 방

분명히 기자의 지하세계를 구성하는 방들은 태초에 열두 부분으로 갈라진 창조력의 구현이며 황도 12궁이라는 개념을 나타낼 것이다. 또 '븐트-싹' 혹은 '씨앗'은 오늘날 빅뱅이라고 부르는 우주의 시작점, 즉 창조의 순간에 생긴 결정체일 것이다. 이때부터 시간이 존재했고 기록이 가능한 주기에 따라 흘러갔을 것이다. 장로신들이 최초의 창조와 긴 시간 주기를 중요하게 생각한 이유가 여기에 있지 않을까.

현대인에게 영속적인 우주 창조의 행위를 위한 지하 구조물 건축은 참으로 터무니없는 일이다. 또 최초의 창조의 방들은 원시적 문명의 잃어버린 가르침과 저작물, 유물이 보관된 기록의 홀이라기보다 유럽원자핵공동연구소*CERN*의 분자가속기와 비슷한 것으로 생각된다.

그러나 앞서 살펴봤듯이, 이곳은 장로문화 시대에 창조의 과정이 이루어지는 핵심 장소였을 것이다. 셉티우나 오그도아드 등으로 묘사되는 장로들은 최초의 창조의 방에 들어가서 이흐트-유물과 의례적인 교류를 하면 외부 세계의 진화를 영속적으로 촉진시킬 수 있다고 믿었을 것이다.

이제 상상 속의 섬 여행을 마칠 시간이다. 그동안 우리는 하나하나가 우주의 힘을 나타내며 연결 통로로 이어진 열두 방을 지나왔다. 그 중심부에서는 위대한 '븐트-싹' 혹은 '알'과 마주했다. 이제는 아리트-홀 또는 입구 방과 연결된 하강 복도로 되돌아가야 한다. 이곳에서 계단을 오르면 바깥 세계로 나갈 것이다.

영혼의 지하세계에서 나와 '눈'에 둘러싸인 신성한 섬에 다시 서 있다고 상상해 보자. 그리고 파라오 시대가 개막되는 기원전 3100년경이라고 하자. 동부 사하라 지대의 계속된 건조화로 인해 주변 환경은 완전히 달라졌을 것이다.

나일강이 흘러들어 만들어진 얕은 호수는 사라졌고 웨트제세트-네테르의 빛나는 하얀색 집도 찾아볼 수 없을 것이다. 당연히 신성한 섬도 사라졌고 영혼의 지하세계로 들어가는 비밀의 입구도 보이지 않을 것이다. 그 대신 뜨거운 모래사막을 내리쬐는 태양만이 있을 것이다.

그렇다면 이 모든 것이 존재했던 장소는 정확하게 어디쯤일까.

최근 기자고원 기념물들의 배치와 높이를 측정한 나는 대스핑크스와 밸리 신전의 북동쪽에 신성한 호수가 있었을 것이라고 생각한다. 기자고원이나 그 주변에 있을 가능성은 거의 없다. 왜냐면 기자고원 서쪽의 멘카우레 피라미드 쪽은 경사도가 너무 높고 동쪽 면에서만 일시적 호수나 저수조가 생길 수 있는 저지대를 발견할 수 있기 때문이다. 최근 밸리 신전 가까이 동쪽에서 선창을 발견한 것이 이 추정을 뒷받침해 주는데 어쩌면 이 선창이야말로 장로신들이 신성한 호숫가 갈대밭 옆에 건설한 웨트제세트-네테르 집의 마지막 유물일지 모른다.

만일 이러한 추정이 맞다면 알의 섬, 최초의 창조의 언덕은 기자고원 동쪽 끝에 있는 마을 나즈렛 엘-사만에 있을 것이다.

물론 나는 이러한 추정이 옳다고 확신하는 것은 아니다. 다만 미국의 심령학자 에드가 케이시의 견해와 정확하게 일치한다는 점이 놀라울 뿐이다. 1933년 케이시는 지하 구조물의 소재지를 다음과 같이 설명했다.

> 지하 건물은 어둠(혹은 빛)이 내릴 때 – 물에서 태양이 떠오를 때 – 스핑크스의 발 사이에 있었다. 훗날 파수꾼 역할을 하게 된 이 구조물은 인간 세계의

변화가 왕성하여 때가 도래하면 스핑크스 오른발의 연결 방을 통해 들어갈 수 있다. 그러면 스핑크스와 강 사이에 놓이게 된다.

'스핑크스와 강 사이'라는 말은 스핑크스와 밸리 신전의 동쪽을 뜻한다. 만일 에드가 케이시의 견해가 맞다면 연결 방들은 지하 건물에서 스핑크스의 오른발 쪽으로 이동한 셈이다.

1996년 플로리다대학과 쇼어 재단의 탐사팀이 스핑크스 지하에서 발견한 9개의 방이 진짜로 기자의 지하 구조물과 연결되어 있을까. 물론 이 방들은 인공적으로 건설된 것이며 이집트 역사를 이해하는데 중요한 부분이지만 좀 더 연구하고 검토해야 할 과제다.

중요한 것은 장로문화의 영혼의 지하세계와 연결된 지점과 아주 가까운 곳에 있다는 사실이다. 어쩌면 이집트에 상상을 초월하는 고차원적 문화가 존재했다는 핵심 증거를 갖고 있는 곳인지도 모른다. 만약 그들의 고대 기술과 자연과학에 대한 지식을 밝혀낼 수만 있다면 인류 발전에 대한 우리의 기존 인식은 완전히 바뀔 것이다.

기자의 잃어버린 유산을 탐색할 수 있는 발굴 작업을 요구하는 목소리가 점점 높아져 가고 있다. 과연 진실이 드러날까. 그날을 기다려 보자.

제15장

문명의 발상지

고대 이집트에서 피라미드 시대가 시작될 즈음, 기자고원에 남아 있던 기념물들은 이미 쇠퇴기에 접어들었을 것이다. 쿠푸, 카프레, 멘카우레 등 제4왕조의 파라오들은 밸리 신전과 대스핑크스의 보수 혹은 재설계를 명령했고 이로써 새로운 피라미드 부지의 일부가 되었을 것이다. 그렇다면 몇 가지 점이 궁금하다.

우선 수천 년 전에는 왜 장로신들의 건축물이 부활되지 않은 것일까. 어째서 기자고원의 위대한 성소가 최초의 시간의 빛나는 장소로 인식되는데 그토록 오랜 시간이 걸렸을까. 그리고 초기 왕조시대에는 거대한 건축물을 지을 수 있는 수단이 없었던 것일까. 아니면 그로부터 천 년이 지나고 투트모세 4세가 꿈의 계시를 받고 스핑크스의 모래를 치운 것처럼 쿠푸 왕과 카프레 왕도 비현실적인 이상에 사로잡혀 건설 계획을 추진했던 것일까.

기원전 1만 500년~9500년경 마지막 빙하기가 초래한 지리적 격변과 기후 변화 후에도 장로문화의 직계 후손이 이집트에 있었다면 왜 거대한 신전이 폐허로 변했을까. 그들이 이집트를 떠났기에 수천 년 동안 열성적으로 추진해 왔던 일을 계속할 수 없었다는 게 유일한 설명이 될 수밖에 없다고 본다. 사자자리 시대 말부터 선왕조시대 말까지, 즉 기원전

9220~3150년경 신전 건설이 없었다는 것은 곧 신전의 건축 기술을 갖고 있는 사람들이 더 이상 존재하지 않는다는 것을 뜻한다. 밸리 신전과 오시레이온 신전 같은 거석 건축물은 오늘날 폐허로 변한 영국의 중세 수도원과 비슷하다. 경배의 대상이긴 하지만 기원전 3100년경 파라오 시대가 시작될 때까지 보수 작업이 전혀 이루어지지 않았다.

모든 것을 종합해 볼 때, 당시 이집트에는 새로운 문화와 종교, 건축의 설계 양식이 동쪽 침입자들에 의해 도입되고 있었다. 이들은 누구일까. 왜 멤피스 근처에다가 피라미드 부지의 건설을 독려한 것일까. 5000년 전에 이집트를 떠난 것으로 추정되는 사람들과는 어떤 관계일까. 그들이 기자를 선조들의 고향이라고 이야기하는 신화와 전설을 갖고 있을까. 아니, 헬리오폴리스 사제단의 도움으로 기자의 신성을 되살린 사람들일까. 먼저 사라진 장로문화의 운명부터 살펴보자.

멀리 항해를 떠나다

앞서 설명했듯이, 이드푸 문서는 웨트제세트-네테르의 신성한 주민들과 그 영지에 관해 구체적인 사항을 다루고 있다. 이 문서에 대한 레이몬드의 해석에 따르면 시간의 종말이 왔을 때, 셉티우들은 '원시 세계의 또 다른 곳'으로 항해를 떠났으며 그곳에서 '창조의 임무를 계속할 것'이라고 했다. 이 셉티우들이 항해자였다는 증거는 한 셉티우의 이름이 '선원'이었고 팰콘을 따르는 무리를 '선원들'이라고 불렀다는 사실에서 유추해 볼 수 있다.

그렇다면 구석기시대 나일강 유역에 거주하던 이집트인들이 해상 활동을 했다는 이야기가 된다. 하지만 이제까지 인류 역사상 가장 오래된 해상 문화는 페니키아 문화로 알려져 있기 때문에 이러한 해석은 받아들이기가 어렵다.

페니키아인들은 기원전 3000년경 지중해, 아마도 동부 대서양 연안을 최초로 항해한 민족이었다. 그 전에 존재한 해상 민족은 없다는 게 정설이다. 그러나 기원전 1200년경 페니키아인 역사가 산초니아토는 페니키아 민족이 흥기하기 전에 레바논 최초의 도시 비블로스를 건설한 신성한 종족이 있었다고 기록하면서 '빛과 완전한 선박'을 소유했다고 하여 해양 능력을 갖고 있었음을 암시하고 있다.

미국 뉴햄프셔 킨대학의 찰스 햅굿은 1966년 펴낸 《고대 해상왕들의 지도》에서 페니키아 민족이 나타나기 전에 존재했던 지중해 문화를 인정하고 있다. 그는 1513년의 피리 레이스 지도를 비롯한 초기의 포르톨라노 지도를 연구하면서 수천 년 전에 제작되었다는 결론을 내렸다. 대부분의 지도에는 최소한 6000년 전으로 추정되는 세계 곳곳의 해안 지역이 표기되어 있었고 지중해 지역도 포함되어 있었다. 그는 이 지도를 원래 편찬한 사람들이 지구 전체를 해상망으로 연결한 초고대 '단일 문명'에 속하고 있었다고 주장했다.

지금까지 기자고원과 아비도스에서 뱃머리가 높은 선박이 발견되었지만 이집트는 초기 왕조시대에 뚜렷한 해상 능력이 없었다는 게 학계의 정설이다. 대부분의 이집트학 학자들은 발굴된 선박도 의례 목적으로 만들어진 것이라고 주장한다. 하지만 나는 잔잔한 나일강이 아니라 거친 바다를 항해하기 위해 설계되었다고 생각한다.

그들이 항해 지식을 어디서 얻었는지에 대해서는 따질 필요가 없다. 우리는 이를 통해 웨트제세트-네테르의 신성한 주민들이 이집트에서 그들의 시간을 끝낸 뒤, 다른 곳으로 떠났을 가능성을 살펴보는 것으로 족하다. 만일 이러한 일이 실제로 일어났다면 셉티우가 그들의 시간을 끝냈다고 하는 원시 세계의 장소는 정확히 어디일까. 그들의 해상 능력으로 미루어 또 다른 세계로 항해할 수 있었을까.

우선 연구 범위를 지중해 연안에 있는 국가로 좁혀 살펴보는 것이 좋을 것 같다. 중요한 것은 다음과 같은 특성을 가진 고차원 문화의 명백한 증거를 찾는 일이다. 첫째, 이집트의 스핑크스를 건설한 장로문화의 기술과 맞먹는 기술 수준을 보여 준다. 둘째, 마지막 빙하기인 기원전 1만 500

아래 | 1954년 쿠푸왕의 태양 범선이 출토된 유적지 | 대피라미드 남쪽 소재

년~9500년경 말엽에 두드러지게 나타났고 시기적으로 사자자리 시대의 몰락과 게자리 시대의 도래에 맞물려 있다. 셋째, 고대 이집트와 동일한 우주 교리를 갖고 있다. 넷째, 이집트를 고향으로 여기는 신화와 전설이 전해진다. 다섯째, 이드푸 문서처럼 이집트 창조 문헌에 나타난 것과 비슷한 샤먼 신앙을 갖고 있다.

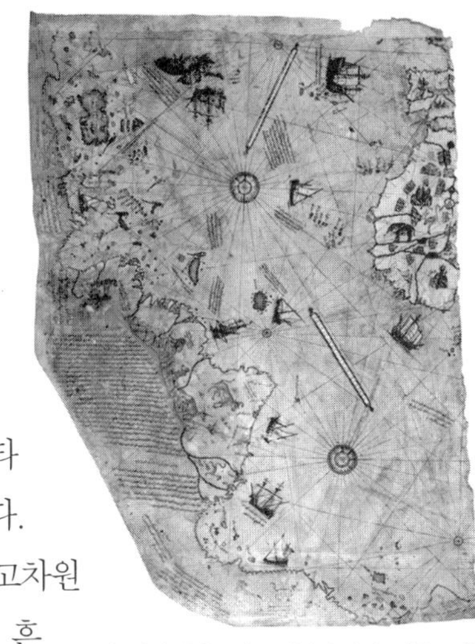

위 | 피리 레이스 지도 | 앙카라 빌켄트대학 소장

이러한 내용과 완전히 일치하는 고차원 문명을 찾아야만 이집트 장로문화의 흔적을 발견했다고 주장할 수 있을 것이다. 나는 이집트 선조들의 능력과 정신을 계승한 문화의 출발점으로 되돌아 갈 수 있는 매개체를 한참 동안 찾아 헤맸다. 오랫동안 탐색한 결과, 중동의 갑작스런 신석기 혁명, 특히 농경의 시작이 문제를 푸는 열쇠라는 것을 알게 되었다.

강 아래에서

유럽, 아시아, 아프리카를 포괄하는 구세계에서 가장 오래된 초기 농경의 흔적은 나일강의 후기 구석기 공동체에서 찾아볼 수 있다. 학자들은 이스난 혹은 콰단 공동체의 네 유적지에서 기원전 1만 2500년경 개밀, 야생 보리와 기타 작물을 경작했다는 증거를 발견했다. 돌낫으로 곡물을 수확했고 낟알을 최대한 많이 얻으려고 맷돌을 사용했던 것으로 밝혀졌다. 가축 사육법도 알고 있었고 정교한 미세 칼날 기술도 갖고 있었다. 공동체 마을을 형성하고 살았는데 이는 후대에 최초의 신석기인들이 채택한 생활양식이었다.

하지만 이스난과 콰단 공동체의 선진 기술은 갑자기 쇠퇴했다. 기원전 9500년경 맷돌과 돌낫은 나일강 계곡의 덜 발달된 문명의 조잡한 석기로 대체되었다. 그 뒤 4500년간 농경은 이집트에서 완전히 자취를 감추었다가 기원전 5000년경이 되어서야 팔레스타인을 통해 다시 도입되었다. 정말 흥미로운 사실이 아닐 수 없다.

페크리 하산과 같은 이집트학 학자들은 기원전 1만 500년~9500년경 발생한 나일강의 지속적인 범람이 이스난과 콰단 공동체의 생활양식을 퇴보시켰다고 주장한다. 나일강이 범람하여 농경 생활양식을 지속할 수 없었고 다른 동시대인들처럼 기초적인 수렵-채집 생활로 되돌아갈 수밖에 없었다는 것이다.

물론 나일강의 대규모 범람 시기는 마지막 빙하기 말엽에 일어난 전 지구적인 대재앙의 시기와 정확하게 일치한다. 기원전 1만 년경의 지질학적 대변동과 기후 변화는 북아메리카에서만 400만 마리로 추정되는 동물의 생명을 앗아갔다. 자이언트 비버, 나무늘보, 맘모스, 마스토돈, 검치고양이, 털코뿔소 등 수많은 종이 사실상 멸종했다. 이러한 화산 폭발과 암흑기, 해일과 홍수 등 대재앙은 신화나 전설 등 전 세계의 집단적인 민속 기억에 보존되어 왔다.

이스난과 콰단 공동체가 초기 농경을 발전시킨 이유와 방법은 지금까지도 의문으로 남아 있다. 다른 종족보다 우연히 진보했을 가능성이 있지만 다른 이유로도 설명이 가능하다. 즉, 지적 능력이 뛰어나서 지식을 빨리 습득했다기보다는 선진적인 종족으로부터 우월한 지식을 전수받았을지도 모른다. 물론 이것은 나일강 강변에 거석 구조물을 세운 것으로 보이는 장로문화를 염두에 두고 하는 말이다.

그런데 이러한 가설이 타당성을 가지려면 이들이 다른 선진 기술의 활용과 더불어 야생 곡물의 경작을 시작했고 단순한 어부 수준이었던 나일강 유역 사람들에게 그 지식을 알려 줬다고 가정해야만 한다. 내가 보기에 장로문화 사람들은 상호 이익을 목적으로 이스난 공동체와 협동하지 않았을까 싶다. 신전과 외부 벽, 기자 수로 등을 건설하려면 많은 인력이 필요하기 때문이다. 그렇다면 이스난과 콰단 공동체가 농경을 중단한 시기는 장로문화의 도움과 기술이 사라진 시기와 일치하게 된다. 다시 말하면 나일강의 초기 농경 집단은 지속적인 가르침이 없는 상태에서 농경에 대한 흥미를 잃고 수렵-채집 생활로 되돌아갔을 가능성이 크다. 이 시기에 나일강이 범람한 것은 농경 포기의 주요 원인이 아니라 부차적인 요인으로 작용했다고 볼 수 있다.

기원전 9500년 이후 4500년간 이집트에서 농경이 완전히 사라졌다는 사실은 연속성의 단절을 암시한다. 그럼 장로문화 사람들은 새로운 정착지를 찾아 농경 생활에 대한 지식을 전파한 것일까. 그것이 사실이라면 언제 어디서 곡물 재배가 시작되었을까.

최초의 농부들

신석기시대가 시작되자, 구석기시대 수렵-채집인의 이동 주거 방식은 자연과의 협력을 도모하는 정착 생활양식으로 전환되었다. 이러한 변화는 농경과 가축 사육의 발달이 주 원인이었다. 농경 공동체는 겨울에 공동으로 일하면서 음식과 가축을 마련할 수 있는 곳에 정착할 필요가 있었다. 그리고 일상생활의 불확실성이 사라지자 기술을 발전시키기 시작하면서 자신들의 삶을 통제할 수 있었다. 이것이 마지막 빙하기 이후 구석기시대에서 신석기시대로 전환되는 과정을 설명하는 정설이다.

그러나 이 정설에는 중대한 결점이 있다. 수렵-채집자에서 정착 농경자로 전환되는 현상이 전세계적으로 동시에 일어난 것이 아니기 때문이다. 한 지역에서 이런 변화가 일어나면 적어도 1000년 뒤에야 다른 지역에 전파되었던 것이다.

인류 역사상 신석기 혁명이 시작된 곳은 시리아 북부와 아나톨리아 동부의 유프라테스강 상류에 있는 비옥한 강 유역이었다. 기원전 9500년경부터 이곳에서 야생 작물 재배와 가축 사육이 시작되었다는 증거가 유프라테스강 상류에 있는 텔 아부 후레이라에서 확인되었다. 이곳의 '농경 마을'에서 갈돌, 갈판, 맷돌 등이 발굴되어 이집트의 이스난과 콰단 공동체처럼 곡물을 재배했다는 사실이 고고학적으로 확인된 것이다. 야생 보

아래 | 텔 아부 후레이라의 고고학 유적지를 수몰시킨 아사드 호수
(사진은 칼라트 자바성)

리, 야생 밀, 야생 호밀의 씨앗도 발견되었는데 이 중 두 가지는 나일강 유역의 구석기인들이 경작했던 곡물이었다. 토착 곡물이 아니었다는 점에서 다른 곳으로부터 가져와 재배하고 수확했음이 분명했다.

나일강 유역에서 농경이 사라짐과 동시에 중동 지역에서 농경이 시작되었다는 것은 놀라운 사실이다. 900㎞나 떨어진 두 지역이 직접 관련을 갖고 있는 게 분명하다. 이집트에서 중동으로 이주한 사람들이 농경 지식과 기술을 전수했을 가능성이 높은 것이다. 그럼 기원전 9500년경 이집트에 머무르던 장로집단이 기자에서 유프라테스강 상류로 떠난 것일까. 근동 지방에서 문명 사회가 등장하는 과정부터 살펴보자.

알 수 없는 힘

아나톨리아 동부는 러시아의 아르메니아 지방까지 북쪽으로 뻗은 산맥의 서북단 측면을 형성한다. 동쪽으로는 우르미아 호수와 맞닿아 있고 남동쪽으로는 자그로스산맥이 있다. 자그로스산맥은 페르시아만까지 이어져 이란과 이라크의 국경선 역할을 한다. 이 드넓고 황량한 지역은 무장 반란군, 고립된 종교 집단, 폭격 맞은 도시나 마을의 본거지가 되었다. 바로 쿠르드족의 문화적, 정치적 고향인 쿠르디스탄이다.

이 지역에서 최초의 신석기시대 농부들은 완두콩으로부터 렌즈콩, 자주개자리, 포도까지 다양한 작물을 재배했다. 정착-농경생활로 새로운 실험을 할 여유가 생기자 수많은 '최초'의 것들이 탄생했다.

아부 후레이라에서 동남동쪽으로 520㎞쯤 떨어진 샤니다르 동굴에서

아래 | 샤니다르 동굴 | 이라크 이르빌주 소재

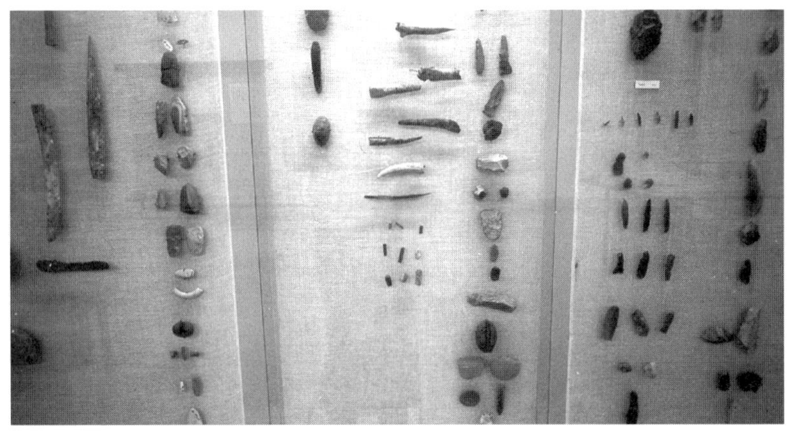

위 | 자위 케미와 샤니다르 동굴, 테페 카우라, 하자르 메레드 등지에서의 출토품 | 이라크국립박물관 소장

는 얇은 아몬드 모양의 구리가 발견되었다. 미국의 고고학자 랄프 솔레키가 발굴한 이 세공품은 목에 펜던트로 걸 수 있게끔 양 끝에 구멍이 뚫려 있다. 인류 최초의 구리 예술품으로 기원전 9500년경 제작된 것으로 추정된다. 또 기원전 9000년경 맷돌로 야생 곡식을 빻아서 밀가루를 만들었던 자위 케미와도 관련이 깊은 것으로 밝혀졌다.

구리 원석으로 만든 이곳의 펜던트 제작 기술은 매우 뛰어났다. 기원전 9500년경 이전부터 제작되기 시작한 것으로 보이는데 선대 문화의 유품일 가능성도 없지 않다. 왜냐면 그 뒤 한동안 구리 세공품의 흔적이 보이지 않다가 2300년이 지난 기원전 7200년경에 이르러 샤니다르 동굴에서 서북서쪽으로 400㎞ 떨어진 카요누에서 다시 나타났기 때문이다.

카요누는 터키 쿠르드족이 대부분을 차지하는 디야르바키르에서 북쪽

아래 | 카요누의 고대 유적지 전경

으로 60㎞ 떨어져 있다. 미국의 고고학자 로버트 브레이드우드와 터키의 고고학자 할레트 캄벨이 이끄는 발굴팀이 초기 구리 세공품 4개, 즉 핀 2개와 구부러진 낚시, 송곳 등을 발굴했는데 능숙한 금속 세공 기술을 보여 주는 예술품이었다.

다른 지역과의 교역이 진행됨에 따라, 카요누의 장인들은 타원형 구슬을 비롯하여 갖가지 구리 세공품을 생산하기 시작했다. 이라크 쿠르디스탄 고원지대의 소小자브강 가까이 있는 자르모 역시 카요누와 교역하던 지역의 하나였다. 1948~55년 로버트 브레이드우드는 기원전 6750년경에 해당하는 자르모의 층위에서 다양한 구리 세공품과 함께 제련된 납으로 만든 구슬을 발굴했다. 구세계에서 가장 오래된 야금술을 보여 주는 물증이었다. 이처럼 제련 기술이 최초로 쿠르디스탄 고원에서 발달한 까닭은 주변에 광석이 다량으로 매장되어 있었기 때문인 것으로 추정된다. 실제로 카요누에 살던 사람들은 지난 7000년 간 구리와 청동 제품을 계속 생산해 왔다.

이곳에서는 또 구세계 최초의 옷감이 발견되기도 했다. 주머니처럼 사슴뿔을 덮고 있는 이 천은 9000여 년 전의 토착 아마로 짠 린넨 직물로 추정되었다. 내가 '구세계'라는 용어를 사용하는 이유는 기원전 8000년경 북아메리카에서도 이에 비견될 만한 증거가 발견되었기 때문이다. 예컨대, 1940년 미국 네바다 주의 팰론에 있는 영혼의 동굴에서는 1만 년 전의 것으로 추정되는 미라가 발견되었는데 의복과 가죽 모카신을 신은 채 토끼 가죽 담요에 싸여 있었다.

이밖에 인류 최초의 '불에 살짝 구운 점토 용기'가 유프라테스강 상류의 뮤레이베트에서 출토되었다. 방사성탄소 연대 측정 결과, 이 용기는 기원전 8000년경 제작된 것으로 밝혀졌다. 고고학자들은 또 이란 쿠르디스탄의 바흐타란(옛 지명은 케르만샤) 부근에 위치한 간즈 다레에서 기원전

아래 | 북미 원주민의 동물 암각화와 영혼의 동굴 | 네바다 주 팰론 소재

위 | 와인 항아리(왼쪽 | 하지 피루즈 테페 출토 | 펜실바니아대학박물관 소장), 간즈다레의 초가집 유적지(오른쪽)

8000년대의 것으로 추정되는 도자기류와 테라코타를 발굴했다. 동시대의 돌, 나무, 석고, 바구니 세공품들보다 훨씬 발달된 수준을 보여 주는 유물이었다.

기원전 9500년경 곡물 재배가 최초로 시작되었던 텔 아부 후레이라로 돌아가면 최초로 화장품을 사용한 흔적도 찾을 수 있다. 제작 연대가 기원전 7000년경으로 추정되는 조가비가 발굴되었는데 이집트 선왕조시대의 여인들이 사용했다는 공작석 가루가 담겨 있었다. 시리아 북부와 아나톨리아 동부의 초기 신석기 유적지에서 발견되는 다른 유물과 마찬가지로 공작석은 이 지역의 자생 광물이 아니었다. 따라서 이것 또한 초기 단계에 나타났던 다른 집단과의 장거리 교역을 보여 주는 하나의 증거라고 할 수 있다.

이뿐만이 아니다. 이란 북서부 아제르바이잔 서부에 위치한 하지 피루즈 테페에서는 기원전 5400~5000년경 최초의 알코올 음료를 생산한 것으로 밝혀졌다. 이 음료는 오늘날 터키인들이 즐겨 마시는 수지향 포도주인 레치나와 비슷한 포도주로 추정된다.

시리아 북부의 유프라테스 상류에 위치한 제르프 엘 아마르(티슈린댐 건설로 수몰)에서 출토된 타원형 석판에는 그림문자가 새겨져 있는데 선과 화살과 동물의 윤곽이 그려져 있다. 제작 연대가 1만 년 전으로 추정되어 인류 최초의 문자로 평가받는 유물이다. 프랑스 동양선사학연구소의 다니엘 스토데르는 구석기시대의 동굴 벽화와 좀 더 발달된 문자의 중간 형태로 해석하고 있다.

기원전 8000년대에 공동체 간의 물물 교환과 교역에 사용된 것으로 보이는 진흙 토큰도 쿠르디스탄 고원에서 최초로 나타났다. 이것은 시간이 지남에 따라 모양이 작고 다양해졌는데 기원전 3000년경에는 진흙 상자 위에 연속적으로 새겨진 표시로 대체되었다. 그리고 그로부터 얼마 지나지 않아 이라크 평원에서는 상형문자가 새겨진 최초의 점토판이 나타나기 시작했다.

이렇게 본다면 기원전 9500~5000년경 쿠르디스탄, 특히 유프라테스강 상류 지역에서는 기술이 진보하는 등 독특한 발전이 진행되고 있었다는 것을 알 수 있다. 그러나 왜 이곳에서 신석기 혁명이 시작되었는지를 시원스럽게 설명하는 학자들은 아직까지 한 사람도 없다. 쿠르드족 출신인 미국 뉴욕대학의 메흐르다드 R. 이자디는 저서 《쿠르드인들-간결한 안내서》에서 다음과 같이 언급하고 있다.

> 이 땅의 거주자들은 이유가 밝혀지지 않은 놀라운 기술적 진화 단계를 거쳤는데 그것은 아직까지도 알 수 없는 힘에 의해 자극된 것이었다. 그들은 다소 빠르게 주위의 공동 사회를 앞질러 나갔다. 저밀도의 수렵-채집 경제에서 고밀도의 식량 생산 경제로 이행되는 단계였다. 그리고 세계에서 가장 진보된 기술적인 사회였다.

'알 수 없는 힘'에 의한 '놀라운 기술 진화'란 무엇을 의미하는 것일까. 메흐르다드 이자디는 무슨 뜻으로 이렇게 표현했을까. 마지막 빙하기가

아래 | 하지 피루즈 테페 가까이 있는 하산루 테페 유적지

끝나고 생태학적인 대변화가 일어나서 문화적 격변을 초래했다는 말인가. 아니면 신의 재능을 소유한 사람들이 돌연 나타나서 완전히 새로운 생활방식을 전수했다는 이야기인가. 메흐르다드 이자디는 후자에 무게를 두고 있다.

위 | 아시클리 휘위크에서 출토된 10개의 마노 구슬

구멍 뚫린 구슬 목걸이

마노, 홍옥수, 석영 등 경석으로 만든 구슬이 발견된 것도 유프라테스 강 상류에 거주하던 초기 신석기인들이 놀랄 만한 선진 기술을 갖고 있었다는 것을 보여 주는 증거다.

아부 후레이라에서는 길이 5.5cm의 마노 구슬이 출토되었고 1989년 터키 중부 악사라이 근처에 위치한 아시클리 휘위크에서는 터키의 고고학자 우푸크 에신이 진홍색 빛을 띠는 길이 2.5~5.5cm의 마노 목걸이를 발굴했다. 나비 날개 모양의 구슬 10개로 만들어진 이 목걸이의 제작 연대는 놀랍게도 기원전 7500~7000년경으로 추정되었다.

놀라운 점은 구세계의 보석 교역에서 가장 단단한 물질로 알려진 마노에 세로로 구멍을 뚫었다는 사실이다. 두께 7~8mm의 마노 구슬 양 끝에 지름 5mm, 깊이 2.5cm의 구멍을 뚫을 수 있는 기술 수준이란 우리의 상상을 초월한다. 오늘날 마노에 이러한 구멍을 뚫으려면 다이아몬드 날이 달린 탄화텅스텐 드릴을 사용하고 흐르는 물에 계속 식혀야 한다.

기원전 5500~4750년경 이라크 쿠르디스탄의 자르모에서, 그리고 기원전 2600년경 인더스계곡에서도 경석으로 만든 원통형 날을 이용하여

아래 | 아시클리 휘위크의 발굴 현장

위 | 인도 캄베이 근처에 있는 나가라(왕궁 터에서 바라본 전경)

마노, 홍옥수, 석영에 구멍을 뚫는 기술을 갖고 있었다. 이곳 장인들은 나무로 만든 활꼴 드릴을 사용했는데 불을 피우거나 끼워 넣고 고정시키는 바이스 용도로 사용하는 경우가 더 많았다. 때때로 금강사 조각이나 규사를 연마재로 사용하기도 했다. 특히 인더스 계곡에서는 돌날을 가열했다가 흐르는 물에 식혀서 구슬에 구멍을 뚫었다.

흥미로운 사실은 인도 서부 캄베이 근처에 있는 나가라의 장인들이 최초로 이중 다이아몬드 날을 제작했다는 점이다. 그들은 단단한 홍옥수 구슬에 구멍을 낼 목적으로 깎지 않은 다이아몬드 2개(각각 모스경도10)를 송곳 끝에 붙여 사용했는데 아직까지도 이렇게 다이아몬드 날이 사용되었다는 증거는 그 어디서도 발견되지 않고 있다.

신석기인들이 마노 같은 경석에 2.5cm의 구멍을 뚫을 수 있었다는 것은 정말 놀라지 않을 수 없다. 주목할 점은 오랜 기간의 기술 발전과 특정 보석에 대한 요구가 높아진 결과, 경석 구슬에 구멍을 뚫는 기술로 발전했다는 사실이다. 자르모에서 경석 구슬이 나타난 것은 1250년 동안 구리, 뼈, 도자기, 조개, 연석 등을 사용하여 수천 개의 구슬을 제작한 뒤의 일이었다. 반면에 인더스계곡에서는 구슬 제조가 시작된지 무려 3000여 년이 지나서야 경석으로 구슬을 만들 수 있었다.

텔 아부 후레이라와 아시클리 휘위크에서 발굴된 구슬은 제작 연대가 기원전 7500~7000년으로 추정되었다. 조개, 진흙, 뼈, 연석 등을 재료로 한 기술에서 가장 단단한 물질에 구멍을 뚫는 기술로 전환되기까지는 아마도 수천 년의 시간이 걸렸을 것이다. 그리고 초기 신석기시대에 아나톨리아 동부의 구슬 생산 중심지는 카요누였다.

학자들은 기원전 8000년경, '인류는 최초로 수렵-채집의 준準 유랑 생활에서 가축 사육과 곡물 재배에 기반을 둔 정착 생활로 변화하기 시작했다'고 주장한다. 이것이 사실이라면 최초의 장인들이 어디서 비범한 보석 세공술을 습득했는지는 파악하기 힘들다. 그러한 보석을 세공하기 위해서는 활꼴 드릴, 목공 바이스, 특수 송곳날 같은 장비와 더불어 보석 제조 지식도 있어야 한다. 그런데 이 지식이 완전히 자취를 감췄다가 기원전 5500년경 자르모의 구슬 제조 역사의 후반기에 다시 나타났다는 것은 신기한 일이 아닐 수 없다. 어쩌면 아나톨리아 동부의 신석기인들이 자랑한 보석 세공술은 마지막 빙하기 직후 이곳에 들어온 고도의 문명인들로부터 전수받은 것일지 모른다.

마다이의 산

메흐르다드 이자디의 견해처럼 기원전 9500년경 유프라테스강 상류에서 시작된 신석기 혁명의 배후에 '알 수 없는 힘'이 작용했다고 가정하자. 그렇다면 스핑크스를 건설한 장로문화가 중동 최초의 신석기 유적지와 관련이 있다는 증거를 찾을 수 있을까.

오랫동안 고민하던 나는 쿠르디스탄과 메소포타미아, 이란 지역에 살고 있는 다양한 부족들의 신화와 민간 전승에 주의를 기울였다. 이들의 신앙은 기독교, 이슬람교, 유대교, 그리고 이란의 조로아스터교가 뒤섞여서 생긴 토착 종교에 기반을 두고 있다.

우선 만다야교는 이라크 남부에 사는 마쉬 아랍인들과 이란 서부의 고립된 종족이 주로 믿는 신新바빌로니아의 부족 종교다. 나는 만다야교의 종교 전통을 탐색하는 과정에서 아주 중요한 사실을 알아냈다.

만다야교인들은 선조가 고대 도시 하란, 즉 알틴바삭 북동쪽의 마다이의 산에서 왔다고 믿고 있다. '하란의 중심'이라고도 알려진 마다이의 산은 아부 후레이라에서 125㎞ 떨어진 터키 남동부의 시리아 국경선에 있다. 이 지역이 만다야교의 발상지라는 것은 거의 확실하다. 메소포타미아 학자들 역시 하란의 독특한 진흙 반죽 건물이 기원전 4500~4000년경 쿠르드 고원에 형성된 우바이드 문화의 건축물과 비견될 만하다고 평가하고 있다.

그러나 만다야교인들은 마다이의 산이 경유지의 하나라고 말한다. 종족의 발상지는 이집트라는 것이다. 만다야교의 한 고본을 보면 "그들이 모든 종족의 지배에서 벗어나 마다이의 산으로 들어갔다. … 하란인들은 이 땅에 도착한 그들을 받아들였다"라고 기술되어 있다.

그들은 선조가 마다이의 산으로 이주한 것은 기원전 1300년경 유대인의 출애굽과 관련 있다고 주장한다. 중동 지역의 다른 종족들처럼 성서를 선조들의 역사로 간주하는 것이다. 그러나 종교 문헌상의 시간 개념을 문자 그대로 해석해서는 안 된다. 전설과 민간 설화가 뒤섞이고 바빌로니아, 그리스, 페르시아 신화의 요소까지 덧붙여진 상태이기 때문이다.

별 숭배자들

나는 자신들의 선조가 이집트에서 쿠르디스탄으로 이주했다는 만다야교인의 주장이 허무맹랑한 이야기만은 아닐 것이라고 생각한다. 왜냐면 고대 이집트에서 기원한 것이 분명한 단어를 사용하기 때문이다.

예컨대, 프타힐*Pthahil* 혹은 프타*Pthah*는 창조의 신에게 붙여진 이름으로 이집트의 창조의 신 프타*Ptah*에서 따온 말이다. 또 느트르*ntr*는 '보다*wartch*'라는 어근을 상징하며 '감시소' 혹은 '주시자'로 의미를 확대할 수 있다. 이집트어로 느트르 혹은 네체루는 '신성, 성스러운'이라는 뜻의 어근이며 장로신들에게 붙여진 칭호다.

이처럼 이집트와 만다야교가 언어에서 관련 있는 것은 기원전 1575~

아래 | 원뿔 꼴 지붕 형태의 하란의 전통 가옥

위 | 프타 신에게 공물을 바치는 파라오 부조 | 토리노 이집트박물관 소장

1308년경 이집트 제18왕조의 파라오와 미탄니 왕의 연합으로 접촉이 이루어진 데서 비롯되었다고 주장하는 학자도 있을 것이다. 미탄니는 인도-유럽어족 왕국으로 기원전 1500년경부터 200여 년 동안 시리아 북부와 아나톨리아 남부의 티그리스강, 유프라테스강 유역에서 융성했던 문화였다. 하란의 종교와 금속 가공 중심지도 그들의 영토에 포함되었는데 이곳은 사비교도의 별 신앙의 본거지이기도 했다.

만다야교인은 자신들이 사비교도의 직계 후손이라고 주장한다. 수바 *Subba*, 사바 *Sabba* | *Sa'ba* 등의 호칭도 별을 뜻하는 이집트어 스바 *sba*에서 나온 말로 여기고 있다. 그러나 만다야교인이 유대인의 출애굽 당시

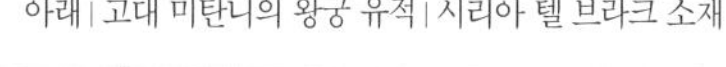

아래 | 고대 미탄니의 왕궁 유적 | 시리아 텔 브라크 소재

이집트에서 추방된 민족의 선택된 부류가 아님은 분명하다. 그들의 형제 집단인 사비교인들은 모세가 탄생하기 수백 년 전인 기원전 2000년대 전반기에 이미 이집트를 고향으로 섬기고 있었던 것이다.

실례를 들어보자. 이집트의 고고학자인 셀림 하산은 1930년대에 기자 지역에서 봉헌 석비를 발견했는데 이 석비에는 힉소스인들의 이집트 점령기(기원전 1730~1575년경)에 하란의 셈어족, 즉 별을 숭배하는 사비교인들이 기자 근처에 있는 그들의 고향 도시의 이름을 딴 도시를 건설했고 스핑크스로 특별한 순례 여행을 갔었다는 내용이 새겨져 있다.

그런데 기자 기념물에 대한 숭배는 힉소스 시기에만 국한된 것이 아니었다. 서기 11세기경 활동했던 아랍의 역사가 야쿠트-엘-하마위는 당시 사비교인들이 대스핑크스와 두 번째의 스핑크스를 순례했다고 기록하고 있다. 또 '사비안' 혹은 '사바'라는 단어의 기원을 언급하면서 "그들〔사비교인들〕은 피라미드를 별 숭배와 관련된 기념물로 인식했고 순례지로 경배했다"고 밝히고 있다.

문제는 기원전 2000년대 전반기 이전부터 기자의 기념물과 하란의 별 숭배자들이 연관성을 갖고 있는가 하는 점이다. 셀림 하산은 사비교인들이 대스핑크스를 숭배한 이유에 대해 다음과 같이 설명한다. 즉, 이집트의 태양신 레-하라크티와 동일시되었던 매 머리의 신 하라나*harana* 혹은 홀*hol*의 상징이라고 믿었고 피라미드가 별 신앙과 전설적으로 관련되어 있기 때문에 숭배했다는 것이다.

물론 그럴 수도 있다. 그러나 하란에서 기자로 가는 순례 여행은 다른 문화의 오래된 기념물에 대한 숭배 이상의 상징성을 나타낸다. 만다야교인이 신화 시대에 최초의 조상들이 이집트에서 하란을 거쳐 마다이의 산으로 왔다고 주

아래 | 사비교도의 예배 장소였던 3개의 사원 터(사진 왼쪽에는 하란의 달의 신 부조) | 터키 수마타르 소재

장한 것으로 미루어 볼 때 사비교인들이 이집트, 특히 기자를 선조들의 고향이라고 여겼을 가능성도 있다.

정황 증거로 보면 하란에 살던 사람들은 이집트에서 온 최초의 조상들이 아주 강했다고 생각했던 것 같다. 그리고 아브라함이 셈족 사람을 데리고 하란에서 이집트로 이주했다는 창세기의 이야기도 그럴 듯하게 들린다. 성서학자들은 하란에서 이집트로 이주한 시기가 기원전 2000~1800년경 힉소스인이 이집트에 처음 들어온 때로 보고 있다.

아브라함 시대에 하란은 바빌로니아의 달의 신 신*Sin*의 숭배 중심지였다. 이 신은 훗날 이집트의 신 토트와 동일시되었다. 달과의 연관성은 그리스-로마 시대까지 이어졌고 이 시기에는 세상의 가장 깊은 비밀을 알고자 하란으로 온 입문자들이 달의 신 토트의 그리스형인 헤르메스 트리스메기스토스의 가르침을 전파했다. 그들은 인도, 페르시아, 메소포타미아, 이집트의 헬리오폴리스 등 먼 곳에서 찾아왔는데 사비교인들의 천문 사제들과 너무나 흡사했다.

하란이 고대 최고最古의 종교 중심지 가운데 하나라는 것은 학계의 통설이다. 그러나 이 학설을 뒷받침하는 고고학적 증거는 별로 없다. 하란에서는 메소포타미아 최초의 도시국가가 나타나기 시작한 기원전 3000년 이전에 건설된 도로 외에 아무것도 발굴되지 않고 있다.

따라서 유프라테스강 상류에 살았던 인류 최초의 신석기 공동체가 이룩한 업적을 확인하려면 하란에서 북쪽으로 93㎞ 떨어진 힐반이란 마을로 가야 한다. 1983년 독일의 고고학자 하랄트 하우프트만이 힐반의 신석기시대 유적지에서 이집트 장로신들이 근동에 있었음을 보여 주는 증거를 우연히 발견했기 때문이다.

오른쪽 | 달과 태양, 별의 신이 묘사되어 있는 바빌론 카시테 왕조의 멜리쉬팍 1세(기원전 1186~1172년)의 경계석 | 루브르박물관 소장

제16장

에덴동산으로 가는 문

주 하느님께서는 동쪽에 있는 에덴에 동산 하나를 꾸미시어 당신께서 빚으신 사람을 거기에 두셨다. 주 하느님께서는 보기에 탐스럽고 먹기에 좋은 온갖 나무를 흙에서 자라게 하시고 동산 한가운데에는 생명 나무와 선과 악을 알게 하는 나무를 자라게 하셨다. 강 하나가 에덴에서 흘러나와 동산을 적시고 그곳에서 갈라져 네 줄기를 이루었다.

이 글은 성서의 창세기(2장 8~10절)에서 에덴을 설명하는 구절이다. 대부분의 신학자들은 에덴을 순수한 신화적 장소로 생각한다. 하지만 에덴은 고대에 실제로 존재했던 장소였다. 예컨대, 에제키엘서(27장 23절)를 보면 '하란과 칸네와 에덴, 스바의 상인들과 아시리아와 킬맛'이라 언급하고 있는데 그들은 화려한 의복, 수놓은 자주색 옷과 여러 색으로 짠 융단, 단단히 꼰 밧줄과 더불어 향료, 황금, 보석 등 사치품을 장사 물품으로 취급했다고 적혀 있다.

반 호수

에덴의 정확한 위치는 어디쯤일까. 본류에서 네 줄기로 나뉘어져 네 나라로 흘러갔다는 기록에서 유추해 볼 수 있다. 처음에는 네 나라의 기본 방위만 알려졌다. 그러다가 후대에 이르러 낙원의 네 강이 세상의 중심에 있는 에덴의 '동산'으로 흘러간다고 묘사됨으로써 그 지리적 위치가 좀 더 명확해졌다. 이것은 기원전 3000년대 후반경 이라크 북부에서 융성했던 아카드 왕국의 신화에서도 발견된다.

첫 번째 강은 오늘날 유프라테스강으로 알려진 페라트*Perath*(아랍어와 터키어로는 피라트*Pirat*)다. 아나톨리아 동부에 위치한 반 호수의 북서부 산맥 지류에서 발원하여 터키와 시리아 북부로 흘러간 뒤, 이라크로 들어가서 페르시아만으로 빠진다.

두 번째 강인 히데겔*Hiddekel*은 그리스 시대 이후 알려진 티그리스강이다. 이 강 역시 반 호수 남서쪽의 여러 지류에서 발원하는데 하나로 합쳐졌다가 동쪽의 토로스산맥으로 방향을 틀어서 이라크 북부 평원으로 들어간다. 그리고 남동쪽으로 흘러 유프라테스강과 평행되게 흐르다가 역시 페르시아만으로 들어간다.

세 번째 강인 기혼*Gihon*은 아르메니아 전설의 아락 혹은 아락세스(아랍어로 가이훈*Gaihun*), 즉 아라스강과 관련이 있다. 반 호수 북동쪽에서 시작하여 동쪽으로 쿠시의 고대 땅인 아르메니아 왕국으로 흘러가서 카스피해로 들어간다.

네 번째 강인 피손*Pishon*은 설명하기가 힘들다. 몇몇 학자들은 이란 북서부에 있는 우르미아 호수의 남쪽에서 발원하여 아라스강처럼 카스피해로 들어가는 우이준이 피손강이라고 해석하고 있다. 그러나 피손강은 대자브강이며 반 호수 남동쪽에서 시작되어 이라크, 쿠르디스탄으로 흘러 아시리아의 수도였던 이란 북부의 니네베와 가까운 티그리스강에 합류한다는 가정이 보다 설득력 있다. 아시리아의 네스토리우스 교도들은 대자브강이 피손강이라고 믿었고 20세기 초반까지만 해도 이 교회 장로의 공식 서한은 하나같이 '에덴의 강

아래 | 아제르바이잔의 쿠다페린 근처를 흐르는 아라스강

위의 내 방에서'라고 끝맺곤 했다. 결국 에덴에서 갈라진 네 줄기의 정점은 반 호수라고 할 수 있다.

반 호수는 길이 96㎞, 너비 56㎞의 거대한 내해로 터키의 쿠르디스탄과 구소련 아르메니아의 국경 지대에 위치하고 있다. 아르메니아의 전설에 따르면 아담과 이브가 살던 '동산'은 대홍수로 물에 잠겼다고 하는데 반 호수가 에덴의 중심이라는 생각은 이 전설에서 나온 것이다.

딜문

기원전 3000년경, 이라크 남부에 여러 도시국가를 거느렸던 아카드인들과 초기 수메르인들은 나름대로 고유한 에덴 이야기를 갖고 있었다. 그들의 신화에 등장하는 낙원은 신과 인간과 동물이 평화롭게 조화를 이루며 살아가는 딜문이란 곳이었다.

신화에 따르면 물의 신 엔키는 이곳에서 아내와 함께 '죄 없는 완전한 행복의 시대'를 열었다. 또 이곳은 순수하고 깨끗하며 '빛나는' '불멸자들의 거주지'이자 죽음과 질병, 슬픔이 없고 인간들은 '신과 같은 삶'을 살고 있었다고 한다. 창세기의 아담과 이브를 연상시키지만 대조적인 면도 없지 않다. 성서에서 아담과 이브는 '선악을 알게 하는 나무'의 열매를 따먹으라는 뱀의 유혹을 받은 뒤, '생명의 나무'에서 나는 과일을 먹고 '영원히

아래 | 하늘에서 내려다 본 반 호수

위 | 신과 전령 앞에 앉아 있는 엔키 신 | 아카드 시대(기원전 2334~2154년) 원통인장 | 모건라이브러리앤드뮤지엄 소장

살지' 못하도록, 즉 신과 같아질 수 없도록 에덴동산에서 쫓겨난 것으로 되어 있다.

일부 학자들은 딜문이 페르시아만의 바레인을 지칭한다고 주장한다. 그러나 이라크 북부 산악 지역의 명칭으로 사용되었다는 증거도 있다. 예컨대, '태양이 떠오르는 딜문의 산'이라는 표현이 있는데 바레인에는 '산'이라고 불릴 만한 지역이 없고 이라크에서 볼 때 태양이 떠오르는 방향에 있지도 않다. 따라서 나는 두 개의 딜문이 있었다고 생각한다.

내가 딜문의 신화적 위치를 쿠르디스탄의 산악 지역이라고 확신하는 것은 '금기시된' 딜문이 '삼나무의 땅'으로 묘사된 문헌을 본 뒤였다. 쿠르

아래 | 또 하나의 딜문으로 추정되는 바레인 바르바르의 엔키 신전 유적

위 | 반 호수 남서쪽에 위치한 비틀리스 전경

드족 출신의 메흐르다드 이자디 역시 신들의 거주지이기도 한 '삼나무의 땅'이 자그로스강 상류의 산악 지역에 살던 아카드인들과 수메르인들에 의해 붙여진 이름이라고 주장했다. 자그로스강은 이란과 이라크 국경에서 시작되어 반 호수와 토로스산맥 동쪽까지 이어지는 강이다.

그는 딜문이 반 호수 남서쪽의 비틀리스 부근에 있는 딜라만, 또는 다일라만과 관련이 있다고 했다. 그리고 쿠르디스탄의 아르벨라(오늘날의 이르빌)에서 발견된 고대 교회의 기록을 보면 '다일라마트*Daylamites*의 땅'인 베트 다일로마예*Beth Dailômâye*가 '산자르 북쪽'에 있다고 적혀 있다. 산자르는 후제스탄 지방의 북쪽에 위치하고 있으므로 딜라만은 유프라테스강 상류와 티그리스강 사이에 있는 토로스산맥 깊숙이 자리 잡고 있는 것이다. 결국 두 지명은 지리적으로 동일한 지역을 말하는 셈이다.

조로아스터교의 경전인 《분다히쉰》 역시 딜라만이 티그리스강 원류에 있는 것으로 적고 있다. 기원전 9500~5000년경 초기 신석기인들이 고차원의 문화를 발전시켰던 바로 그 지역이다. 그렇다면 이곳이 에덴의 땅이기도 하다는 사실은 결코 우연이 아닐 것이다.

히브리인과 아카드인, 그리고 수메르인의 오래된 전통에 따르면 이곳이 바로 문명의 발상지이자 에덴으로 가는 문이었다. 따라서 우리는 우르파 지방의 힐반으로 가야 한다. 힐반에서 북동쪽으로 더 들어가면 토로

위 | 하늘에서 내려다 본 아타튀르크댐

스산맥의 눈 덮인 꼭대기가 하늘을 뚫고 있다. 남동쪽에는 이라크로 가는 도로가 있지만 거의 이용되지 않고 있다. 이 도로는 1997년 4월 터키가 쿠르디스탄 깊숙이 숨어 있던 쿠르드 노동자당(PKK)에 대한 공격을 감행한 경로이기도 하다. 당시 5만여 명의 군대와 250대의 탱크, 대규모의 공중 예비대와 중포병대가 이라크로 급파되어 4000명의 자유 전사들을 추격했었다.

우리의 목적지는 힐반 마을 서쪽의 아타튀르크 저수지다. 1992년 유프라테스강 상류에 수력발전용 댐을 만들면서 생긴 저수지인데 유프라테스강과 티그리스강 유역에 많은 댐이 건설되는 바람에 상당수의 고고학 유적지들이 물에 잠기고 말았다. 특히 우리의 목적지이자 고고학적으로 대단히 중요한 아나톨리아의 '토기 이전 신석기시대 B기'의 유적지인 네발리 코리의 수몰은 인류의 크나큰 손실이 아닐 수 없다. 여기서 '토기 이전 신석기시대 B기'는 대략 기원전 8800~7600년을 가리킨다.

아래 | 우르파 지방의 힐반 전경

위 | 터키 남동쪽에 위치한 네발리 코리의 거대한 돌 기둥(수몰되기 전의 모습)

석조 기둥

1996년 가을, 나는 마크 버킨쇼 기자로부터 한 통의 편지를 받았는데 편지와 함께 동봉된 신전 그림을 본 순간에 깜짝 놀랐다. 수직으로 세워진 기둥 사이로 돌을 불규칙하게 쌓아 만든 벽, 그리고 중앙에 커다란 돌기둥 하나가 서 있는 모습이 흡사 볼리비아 티아우아나코의 직립 기둥을 보는 듯 했기 때문이다. 그곳이 아나톨리아 동부에 위치한 네발리 코리라는 것을 안 것은 첨부된 내용을 보고 나서였다.

한가운데 세워진 돌기둥은 사면이 정확한 직사각형 모양이었고 반질반질한 바닥 위에 세워져 있었다. 나중에 바닥이 테라초라는 석회반죽으로 다듬어졌다는 것을 알았는데 그것은 그 지역의 신석기 유적지에서 찾아보기 힘든 재료라서 더욱 놀랐다.

무엇보다 신기한 것은 높이 2미터의 기둥에 새겨진 그림이었다. 양 측면에서 V자로 구부린 팔이 앞면에 새겨진 손까지 연결되어 있는 형상인데 손은 바다표범이나 돌고래 같은 해양 포유동물의 물갈퀴처럼 보였다. 그리고 '손' 위에 놓인 두 개의 직사각형은 꼭대기에서 절반 정도 아래로 내려와 있어서 마치 머리 없는 사람의 어깨 너머로 긴 머리카락이 흘러내린 것 같았다.

오른쪽 페이지 | 네발리 코리 근처에 위치한 신석기시대의 유적 괴베클리 테페에 있는 여우가 새겨진 거대한 돌기둥

가장 놀란 것은 이 희한한 거석 신전의 건축 시기였다. 1995년 타임-라이프에서 출간한《아나톨리아-문화의 가마솥》에는 네발리 코리가 1만 년이나 된 타임머신이라고 했다. 그렇다면 고대 메소포타미아 문명이 탄생하기 5000년 전인 기원전 8000년경에 세워진 것이었다. 인류 문명의 최초의 발상지가 아나톨리아 동부의 유프라테스강 상류 지역이고 이곳에서 수천 년 뒤에나 만들어진 몰타나 서유럽의 거석 예술에 필적할 만한 석조 기둥이 제작되었다는 이야기인 것이다.

단순히 네발리 코리의 신전 그림에 매혹된 것만도 아니었다. 뭔가 설명하기 어려운 강하고도 이상한 느낌을 받았다. 한참 동안 그림을 바라보면서, 이것이야말로 이집트 장로문화의 기념물에 비견될 만한 수준이라는 생각이 들었다. 그런데 더욱 놀라운 일이 나를 기다리고 있었다.

제례 건물

1980년 독일의 고고학자 한스 게오르그 게벨이 칸타라 계곡을 조사하면서 네발리 코리가 처음으로 세상에 모습을 드러냈다. 하지만 당시 게벨이 진짜 관심을 둔 곳은 9㎞ 떨어진 곳이어서 칸타라 카이 마을 동쪽과 유프라테스강 남쪽 기슭으로부터 3㎞쯤 떨어진 곳에서 가로 90m, 세로 40m의 작은 주거지를 발견했다고 언급하는 수준이었다.

3년 뒤인 1983년, 독일 하이델베르크대학의 고고학자 하랄트 하우프트만이 본격적으로 네발리 코리를 탐사했는데 첫 해에는 한철만 했지만 1985년부터는 계속 머물면서 발굴 작업에 매달렸다. 1991년 아타튀르크 댐 건설로 네발리 코리가 수몰될 위기에 처하자, 유물 발굴은 보존 작업으로 바뀌었다. 결국 네발리 코리는 아타튀르크 저수지 밑으로 가라앉고 말았지만 앞서 언급한 돌기둥은 다행히 건져내어 지금 우르파고고학박물관에 전시되고 있다.

방사성탄소 연대 측정에 따르면 네발리 코리에는 기원전 8400년경부터 사람이 살기 시작했다. 농경의 기본 원리를 알고 있어서 초기 단계부터 곡식을 재배하고 가축을 사육한 것으로 확인되었다. 그 후 기원전 6000년 중반까지 여러 집단이 거주한 것으로 밝혀졌는데 고고학계에서

위 | 네발리 코리의 제례건물(수몰되기 전의 모습)

특별히 관심을 쏟는 시기는 네발리 코리의 최초 점유기, 즉 토기 이전의 신석기시대다.

왜 신석기시대에 이곳에다가 주거지를 만들었을까. 아직까지 명확하게 밝혀지지 않고 있다. 온전한 농경 공동체가 존재하지도 않았던 것 같다. 하지만 농경에 관한 고려가 있었던 것은 분명하다. 격자 구획의 직사각형 형태인 22개의 주거지 가운데 오직 하나만 숙소로 사용되었고 나머지는 대부분 저장용으로 사용되었기 때문이다. 그 중 한 곳에서는 석기를 제작하는 작업장 기능을 담당했고 매장된 두개골을 종교적 용도로 사용한 곳도 있었다.

네발리 코리는 하랄트 하우프트만이 '제례 건물'이라고 이름을 붙인 건물 II를 중심으로 하여 종교 중심지의 역할을 맡았던 것으로 보인다. 처음 세워진 건물 가운데 남아 있는 것은 4m의 벽 일부가 전부지만 그 당시의 몇몇 조각상은 보존되었다가 훗날 세워진 건물에 안치되었던 것 같다.

제례 건물은 기원전 8100년경 세워진 것으로 추정되는데 건물 뒷면이 바위 면에 붙어 있어 동굴 같은 느낌을 준다. 안쪽에는 높이 2.8m, 두께 0.5m의 돌로 네 벽을 쌓았고 벽에는 석회 반죽을 덧발랐는지 여기저기 검정과 빨강 물감이 묻은 연회색 회반죽이 눈에 띈다. 아마도 종교적 혹은 상징적 벽화로 장식을 했던 것 같다.

새–인간 조각상

제례 건물의 바닥은 견고한 테라초로 만들어져 수천 년 뒤에 건설된 것 같은 이미지를 풍긴다. 신전의 벽 안에는 13개의 석조 기둥이 일정한 간격으로 배열되어 있고 기둥의 꼭대기가 T자형 기둥머리여서 하우프트만은 지붕을 떠받치는 지지대 역할을 했을 것으로 추정했다. 그리고 건물의 남서쪽 구역으로 들어가는 계단 측면에는 두 개의 커다란 돌이 서 있고 맞은편 벽에 조각상이 안치된 벽감이 있다. 중요한 것은 이 층위에서 발견된 다양한 석조상들이다.

그 중 새 형상의 석회암 조각상은 건물 II의 벽처럼 서 있지만 원래는 그 이전에 세워진 건물 I에 있었던 것으로 보인다. 특이한 것은 새의 머리가 아즈텍의 깃털 달린 뱀신 케찰코아틀과 닮았다는 점이다. 새의 부리는 부러졌지만 커다란 두 눈, 둥근 가슴, 세련된 날개는 오늘날 화랑에 전시된 고대 유물처럼 아름답다.

세 번째이자 마지막 단계에 세워진 건물 III은 기원전 8000년경 건설된 것으로 추정되었다. 계단식 입구가 있는 남서쪽 구역을 제외한 3개의 내부 벽 밑에는 커다란 석판으로 덮은 연단이 놓여 있다.

12개의 기둥 가운데 가장 넓은 면에는 팔꿈치를 구부린 팔이 새겨져

아래 | 뱀 머리를 가진 콘도르 조각상 | 네발리 코리 출토 | 우르파고고학박물관 소장

위 | 새-인간 형상의 석회암 조각상들 | 네발리 코리 출토 | 우르파고고학박물관 소장

있고 다섯 개의 손가락이 새겨진 앞면까지 이어진 모습이다. 이 기둥은 두 번째 단계에 세워졌던 석조 기둥 13개를 대체한 것처럼 보인다. 그리고 남서쪽을 향하고 있는 높이 3m의 두 개의 거석은 '지지' 기둥에 상응하는 것으로 출입구 역할을 했던 것 같다. 여기에도 역시 의인화된 형상이 새겨져 있다.

《아나톨리아-문화의 가마솥》이란 책에 실린 거석 그림에서 특별히 눈길을 끈 것은 한 기둥의 나머지 부분이다. 꼭대기 부분이 비스듬히 깎여 있어서 아래쪽과는 달리 오랫동안, 아마도 수천 년 동안 물과 공기 등에 노출되었다는 것을 알 수 있다. 더욱이 테라초 바닥을 5㎝ 가량 파내고 그 위에 세워진 상태여서 이해하기가 쉽지 않았다. 기둥의 원래 높이가 3m라는 점을 고려할 때, 5㎝ 깊이에 세워진 기둥이라면 누군가 기대기만 해도 금방 넘어질 것이기 때문이다. 하우프트만은 기둥 꼭대기에 가로대가 놓여 있었기에 종교적 의미가 없는 단순한 지지대였을 것이라고 주장했지만 내가 보기에는 네발리 코리의 사제단에게 중요한 종교적 의미가 있었던 것으로 보인다.

건물 Ⅲ에서는 높이가 37㎝ 크기인 달걀 모양의 대머리 두상이 발견되었다. 얼굴 부분은 마모되었지만 섬세하게 조각된 귀, 길게 묶은 머리가 목까지 흘러내린 형태로 아주 독특한 조각상이다. 전체적으로 구세계의

위 | 뱀이 조각된 두상(왼쪽)과 두 여자 위에 새가 놓여 있는 인물상(오른쪽) | 네발리 코리 출토 | 우르파고고학박물관 소장

다른 신석기 유적지에서 발견된 것과는 전혀 다른 형상인데 아마도 구불구불한 뱀을 나타낸 것으로 보여진다. 이 조각상은 서남쪽을 바라보는 북동쪽 벽에 놓여 있었는데 건물 I이나 건물 II에 있었던 조각상에서 떨어져 나온 것처럼 보인다.

나는 이 두개골 형상이 선조나 사제들의 영령을 나타내는 것이라고 봤지만 하우프트만은 '천국의 것'을 상징한 것이라고 주장했다. 만약 내 생각이 맞는다면 이곳의 공동체 구성원들은 대머리 두상에 땋은 머리를 붙여서 치장했을 것이다. 달걀 형상과 뱀처럼 구불거리는 모습은 중요한 의미가 있다. 왜냐면 달걀과 뱀 모두 다산多産, 지혜, 최초의 창조를 상징하기 때문이다.

건물 III에서는 대머리 두상뿐만 아니라 높이 23cm의 새-인간 조각상도 발굴되었다. 석회암으로 만들어진 이 조각상의 머리는 마치 망치처럼 길게 늘여져 있고 등에 날개가 접혀 있는 것으로 보아 새 형상의 인간임이 분명하다. 벽감에서 동떨어진 채 발견되었지만 이것 또한 과거의 건물에서 보존되어 왔던 것으로 보인다.

마지막으로 주거층은 별로 흥미로운 주제가 아니다. 하지만 여기서 기원전 8400~7600년경으로 추정되는 이전 층위에서 가져왔음직한 기이한 조각상들이 발견되었다. 등을 대고 웅크린 두 여자 위에 새가 놓여 있는 인물상, 머리에 깃털을 상징하는 대각선 표식이 있는 신비스런 여자 두상 등이 발견되었다. 후자는 다른 토템 기둥의 일부분으로 아나톨리아 동부보다는 한때 북아메리카에서 나타났던 양식과 흡사한 모습이다.

인간 제물

네발리 코리의 발굴품 가운데 가장 기이한 느낌이 드는 것은 인간 제물에 관한 증거다. 건물 21에서 목과 위턱에 부싯돌 조각이 박혀 있는 여인의 시신이 발견되었는데 돌로 연속적인 타격을 받은 것 같았다. 하우프트만은 의도적으로 살해당한 증거라고 여겼고 건물 21 또한 그 목적으로 사용된 '제물을 바치는 곳'이라고 추정했다.

이곳에 거주하던 사람들이 고도의 기술력을 발달시킨 문명의 창시자라는 점을 고려하면 하우프트만의 추정은 소름 끼치는 가설이 아닐 수 없다. 물론 그렇지 않을 가능성도 있지만 북동쪽으로 100㎞쯤 떨어진 카요누에서 더욱 잔인한 숭배의 물증이 발굴되었다는 점에서 설득력 있는 추정이라고 생각된다.

카요누에는 네발리 코리처럼 격자 구획의 토대에 세워진 직사각형 석

아래 | '두개골 건물'로 불리는 카요누의 석조 건물 유적

조 건물이 상당히 많다. 바닥이 테라초로 된 건물이 있는가 하면, '판석 건물'이라고 불리는 건물의 바닥은 거석 구조물(근처에 직립 기둥이 일렬로 서 있다)에 사용되는 커다란 판석으로 되어 있다. 이집트 기자고원의 밸리 신전 내부와 비슷한 느낌을 주는 구조다.

카요누에서 가장 흥미로운 건물은 '두개골 건물'이라고 불리는 석조 건물이다. 크기가 가로 7.9m, 세로 7m이고 한쪽 끝에 둥근 애프스*apse*가 있어서 어두운 비밀을 간직한 11세기의 노르만 교회처럼 황량하고 섬뜩한 인상을 준다. 고고학자들은 이 건물의 앞방에서 약간 그슬려 있는 70여 개의 두개골을 포함하여 모두 295명의 뼈를 발굴했는데 단정 지을 수는 없지만 조상 숭배의 한 형태일 가능성이 높다.

또 카요누에서는 무게 1톤쯤 되는 커다란 돌이 놓여 있는 커다란 방도 발굴되었다. 근처에 부싯돌 칼이 놓여 있는 것으로 미루어, 끔직한 용도로 사용된 것이 분명하다. 특히 돌 표면에 들소, 양, 사람의 피 찌꺼기가 남아 있다는 점에서 인간 제물을 바치는 장소이기도 했던 것 같다. 그러나 고고학계는 아직까지 인간을 제물로 바치는 의례라는 주장에는 귀를 기울이지 않고 있다.

나는 네발리 코리와 카요누에 살고 있던 신석기인들이 수천 년 뒤에 시작된 메소포타미아 문명과 비견될 만한 생활을 영위했다고 할지라도 그곳의 지배 사제들은 다른 생활을 했을 것이라고 생각한다. 어쩌면 그들은 기원전 8000년경 형성된 동부 아나톨리아의 초기 공동체보다 서기 1000년경 중앙아메리카 문명과 비슷한 도덕 관념 부재의 생활양식으로 주민들을 인도했을 것이다.

어쨌든 네발리 코리의 제례 건물 한가운데 높이 치솟은 거석을 처음 봤을 때, 나는 완전무결한 단순성에도 불구하고 절대적인 공포를 느꼈다. 그러면서 남아메리카 문화, 특히 페루의 차빈 문화와 볼리비아의 티아우아나코 문화와 어느 정도 연관이 있을 것이라고 생각했다. 왜냐면 티아우아나코에는 기원전 1만 5000년~1만 년경 건설된 것으로 보이는 거석 신전 칼라사사야가 있는데 그 모양새가 네발리 코리의 신전과 너무나 흡사하기 때문이다. 카요누처럼 신전들 옆으로 돌기둥이 줄지어 서 있고 특이한 재질과 무늬의 조각 기둥도 있다.

엘 프라일레*El Fraile*, 즉 '수도사'라고 불리는 거석 조각은 칼라사사야 유적지의 태양 신전 남서쪽 모서리에 서 있다. 견고한 적색 사암으로 만들어진 이 조각상의 머리는 사람의 형상을 닮았고 팔은 옆으로 늘어져 있다. 그리고 이상한 물체를 움켜진 손이 새겨진 기둥 면까지 이어져 있는데 오른손에는 인도네시아의 고유 단검인 크리스와 비슷한 물결 모양의 칼을 들었고 왼손에는 항아리 같은 것을 들고 있다.

특이한 것은 허리 아래쪽에 걸치고 있는 물고기 비늘 의상이다. 비늘 하나하나가 작은 물고기 머리의 형상이다. 허리에는 '갑각류甲殼類'로 장식된 띠를 매고 있는데 티티카카호 근처에 서식하는 히야엘라라는 게로 알려지고 있다. 한마디로 물고기-인간을 나타낸 것이 분명하다. 실제로 이 지역의 고대 민간 설화에는 '출루아*Chullua*'와 '우만투아*Umantua*'라는 물고기 꼬리를 가진 호수의 신이 등장한다.

이렇게 본다면 티아우아나코의 엘 프라일레와 네발리 코리의 거석은 미묘한 연관성을 갖고 있는 게 틀림없다. 네발리 코리에서 발굴된 다른 조각품들 역시 전前 콜롬비아 문화의 영향을 받은 것처럼 너무나 흡사하다. 정말 두 지역이 관계가 있는 것일까. 네발리 코리는 남아메리카에서 수천 마일이나 떨어진 다른 대륙에 있는데…. 현재로서는 정답이 없다. 오히려 지금은 네발리 코리와 카요누에 살았던 최초의 주민들이 누구인지를 밝혀내는 일이 중요하다.

우선 네발리 코리의 예배 신전과 정교한 조각 기둥을 세운 사람들이 누구인지부터 알아보자. 인간 제물을 바치는 의식과 의례를 집전한 인물은 누구일까. 그리고 아나톨리아 동부의 초기 신석기 유적지에 갑작스럽게 나타난 놀라운 기술의 배후에 누가 있는지를 살펴보자. 혹시 이집트의 장로문화와 관련이 있는 것은 아닐까.

오른쪽 | 티아우아나코의 칼라사사야 신전 남쪽에 서 있는 엘 프라일레 조각상

제17장

깃털 달린 뱀

아나톨리아 동부의 제례 건물과 조각상들은 장로신이 세웠다는 이집트의 석조 건축물처럼 괴상한 분위기를 풍긴다. 왜 그럴까. 네발리 코리의 불가사의한 조각상을 이드푸 문서에 등장하는 웨트제세트-네테르의 신성한 주민들의 이미지와 비교해 보면 보다 명확하게 이해할 수 있다.

이드푸 문서는 새 깃털과 날개로 치장한 팰콘 혹은 현자를 언급하면서, 이들이 새 옷을 입은 사람 혹은 새 샤먼임을 암시하고 있다. 네발리 코리에서는 새 조각상과 새-인간 조각상이 발굴되었다. 모두 세 번째 건설기에 속하는 기원전 8400~7600년경 제작된 것들이다.

조장 풍습

하랄트 하우프트만은 건물 II에 벽처럼 서 있던 조각상, 즉 눈이 커다랗고 뱀 머리를 가진 새 조각상이 콘도르일 것이라고 추정하면서 그 밖의 다른 새 조각상들은 콘도르가 아닐 것이라고 했다. 그러나 내가 보기엔 건물 III의 벽감에서 떨어진 채 발견된 높이 23㎝짜리의 날개 접힌 새-인간상도 콘도르를 나타낸 것이다. 비정상적으로 길게 늘어진 머리가 콘도르의 긴 목을 많이 닮았기 때문이다. 그렇다면 다른 새 관련 조각상도 콘도르 형상을 하거나 콘도르 깃털로 만든 머리 장식을 썼을지 모른다.

왜 콘도르가 그토록 특별했을까. 현대인들에게 콘도르는 이미지가 별로 좋지 않다. 날개를 펴면 3.5m가 넘는 큰 덩치에 썩은 고기를 먹고 죽은 자의 살로 잔치를 벌인다. 동물이나 새, 인간의 시체를 게걸스럽게 먹으면서 장기를 뭉개 버린다. 이렇듯 무척 혐오스런 행동을 하지만 실제로는 아주 깨끗한 조류다.

콘도르는 고대에서 죽음의 상징이었고 향정신성向精神性 약물, 지각 상실, 임사臨死 현상에 의한 혼수 상태와 정신 변형의 상징으로 숭배되었다. 콘도르 형상을 취한 샤먼과 입문자들은 초자연적 비행을 할 수 있고 저승 세계에 들어갈 수 있으며 조상의 영혼과 대화할 수도 있었다. 또 우주 지식과 지혜를 되돌릴 수 있다고 믿었다.

콘도르 숭배에서 중요한 것은 조장鳥葬 혹은 풍장風葬이라고 불리는 장례 풍습에서의 역할이다. 시신을 주거지에서 멀리 떨어진 납골당의 나무판 위에 놓으면 콘도르와 까마귀들이 날아와서 살점을 파먹는다. 해골만 남을 때까지는 채 30분도 걸리지 않는다. 남은 뼈를 수거해서 석실이나 지하에 묻으면 장례 절차는 모두 끝난다. 죽은 자의 친척집 방바닥에 놓기도 했다.

조장은 '2차 매장'을 포함하기도 한다. 즉, 남아 있는 뼈를 여러 장소에 나누어 보관하는 것이다. 근동 지역에서는 종교 건물의 바닥 밑에 두개골만 놓여 있는 유적지가 상당히 많다. 때로는 친척이나 샤먼에 의해 신탁의 목적으로 사용되기도 했다. 죽은 뒤에도 영혼이 두개골에 살아 있다고 믿어서 대화를 시도하는 것이다. 이때는 두개골에 회반죽을 바르고 개오지조개 껍데기로 만든 화려한 눈을 붙였다. 두개골 주인공의 힘과 존재를 강조하기 위한 것이었다.

이런 형태의 조상 숭배는 근동 지역에서 신석기시대를 통틀어 아주 일반적인 풍습이었다. 네발리 코리에서는 두개골이 긴 뼈(인간의 대퇴부)와 함께 매장되었는데 대부분 마주보도록 놓여 있었다. 그리고 이곳에서 발굴한 두개골은 연대가 제례 건물보다 후대인 것으로 밝혀졌다. 즉, 기원전 7000~6000년대인 신석기시대 후기의 것으로 추정되었다.

콘도르 숭배를 정신적 차원에서 해석하자면, 콘도르가 영혼의 안내자 역할을 하며 죽은 이를 다음 세계로 데려간다는 믿음 때문이었다. 천상의 이 장소는 북극성의 방향, 즉 북쪽이라 여겼고 이곳에서 무형의 영혼은 신에게 심판을 받고 불멸을 얻거나 중간 상태에서 환생하기를 기다린다고 믿었다.

고대의 조장 풍습에 대해 우리가 알고 있는 내용은 대부분 조로아스터교 교리와 장례 의식에서 얻은 것들이다. 고대 이란의 종교인 조로아스터교는 20세기까지 풍장 풍습을 유지해 왔고 그 분파인 인도의 파르시교도들은 지금까지도 조장으로 매장을 한다.

물론 조장 풍습은 쿠르디스탄산맥에 거주하던 신석기인들로부터 비롯되었다. 그들이 살던 거친 산악 지역은 한때 메디아 왕국의 영토였고 기원전 5세기경 헤로도토스가 방문하여 마기라는 승려 계급이 조장 의식을 행하는 것을 목격한 장소이기도 하다. 이집트에서 나와 하란에 정착했던 만다야교인도 가장 먼 선조들에게 풍장 풍습이 있었다고 기록하고 있다.

콘도르 샤머니즘

조장 풍습은 신석기시대의 유라시아 대륙에 광범위하게 퍼져 있었다. 그리고 그 물증이 발견되는 장소와 상관없이 콘도르 숭배가 일반적으로 행해졌던 것으로 보인다.

기원전 9000년경 죽음을 숭배했다는 네발리 코리의 유물과는 별도로 조장이 행해졌다는 실질적인 증거가 쿠르디스탄의 샤니다르 동굴에서 발견되었다. 낙원의 네 번째 강으로 추정되는 대자브강의 깊은 계곡을 내려다 볼 수 있는 이 동굴에서, 학자들은 잔뜩 쌓여 있는 염소 두개골과 조류 뼈를 발견했다. 대부분이 커다란 맹조猛鳥들의 날개였다. 붉은 흙으로 덮인 채 발굴되었는데 신석기시대에는 사람의 무덤 위에 붉은 황토를 뿌리곤 했다. 탄소 연대 측정 결과, 유골의 유기물들은 기원전 8870년(±

아래 | 이란 야즈드에 있는 침묵의 탑(조로아스터교도들의 조장 터)

300년)에 생성된 것으로 네발리 코리의 건설 시기보다 400년이나 앞선 것이었다.

미국 스미스소니언연구소의 알렉산더 웨트모어와 컬럼비아대학 인류학과 대학원생인 토머스 맥거번이 동굴에서 발굴된 조류 뼈를 연구한 결과, 현존하는 4개 종의 조류 17마리의 날개임이 밝혀졌다. 수염콘도르 4마리, 그리폰 콘도르 1마리, 흰꼬리 바다독수리 7마리, 큰 너새 1마리, 그리고 종을 알 수 없는 작은 독수리 4마리였다. 이 가운데 오직 큰 너새만이 오늘날까지 그 지역에 살고 있다고 한다.

너새류를 제외한 나머지 새들은 모두 맹금류에 속한다. 특히 콘도르는 썩은 고기를 먹는 새이기에, 로즈 솔레키가 지적했듯이 '죽은 생물들, 그리고 죽음과 특별한 관계가 있다'는 것이 확실하다. 확인된 107개의 뼈를 분석했더니 90%에 달하는 96개가 날개 뼈였다. 그리고 상당수가 매장 당시 관절이 연결된 상태였다. 뼈 끝부분에 날카로운 도구로 잘린 흔적이 보이는데 새의 깃털과 겉가죽을 벗겨 내려고 했던 것 같다.

로즈 솔레키는 새의 날개가 모종의 의식 예복의 일부로서 개인의 장식이나 의식적 목적에 사용되었을 것이라는 견해를 제시했다. 또 신석기시대에 자위 케미에서 특정 종교 숭배가 실재했었다는 확고한 증거였다고 하면서 다음과 같이 결론을 지었다.

> 이 지역 사람들은 거대한 맹금류에 특별한 권능을 부여했음이 틀림없다. 그리고 염소 두개골과 맹금 유골들은 특별한 의식에 사용되었음을 나타낸다. 유골의 규모로 미루어 볼 때, 상당수의 사람들이 새와 염소들을 잡기 위해 협동했음을 알 수 있다. … 날개들은 깃털을 뽑기 위해 모아 두었든지, 아니면 … 날개 부채를 만들었든지, 아니면 의식에 쓰일 예복의 일부로 사용되었다. 차탈휘위크에 있는 성소의 벽화 중 하나에는 … 바로 그 의식을 치루는 장면이 묘사되어 있다. 즉, 콘도르 가죽을 차려 입은 사람의 모습이다.

1958년 영국의 고고학자 제임스 멜라트에 의해 최초로 규명된 차탈휘위크는 아마도 아나톨리아 지방 전체에서 가장 중요한 신석기 유적지일

위 | 황소 뿔이 파묻힌 차탈휘위크의 발굴 현장　　오른쪽 페이지 | 차탈휘위크 유적지 전경

것이다. 아나톨리아 남부의 고대 도시 코니아 근처에 있는 이 거대한 이중토루二重土壘는 제임스 멜라트가 발굴 작업을 했던 묘지의 지하에서 모습을 드러냈다.

지금으로부터 8500~7700년 전 사이에 융성했던 선진 공동체의 집터와 성소가 그물망처럼 엮어져 있고 건축물의 장식, 생활 도구, 무기류, 보석류의 제작 기술은 문명 발달에 관한 고고학자들의 상식을 뒤집을 만큼 높은 수준이었다. 근동 지역에서 이런 엄청난 유적이 발견되리라고는 어느 누구도 상상하지 못했었다.

우리가 차탈휘위크에서 눈여겨 볼 곳은 전체 거주지에서 가장 중요한 부분을 차지하고 있는 성소다. 이곳은 인접한 방을 통해서만 들어갈 수 있는 구조로 되어 있는데 실물 크기의 뿔 달린 황소머리 석고상, 태어나면서 날개를 쭉 펴는 독수리 문양, 세 잎 장식이 새겨진 표범상, 여자의 젖가슴을 묘사한 석고상 등 각양각색의 희한한 부조와 벽화들이 발견되었다. 석고로 만들어진 젖가슴 모형상은 콘도르의 부리가 젖꼭지 밖으로 튀어나와 있다.

이곳에서 가장 눈에 띄는 것은 콘도르의 커다란 해골로 장식된 성소의 벽이다. 몇몇 콘도르는 나무로 만든 누대에 내려앉아 죽은 사람의 살을 파먹거나 영혼의 장소라고 여겨지는 머리를 간수하는 모습을 보여 주고

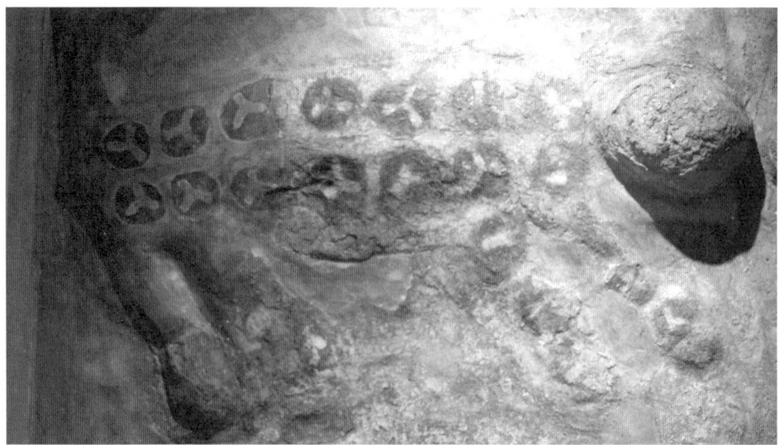

위 | 실물 크기의 뿔 달린 황소머리 상(맨위) | 젖가슴 형상의 테라코타(가운데 왼쪽)와 표범 위에 올라탄 신 테라코타(가운데 오른쪽) | 세 잎 장식이 새겨진 표범 조각(맨아래) | 차탈휘위크 출토 | 앙카라 아나톨리아문명박물관 소장

있다(제6성소). 대머리와 짧은 다리, 눈에 잘 띄는 볏으로 미루어 볼 때 그리핀 콘도르라는 것을 쉽게 알 수 있다. 콘도르로 치장한 남녀가 그려진 벽도 있다. 다리에 관절이 있다는 점에서 새가 아니라 샤먼을 나타내고 있는 게 분명하다. 이밖에 조장의 증거인 2차 매장의 물증도 발견됨으로써 차탈휘위크에서도 콘도르 숭배가 성행했음이 드러났다.

이렇듯 네발리 코리와 근동의 다른 신석기 유적지의 성소 안에 두개골이 있다는 사실은 조상 숭배와 신비로운 대화가 있었음을 보여 준다. 하우프트만은 차탈휘위크의 콘도르 사머니즘과 네발리 코리에서 발견된 콘도르 및 새-인간 사이에는 아무런 관련이 없다고 했다. 그러면서 새와 인간의 연관성이 조각상에 의도적으로 표현되어 있고 새와 혼성 인물들이 그들의 신앙생활에서 특별한 의미가 있었다는 점만을 인정했다.

공동체의 두 계급

이제 정리해 보자. 우리는 샤니다르 동굴에서 발견된 새의 날개를 통해 고도로 발달된 콘도르 샤머니즘이 기원전 9000년대 초 신석기시대 주거지에 있었다는 것을 알았다. 네발리 코리, 카요누 등 쿠르디스탄에 존재했던 수준 높은 문화가 동시대에 아나톨리아 중부에 존재했다는 것도 확인했다. 아시클리 휘위크에서 발굴된 마노 구슬 목걸이가 그 분명한 증거인데 카요누의 숙련된 장인이 제조했을 것이다.

따라서 콘도르 숭배가 아나톨리아 중부를 포함한 다른 지역에 전해지기 전에 쿠르디스탄의 비옥한 계곡과 고원지대에서 성행했다는 사실이 확인된다. 아나톨리아 중부의 콘도르 숭배는 이곳보다 훨씬 뒤인 기원전 6500년경 차탈휘위크의 공동체 등에 의해 행해졌던 것이다. 바로 이 점에서 기원전 9000년대의 네발리 코리에 콘도르 숭

오른쪽 | 콘도르 의상 차림의 사람 벽화 | 차탈휘위크 출토 | 앙카라 아나톨리아문명박물관 소장

배가 존재하지 않았다는 주장은 이치에 맞지 않는다. 더욱이 샤니다르 동굴은 네발리 코리에서 불과 465㎞ 밖에 떨어져 있지 않으므로 터키와 이라크 쿠르디스탄의 신석기 공동체에서 대부분 콘도르를 숭배했던 것은 분명하다. 그렇다면 이집트의 이드푸 문서에서 조상신 혹은 성스러운 현자의 호칭을 팰콘이나 날개 달린 자 등 새 이름으로 부른 것은 결코 우연이 아닐 것이다.

과연 장로신들은 팰콘이 아니라 콘도르 샤먼이었을까. 그리고 구석기시대 이집트의 스핑크스 건설기에 시작된 콘도르 숭배가 후손들에 의해 근동에까지 전해진 것일까. 그럴 가능성은 충분히 있다. 하지만 이 가설이 성립되려면 먼저 이집트 문헌에서 콘도르가 아닌 팰콘에 대해 구체적으로 언급한 부분을 해명할 필요가 있다.

썩은 고기를 먹는 콘도르에서 맹금인 팰콘으로 이미지가 바뀐 것은 장로신 시대가 훨씬 지난 뒤였다. 아마도 이집트 남부의 세트 부족과 북쪽의 호루스-왕 간의 전쟁에서 팰콘(혹은 매)이 주요 토템이 되었던 선왕조 시기일 것이다. 당시에는 조상신을 경멸받는 콘도르가 아닌 호전적인 매로 여겼던 것 같다. 히브리인들은 초기 설화에서 콘도르 이야기를 의도적으로 삭제하고 멋있는 독수리의 이미지로 대체했는데 동시대의 이집트에서도 같은 일이 일어났던 것으로 보인다.

콘도르는 고대 이집트 신화와 의례에서 대단히 중요한 새다. 아몬 신의 아내 무트, 테베 묘지의 신 메레트세게르, 상이집트의 주요 여신 네크베트의 상징이 바로 콘도르다. 그러나 이집트 남부를 중심으로 전개되어 온 이 숭배 전통은 선왕조시대에 동쪽에서 들어온 외국 침입자들과 함께 시작되었을 뿐 이집트의 고유한 숭배 전통은 아닌 것으로 보인다.

아무튼 네발리 코리에서 발굴된 조상彫像과 조각품들은 콘도르 깃털옷과 머리 장식으로 치장한 샤먼을 묘사하고 있음이 거의 확실하다. 그리고 초기 신석기시대(기원전 8400~7600년경)에 공동체의 핵심 인물이었을 것으로 추정된다. 여기서 유의해야 할 점이 있다. 앞서 언급한 뱀 머리의 콘도르 상이나 거대 기둥의 섬세한 조각과 비교해 볼 때 매우 거칠고 조잡한 느낌이 든다는 점이다. 따라서 나는 네발리 코리에서도 초기 조상과

위 | 뱀 형상의 메레트세게르 돌기둥(왼쪽 | 베를린신박물관 소장). 무트의 상징인 콘도르 부조(오른쪽 | 카움옴부 신전 소재)

조각품을 만든 고도로 숙련된 장인들과 함께 후대에 나타난 인간-새 조상 등 다소 미숙한 예술품을 만든 또 하나의 계층이 있었다고 생각한다. 아마도 그들은 이런 예술품을 만들어서 장로들과 사제들, 공동체 지배자들을 즐겁게 하려고 하지 않았을까.

결론적으로 네발리 코리와 다른 초기 신석기시대의 거주지에는 뚜렷하게 구별되는 두 집단이 있었을 것이다. 첫 번째 집단은 조각상에서 인간-새나 콘도르 샤먼으로 묘사되는 지배계급과 공동체의 나머지 구성원들로 나뉘어졌을 것이고, 건설 노동자, 농부, 양치기, 전문적인 장인 등이 두 번째 집단을 구성했을 것이다.

뱀 머리의 형상

이제부터는 신석기시대의 지배 계층이 누구인지를 알아보자. 네발리 코리와 카요누에서 나타난 기술적 성취와 혁신의 배후 인물로 보이는 이들의 자세한 형상을 파악하기란 쉽지 않다. 먼저 시계를 2000년 뒤

오른쪽 | 독수리 형상의 네크베트 부조 | 카움옴부 신전 소재

위 | 할라프 시대의 채색토기(왼쪽 | 텔 아르파치야 출토)와 우바이드 3기의 도자기(오른쪽) | 대영박물관 소장

로 돌려 보자.

불에 구운 채색 토기가 근동 전역에서 나타난 직후에 도래한 토기 이전 신석기시대는 지역에 따라 시작 시점이 다르다. 아나톨리아 동부 지역의 경우에는 기원전 7600~5750년경 진입했는데 할라프(텔 할라프)의 지명을 딴 할라프 문화의 시작 시점이기도 하다.

텔 할라프는 시리아와 터키 국경의 라스 알-아인 근처에 위치한 카부르강 상류의 언덕에 있다. 제1차 세계대전 직후 독일의 고고학자 막스 폰 오펜하임이 이곳에서 최초로 발굴 작업을 벌였다. 기하 무늬와 동물 무늬가 그려진 윤기 있는 표면의 토기를 발굴했고 그 특색을 규명하여 할라프 문화라는 이름을 붙였다.

할라프 문화는 기원전 5750~4500년 쿠르디스탄의 모든 지역에서 융성했다. 고고학자들은 이들이 흑요석이라 불리는 유리질 화산암의 무역을 담당했다고 추정하고 있는데 흑요석은 반 호수 남서 해안에 있는 휴화산 넴루트 닥에서 구할 수 있다.

아래 | 텔 할라프의 북쪽 궁전 터

위 | 우바이드 기간의 점토상들 | 기원전 5500~4000년 작품 | 우르 및 텔 알-우바이드 출토 | 대영박물관 소장

기원전 4500년경, 근동 지역에 우바이드라는 새로운 문화가 나타났다. 우바이드인들은 할라프인들이 살았던 주거지를 점유하면서 서서히 남쪽으로 퍼져 나갔고 텔 알-우바이드를 비롯한 새로운 공동체를 형성했다. 학자들은 이라크 동남부에 있는 고대 도시 우르 근처에 있는 텔 알-우바이드의 이름을 따서 우바이드 문화라고 명명했는데 기원전 4500~4000년 메소포타미아 문명의 전파는 비옥한 초승달 지대에 살았던 이들의 문화적 성취에 큰 영향을 받았다.

우바이드 문화는 사람 형상의 소입상으로 유명하다. 크기는 몇 센티미터 정도여서 크지 않은 게 특징이다. 주로 무덤의 부장품으로 사용되었고 남자보다 여자를 묘사한 것이 많다. 날씬한 나신裸身에 어깨가 넓고 긴 두상에 코가 튀어나와서 학자들은 '도마뱀 같은 모습'이라고 묘사한다. 타원형 진흙 알갱이에 홈을 내어 '커피콩' 눈이라는 길게 째진 눈의 형상이고 머리 꼭대기에는 두껍고 검은 역청 깃 장식을 꽂아서 고리 모양으로 말린 머리를 나타내고 있다. 또 여자의 음모나 남자의 생식기를 그대로 드러낸 것도 있다.

아래 | 휴화산인 넴루트 닥의 분화구

위 | 아이를 안고 있는 여인 점토상 | 기원전 5000~4000년 작품 | 우르 출토 | 이라크국립박물관 소장

위 | 여인 점토상(왼쪽 | 우르 출토 | 펜실베이니아대학박물관 소장)과 남성 점토상(오른쪽 | 에리두 출토 | 이라크국립박물관 소장)

발을 모으고 손을 둔부에 갖다 댄 자세로 서 있는 여자 소입상이 있는가 하면 신격이나 왕권을 상징하는 것처럼 보이는 홀笏을 들고 있는 남자 소입상도 있다. 특히 윗가슴과 어깨, 등에 타원형 점토 알갱이가 붙어 있는데 권위의 상징으로 사용된 구슬 목걸이를 나타낸 것으로 보인다.

소입상 중에서 가장 눈길을 끄는 것은 아기를 왼쪽 가슴에 안고 있는 여자 나신상이다. 아기의 왼손이 젖가슴에 매달려 있는 것으로 보아 젖을 빨고 있다는 것을 알 수 있다. 그리고 파충류를 닮은 아기의 머리는 비슷한 모습을 지녔다고 여겨지는 종족을 추상적인 형상으로 묘사한 것이라고 생각된다.

학자들은 이 소입상들을 '어머니 여신'의 상징이라고 추정한다. 그러나 남자 입상도 있다는 점에서 잘못된 추정이 아닐까 싶다. 1930년대에 텔 알-우바이드에서 발굴 작업을 진행했고, 이어 메소포타미아에 우바이드인이 거주했음을 최초로 규명한 영국의 고고학자 레너드 울리는 '지하의 신'을 상징한다고 했다. 즉, 죽은 자의 의식과 관계가 있는 지하의 거주자라는 이야기다. 그러면서 이들이 상징한 것은 도마뱀이 아닌 뱀일 가능성이 높다고 했다. 왜냐면 우바이드 신앙에 영향을 받은 것이 분명한 메소포타미아 신화에서는 도마뱀의 흔적을 전혀 찾아볼 수 없기 때문이다.

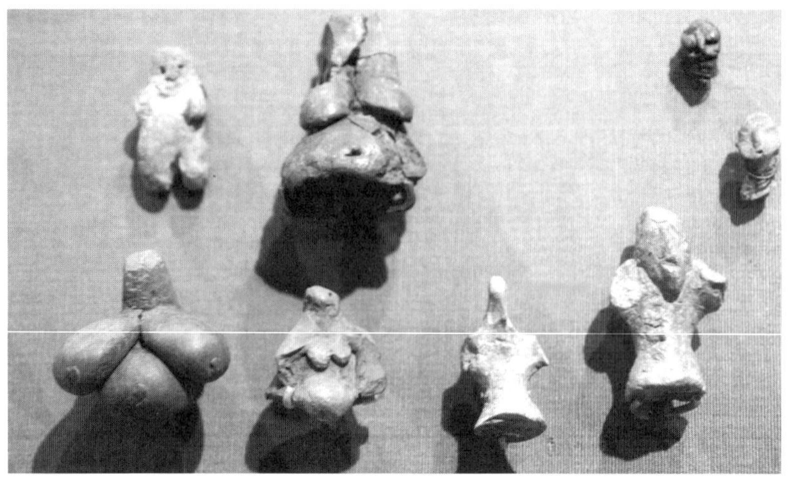

위 | 자르모에서 출토된 소입상들 | 시카고대학 동양사박물관 소장

뚜렷한 뱀 형상의 소입상은 우바이드에서만 발견되었지만 이라크 쿠르디스탄의 자르모에서도 뱀 얼굴에 커다란 아몬드 눈을 가진 비슷한 형상이 발견되었다. 불에 살짝 구운 두상의 연대는 기원전 6750년경으로 추정되기 때문에 뱀 예술은 쿠르디스탄 고원과 구릉지대에 최초로 나타났고 기원전 4500년경 이라크 평원으로 옮겨간 것으로 추정된다.

메소포타미아 신화에는 뱀과 관련된 이야기가 많다. 뱀은 신성한 지혜와 성적인 에너지, 그리고 지하세계를 보호하는 것으로 간주되었다. 우바이드인들이 뱀 머리 형상의 사람을 숭배한 것은 실제로 뱀 형상을 한 인물이 존재했다고 믿었거나 뱀 숭배를 하는 샤먼을 상징하는 것으로 보여진다.

아래 | 뱀이 장식된 할라프 시대의 도자기 파편 | 텔 아르파치야 출토 | 대영박물관 소장

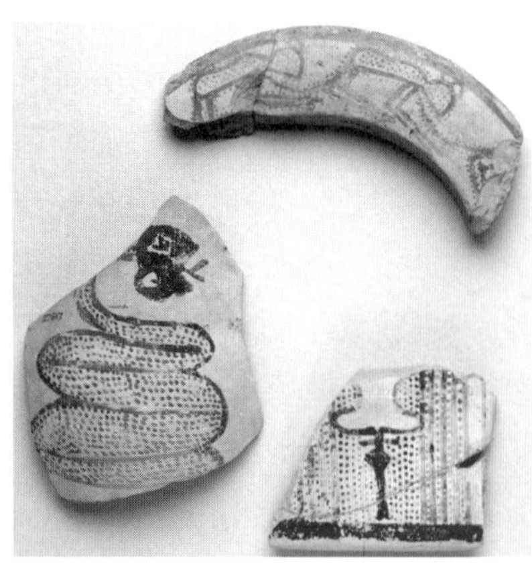

내가 추상적인 형태나 직접적으로 묘사된 뱀의 얼굴을 사람의 얼굴 모습과 비교하는 것은 그럴 만한 충분한 이유가 있기 때문이다. 1930년대 미국의 재즈 클럽에서 '독사'라는 용어는 다량의 마리화나를 피우며 오랜 시간 연

주하던 음악가를 가리키는 말이었다. 그들은 대부분 자욱한 담배 연기, 흐릿한 불빛 아래에서 몽롱한 표정과 퉁퉁 부어서 가늘고 길게 찢어진 눈, 그리고 수척해진 얼굴을 보여 주었다. 기원전 6750년경 자르모에서 발견된 불에 구운 진흙 입상과 비견될 만한 형상인 것이다.

그렇다면 신석기인들과 그 이후의 할라프 및 우바이드인들 가운데 뱀 얼굴을 닮은 사람들이 실제로 존재했을까. 아니면 남아 있는 흔적을 아주 추상적으로 표현하려고 했던 것일까. 만일 우바이드의 소입상이 뱀 얼굴을 닮은 사람의 특색을 표현한 것이라면 이들은 누구였을까. 어째서 소박한 예술품을 만들어 달랬던 것일까. 아무런 근거 없이 이런 가정을 하는 것이 아니다. 할라프와 우바이드 공동체에서 인상적인 외모와 특성을 지닌 지배계급이 존재했다는 증거가 발견되었기 때문이다.

두상이 긴 사람들

텔 아르파치야는 이라크 쿠르디스탄 고원의 고대 도시 모술 근처에 있다. 할라프 시대로 거슬러 올라가는 고도古都로서 고고학자들에 따르면 질 좋은 다색 토기를 생산했던 특수 장인 마을이었다.

이곳에서는 자갈을 깔아 놓은 도로와 직사각형 건물이 발굴되었는데 네발리 코리와 카요누의 건물처럼 종교적인 용도로 사용된 것도 있고, 청동기시대 미케네의 장례 건물인 톨로스처럼 천장이 둥근 건물도 있다. 동석凍石 펜던트와 표식이 새겨진 작은 원형판도 출토되었다. 특히 후자

아래 | 채색된 여인 소입상 | 기원전 5000~4500년 작품 | 텔 아르파치야 출토 | 대영박물관 소장

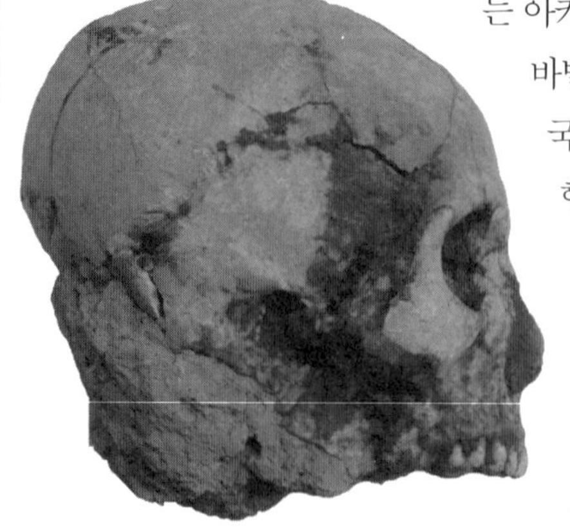

위 | 영국의 고고학자 막스 맬로원이 발굴한 두개골의 하나 | 텔 아르파치야 출토 | 대영박물관 소장

는 아카드와 수메르, 그 뒤 아시리아와 바빌론 등 후대의 메소포타미아 왕국에서 많이 사용된 인장의 초기 형태였다.

1933년 영국의 고고학자 막스 맬로원이 이곳을 발굴하면서 수많은 묘지가 드러났다. 대부분이 후기 할라프 시대나 초기 우바이드 문화에 속하는 기원전 4600~4300년경으로 추정되는 묘지들이었다. 유골은 거의 다 심하게 훼손되었으나 막스 맬로원은 보존 상태가 비교적 괜찮은 13개의 두개골을 영국으로 가져갔고 30여 년이 지난 1969년에 처음으로 그 두개골에 관한 논문을 저술했다.

그 뒤, 이 논문에 흥미를 느낀 영국의 인류학자 테야 몰레슨과 스튜어트 캠벨이 두개골을 보다 세밀하게 연구했는데 두개골 주인공의 외모와 유전적 배경에 관한 두 사람의 연구 결과는 충격적이었다. 6500여 년 전에 살았던 사람들에 관한 기존 인식을 완전히 바꿔 놓는 내용이었다.

두 사람의 연구 결과에 따르면 13개의 두개골 중 6개가 두개골의 길이를 늘이고 이마의 경사도를 높이기 위해 살아 있을 때 인공적으로 변형시켰다. 유아기 때 둥근 띠로 두개골을 감싸거나 나무 판때기로 눌러서

아래 | 텔 아르파치야에서 출토된 초기 인장 형태의 작은 원형판들 | 대영박물관 소장

형태를 변형시킨 것이다. 물론 이러한 고대 풍습은 이곳뿐만 아니라 세계 곳곳에, 특히 남아메리카에서 널리 퍼져 있었다. 지위나 계급적인 면에서 다른 사람과 차별화하기 위해 또는 종교적, 미신적인 목적 때문이었다. 최초의 발굴자인 막스 맬로원은 다음과 같이 언급하고 있다.

> 얼굴과 다른 특징들로 미루어 볼 때, 그들은 뚜렷한 신체적 특징이 있어서 다른 사람들과 쉽게 구별되었던 것 같다.

선사시대에 쿠르디스탄에서 두개골 변형이 있었다는 사실은 그 자체로서 흥미로운 주제지만 다른 의미도 내포되어 있다는 것을 알 수 있다. 즉, 머리띠나 나무판을 사용해서 인위적으로 두개골을 변형시킨 것이 아니라 원래 유전적으로 그렇게 생긴 것도 있다는 것이다. 특히 두개골 중에는 귀 안쪽의 작은 뼈인 이소골耳小骨, 두개골 관절에 있는 봉합 뼈, 커다란 치아, 그리고 치아의 개수가 부족하거나 아예 없는 것도 있었다.

이에 대해 몰레슨과 캠벨은 두개골을 인위적으로 변형시키지 않은 사람을 포함해서 몇몇 사람이 서로 관련되어 있다고 추정했다. 할라프와 우바이드 유적지에서 나온 두개골로 미루어, 두 문화가 어느 정도 유전적으로 관련성이 있다고 본 것이다.

두 사람의 연구에서 관심을 끄는 또 하나의 대목은 유전적 관련성이 있는 '특수한 집단'이 두개골을 인위적으로 변형시켰다는 점에서 이 집단의 신체적 기형이 오늘날 텔 아르파치야 주변 지역에 널리 퍼져 있는 이종사촌 결혼과 비견될 만한 동종 번식을 보여 준다고 결론을 내린 점이다. 그렇다면 두 사람이 연구한 집단은 마치 신체 유니폼처럼 눈에 잘 띄도록 두개골을 의도적으로 늘린 셈이다.

기원전 6000~5000년대의 할라프와 우바이드인들의 두개골 변형은 이라크 북부와 아나톨리아 동부의 몇몇 유적지에서도 확인된다. 예컨대, 아나톨리아 동부에 위치한 쿠르반 휘위크에서 발굴된 후기 할라프 시대의 두개골도 변형되어 있었다. 문제는 이들이 메소포타미아 지역의 종족을 탄생시키는데 도움을 주었고, 특히 우바이드인은 만다야교인의 직계

위 | 텔 사비 아비야드의 유적지 발굴 현장

선조라는 점이다. 그렇다면 왜 이러한 풍습이 생겨난 것일까. 이 문제는 고고학자와 인류학자들이 풀어야 할 숙제라고 본다.

몰레슨과 캠벨은 뚜렷하게 구별되는 외모 때문에 포로로 잡히거나 지위를 나타내는 의복을 입지 않아도 이들의 신분을 확인할 수 있었을 것이라고 했다. 엘리트주의를 상당 부분 내포한 관습이라는 이야기다. 특히 뱀 형상의 우바이드 소입상은 긴 두상을 가진 사람의 추상적인 표현이라고 주장하면서 두껍고 검은 역청 깃의 머리 장식과 납작한 얼굴이 그 증거라고 했다. 할라프와 우바이드 시대의 토기에 동일한 지배계급에 속하는 사람을 아주 세련되게 묘사하고 있다는 점을 지적한 것이다.

그런데 또 하나의 중요한 특징이 있다. 기원전 4900년경 할라프 시대로 추정되는 토기를 보면 두 사람의 머리에 깃털 장식이 곡선을 이루며 흘러 내려와 있다. 이 채색 토기는 시리아와 터키의 국경 근처에 있는 텔 사비 아비야드에서 출토되었다. 하란에서 남동남쪽으로 불과 20㎞ 떨어진 지점이며 네발리 코리에서도 남쪽으로 113㎞ 거리에 있다.

몰레슨과 캠벨은 할라프와 우바이드 사회의 두개골 변형이 '사회적 또는 기능적 지배 집단을 구별'하기 위한 것이라고 추정했다. 그들은 '가까운 유전적 관계'에 있었고 근친교배를 했기에 '머리 모양은 특별한 의미를 갖는 것 같다'고 했다. 그렇다면 점토에 사람 형상을 한 뱀으로 묘사되고 토기에 깃털 머리 장식을 한 사제나 샤먼으로 그려진 긴 두상의 사람들은 누구일까. 이 질문에 답하려면 다른 지역으로 눈길을 돌려야 한다.

위 | 온몸에 뱀을 감고 있는 케찰코아틀 석조상 | 케브랑리박물관 소장

방울뱀 숭배

멕시코 유카탄반도의 마야 문명에는 차네스(뱀)라고 불리는 세습 사제가 있었다. 이들은 폴칸(길게 늘인 뱀 머리) 형상을 만들기 위해 어린 아이들의 머리에 띠를 둘러서 두개골을 변형시켰다. 두개골을 변형시켜야만 방울뱀을 숭배하는 뱀 종족인 차네스의 일원이 될 자격이 생겼던 것이다.

이들은 마야 달력을 전해 주었다는 아하우 칸*Ahau Can*(위대하고 당당한 뱀)을 형상화한 이참나 혹은 잠나를 숭배했는데 잠나는 아즈텍 전설에서 케찰코아틀, 즉 위대한 깃털 달린 뱀이자 신성한 지혜를 가져온 자로 묘사된다. 남아메리카의 위대한 문명 창시자 티치 비라코차의 추종자들처럼 케찰코아틀의 '왕-사제'들도 구전 설화에 '깃털 달린 뱀'인 케찰코아틀즈*Qutzalcoatls*로 지칭되었던 것이다.

그렇다면 아즈텍 문명의 케찰코아틀과 마야 문명의 차네스와 같은 사제 지배계급이 한때 쿠르디스탄 고원에 거주했을까. 그리고 초창기에 그들의 세계로 들어와 지혜를 전해 준 사람들을 기리는 뜻에서 일부러 뱀

아래 | 케찰코아틀 신전 | 쇼치칼코 소재

처럼 머리를 늘이고 깃털 머리 장식을 했던 것일까.

할라프와 우바이드 사회의 지배계급이 뱀 형상을 한 집단의 후손이라고 생각했다면 두개골 변형의 의미를 짐작할 수 있다. 즉, 성스러운 선조들의 외모를 닮으려고 했을 것이다. 그 선조들은 뱀 형상의 새-인간이며 최초의 창조의 상징인 달걀과 관련 있는 독사 같은 얼굴과 긴 두상을 갖고 있었을 것이다. 네발리 코리에 있는 제례 건물의 벽감에서 발견된 뱀 머리의 달걀 모양 두상도 이런 이유로 만들어진 것일지 모른다.

그럼 이 두상은 장로신들의 샤먼 후손이나 장로신을 형상화한 것일까. 같은 건물에서 발견된 뱀 머리의 '콘도르' 조각상과 망치 모양 머리의 새-인간도 같은 범주에 속할까.

두개골 변형 외에 커다란 두개골과 긴 두상이 할라프와 우바이드 지배계급의 유전적 특질임을 보여 주는 또 다른 증거를 보자.

기원전 1만 2500년~9500년경 이집트의 이스난과 콰단 공동체의 주거지에서는 수천 년 전의 크로마뇽인처럼 생긴 사람들이 살았다. 이들은 두개골이 기다랗고 크며 안면의 길이가 짧고 넓은 게 특징이다. 또 눈썹뼈가 잘 발달되어 있는데 북아프리카 마그리브 지역의 묘지에서 발견된 그로마뇽인 메치타*Mechta*를 많이 닮았다. 이들이 장로신들 같지는 않지만 길게 늘어난 두개골은 당시 신석기 공동체의 유전적 특질임이 분명하다.

아래 | 전갈-새 인간의 스핑크스 상 | 텔 할라프 출토 | 페르가몬박물관 소장

만약 장로신들이 이스난과 콰단 공동체에서 살던 사람들과 유전적으로 관련성이 있었다면 그들 역시 두상이 기다랗고 독특한 두개골 형상을 하고 있었을 것이다.

정말 특이한 두개골 형상 때문에 근동의 후손들이 뱀 얼굴의 새-인간으로 여겨진 것일까. 새 형상을 한 사

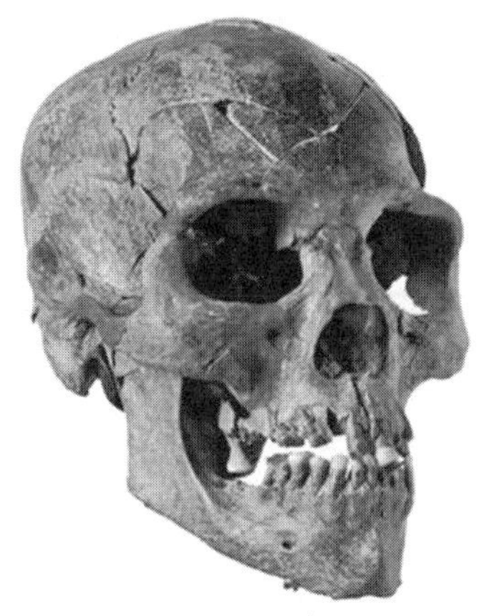

위 | 사하라사막에 살았던 키피안족(기원전 1만~8000년 | 왼쪽)과 테네리안족(기원전 7000~4500년 | 오른쪽)의 두개골

람들의 외모를 묘사한 이드푸 문서를 보면 그들의 얼굴 생김새가 이란의 왕 또는 히브리 전설 속의 선조들과 유사하다. 이 역시 그들의 생김새와 깃털 의복 때문이라면 장로신들과 그 신석기시대의 후손들은 쿠르디스탄 토착민들과는 다른 독특한 외모를 지녔을 것이다.

네발리 코리와 카요누의 초기 사제-샤먼들이 이집트 장로신들의 후손이라고 가정해 보자. 그렇다면 그들이 신석기인들에게 인간 제물의 풍습을 전해 준 것일까. 셉티우를 지칭하는 말 가운데 '피를 먹고사는 영혼, 살육을 일삼는 강심장의 주인'이라는 표현도 이러한 풍습 때문에 생긴 것일까. 그리고 이들에 의해 신성한 선조들에 대한 신앙을 기반으로 한 지배 문화가 형성된 것일까. 분명히 이런 신앙과 관념은 근동 최초의 문명에 나타난 신성한 왕권의 기초가 되었을 것이다.

아나톨리아 동부의 거석 구조물들은 기자의 밸리 신전, 아비도스의 오시레이온 신전과 닮은 점이 많다. 이 점을 인정한다면 신석기시대의 이 건물들은 고도로 발달된 동일한 문화에서 나온 산물이라는 이야기가 된다. 과연 그럴까. 여기서 우리는 장로신들이 근동의 초기 신석기 공동체에 어떤 것을 전수하려고 했는지, 문명의 창세기에 어떤 역할을 수행했는지를 알아볼 필요가 있다.

제18장

검은 땅

네발리 코리의 석조 기둥을 처음 봤을 때, 나는 그곳이 특별한 장소라는 느낌이 들었다. 이집트 장로신들의 직계 후손이 건설했을 것이라는 확신마저 가졌다. 분명히 이집트의 창조 문헌에서 셉티우나 오그도아드로 언급되는 그들의 조상은 기원전 9500년경 레바논 혹은 시리아 해안에서 레반트를 건너 유프라테스강 상류에 도착했을 것이라고 생각했다.

그러나 이것을 입증하는 것은 거의 불가능하다. 아타튀르크댐 건설로 유프라테스강이 네발리 코리의 유적지를 몽땅 뒤덮어 버렸기 때문이다. 남아 있는 유물을 조사하기 위해서는 물속으로 들어가거나 그곳에서 출토된 유물을 보관하는 우르파고고학박물관을 찾는 것 외에는 달리 방법이 없었다.

우선 이집트 장로신들이 기자고원 기념물의 설계에 복잡한 천문학적 지식을 적용시켰다고 가정해 보자. 그렇다면 이집트에서 건너온 천문학적 지식이 네발리 코리의 제례 건물에 응용되었을 가능성은 얼마나 될까. 세계적으로 해와 달, 별의 배열을 적용해서 건설한 거석 신전이 많기 때문에 천문학과 지리신화학이 네발리 코리의 건축물 건설에 일정한 역할을 했을지 모른다. 이것이 사실로 증명된다면 유프라테스강 상류에 살았던 초기 사제-샤먼 신앙의 실체도 드러나게 될 것이다.

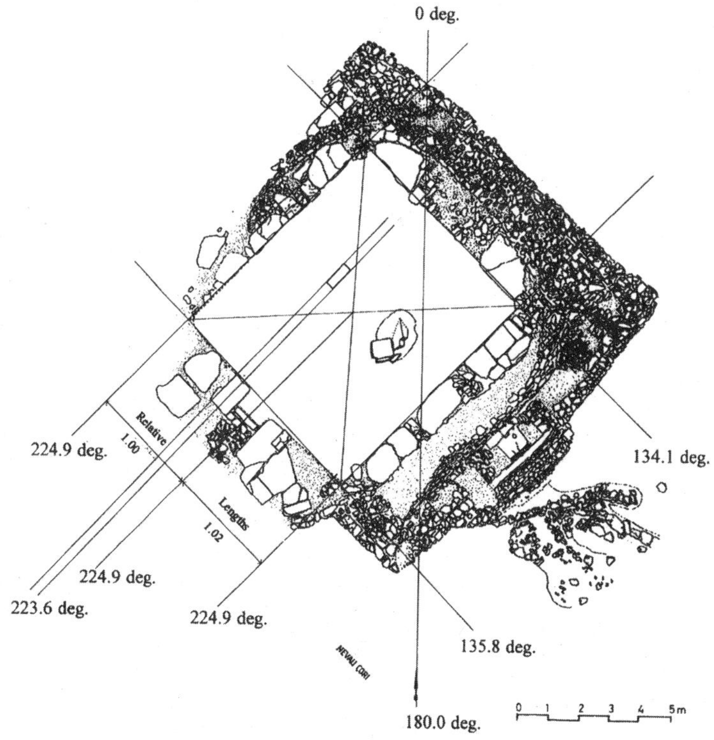

위 | 네발리 코리의 건물 배치도

남서쪽 지평선을 향하여

네발리 코리에 세워진 건축물의 배치 상황을 조사하기 위해서는 제례 건물의 측량 도면이 필요했다. 그러나 구할 수가 없어서 하우프트만의 논문 〈산과 강 사이에〉에 나와 있는 평면도를 사용했다.

기원전 8000년경으로 추정되는 제례 건물의 평면도를 보면 유프라테스강이 보이는 칸타라 계곡을 바라보면서 정확하게 남서쪽을 향하고 있다. 평면도에 기초하여 건물의 내부 구조를 컴퓨터로 분석한 결과, 북서와 남동쪽의 내부 벽은 진남서眞南西 0.1도 범위 내, 즉 225도에 배열되어 있다. 그리고 테라초 바닥의 중심점에서 남서쪽 입구 계단을 연결한 직선은 224.9도 각을 이루고 있다. 북동쪽과 남서쪽의 내부 벽의 방향도 거의 정확한데 북동쪽 벽은 정북正北에서 0.9도 모자란 134.1도에, 남서쪽 벽은 0.8도 차이밖에 나지 않는 135.8도 지점에 있다.

이러한 수치는 고고학계에 큰 충격을 준다. 왜냐면 기원전 8000년경 초기 신석기시대의 농부들이 나침판의 네 방위에 따라서 건물을 정확하게 설계했다는 것을 보여 주기 때문이다. 더욱이 이러한 설계는 주극성周極星과 태양의 연간 행로에 대한 지식 없이는 불가능하다.

네발리 코리에 살던 사람들이 남서쪽을 중시했음을 보여 주는 증거는 이것만이 아니다. 벽감 속의 달걀 두상도 남서쪽을 바라보고 있으며 다른 거석 조각 기둥도 진남서에서 남쪽으로 1.4도 넘치는 223.4도 방향을 향하고 있다. 테라초 바닥 위에 세워진 두 개의 거대한 석조상을 보면 중앙선 맞은편에서 같은 방향을 바라보고 있음을 알 수 있다. 즉, 높이 3m의 거대한 정문 역할을 하면서 정확하게 남서 방향을 향하고 있는 것이다. 유프라테스강이 멀리 사라지는 것을 볼 수 있는 위치다. 측면에 팔과 손, 긴 머리 형상이 새겨진 두 조각 기둥도 남서쪽을 바라보고 있다. 전체적으로 볼 때, 건물의 특정 방향과 천구 지평선은 어느 정도 관련이 있는 게 분명하다.

일반적으로 거석 유적지의 배열은 주로 주야평분시와 지점에 의해 결정된다. 나는 연중 다른 시기에 남서쪽 지평선과 관련이 있는 별의 위치를 조사하기로 했다. 컴퓨터로 분석한 결과, 단 하나의 자료와 시간이 완전히 일치했다. 바로 춘분날 일출 직전의 이른 새벽이었다.

여러분이 기원전 8000년으로 되돌아가서 커다란 조각 기둥의 한가운데 서 있다고 가정해 보자. 입구 계단 너머로 남서쪽 지평선을 응시하면 이른 아침 하늘에 단 하나의 별자리가 보일 것이다. 바로 크라켄*Kraken*이라고 불리는 고래자리다.

그리스-로마 신화에 따르면 전쟁의 신 넵투누스(그리스 신화의 포세이돈)는 안드로메다를 해치려고 바다 괴물 크라켄을 보냈지만 페르세우스가 가져온 고르곤 메두사의 머리를 보고서 돌로 변했다. 이 바다 괴물의 정체는 아직까지 베일에 싸여 있는데 바다-뱀으로 추정하는 사람도 있지만 고대의 별자리표에서 자주 묘사되는 고래일 가능성이 더 높다. 그리고 고래는 에리다누스라는 천계의 강과 관련이 있고 헤엄을 치거나 몸 앞부분은 강둑에, 나머지는 물속에 담근 모습으로 묘사된다.

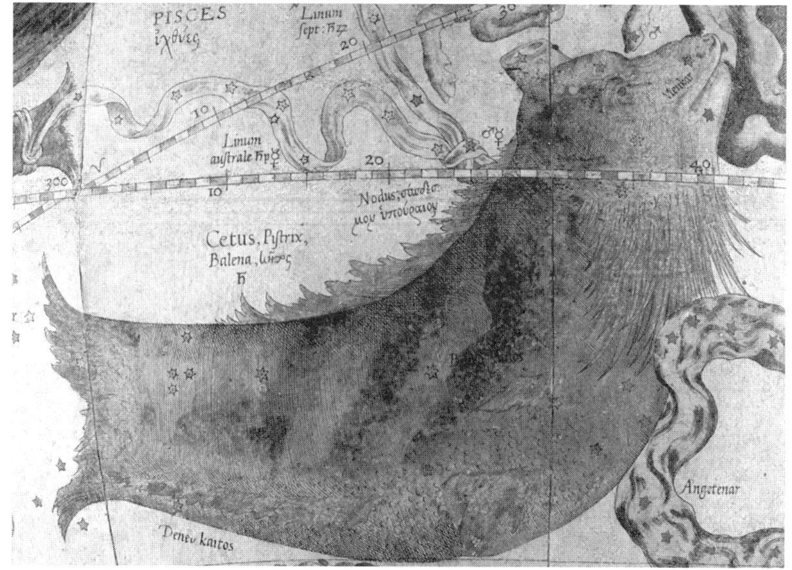

위 | 플랑도르의 지도학자 메르카토르의 고래자리 그림 | 1551년 작품 | 하버드대 퍼시도서관 소장

밤의 강

고래자리에 관한 전설은 흥미롭기는 하나 우리의 논의와는 별로 상관이 없다. 하지만 에리다누스라는 천계의 강이 '강' '별들의 강'이라는 명칭을 가진 별자리임을 고려한다면 달리 생각할 필요가 있다.

에리다누스 성운은 리겔*Rigel*에서 흘러나와 오리온 성운의 왼쪽 발이 되고 고래자리의 발등을 지나간다(여기서 신화와 예술의 결합이 이루어진다). 또 나일강의 천계의 대응물로 자주 비교될 뿐만 아니라 유프라테스강의 대응물이기도 하다. 별자리 전설과 메소포타미아 신화의 관계를 연구해 온 로버트 브라운 주니어는 1883년 저서 《에리다누스-강과 별자리》에서 에리다누스가 유프라테스강의 천계의 대응물이라는 견해를 밝히면서 다음과 같은 근거를 제시하고 있다.

> 〔두 강은〕 … 태곳적부터 고전기까지 유프라테스강이라고 불리어졌으며 유프라테스강의 원래 이름은 푸라*Pura* 또는 푸라트*Purat*였다. 길고 구불구불하며 커다란 지류가 두 개 있다는 점에서 그것들은 서로 닮았고 각각 낙원, 즉 에덴과 천국에 연결되어 있었다. 가까운 별자리들은 원래 유프라테스강

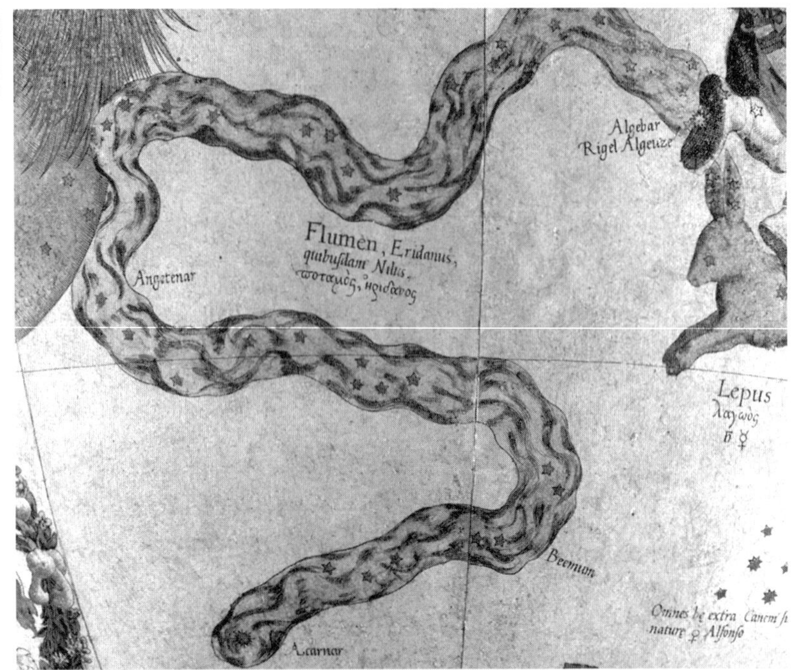

위 | 플랑도르의 지도학자 메르카토르의 에리다누스자리 그림 | 1551년 작품 | 하버드대 퍼시도서관 소장

을 나타냈으나 어느 정도는 나일강과도 연관이 있으며 태양신의 몰락과 상관이 있기도 했다.

에리다누스라는 이름은 유프라테스강 어귀에 위치한 고대 도시 에리두*Eridu*의 라틴형이다. 즉, 에리다누스*Eridanus*의 'us'는 에리단*Eridan*의 단수형이며 'n'은 바벨*Babel*에서 바빌론*Babelon*으로 변형된 것처럼 장소를 나타내는 라틴형 어미다. 그리고 에리다*Erida*에서 'a'는 아카드어 우라르투*Urartu*가 성서에서 아라랏*Ararat*으로 변한 것처럼 아시리아어 'u'와 자리를 바꿀 수 있다.

아시리아 연구의 권위자로 대홍수와 관련된 메소포타미아의 기록을 최초로 번역한 19세기 영국의 학자 조지 스미스는 고대의 설형문자 점토판에서 에리브-메-갈리*Erib-me-gali*, 즉 에리다누스가 '별들의 강'으로 지칭되었다고 해석했다. 로버트 브라운 주니어도 이러한 견해에 동의하면서 에리다누스가 '강'이라는 뜻의 아카드어 '아리아*aria*'에서 유래한 것이라고 했다. 프랑스의 메소포타미아 학자 프랑수아 르노르망의 표현을 빌리면 '강의 형상을 한 천계의 대양'이라고 할 수 있는데 로버트 브라운 주니어는 동일한 어근을 사용해서 에리다누스가 '강'이라는 뜻의 아시리아어 나흐루 *nahru*라는 것을 입증했다. 나흐루는 나하린 *Naharin*이란 단어에서 유래했고 나하린은 제18왕조 당시 이집트인들이 시리아 북부와 아나톨리아 동부의 유프라테스강 상류와 티그리스강 사이에 융성했던 미탄니 왕국에 붙인 이름이다.

메소포타미아 신화에서 에리다누스와 유프라테스는 모두 '밤의 강' 혹은 후부르 *Ḫubur*라는 지하세계의 강을 상징한다. '창조의 강'이라고도 불리면서 천계의 유프라테스의 또 다른 변형이기도 하다.

티아마트의 몰락

에리다누스자리 근처의 '별자리들이 원래 유프라테스강을 나타냈다는' 로버트 브라운 주니어의 주장에 대해 살펴보자. 고대의 별자리를 보면 거기에는 에리다누스와 함께 나타난다는 고래자리도 포함되어 있다. 따라서 기원전 8000년의 춘분날 이른 새벽에 고래자리가 남서쪽 하늘에 떠올랐기 때문에 유프라테스강이 시리아 평원을 흐르는 것처럼 보였다면 우연의 일치라고 여길 수만은 없는 노릇이다.

고대 당시 메소포타미아 평원에서 발달했던 신화에 고래자리의 상징물이 있을까. 대답은 당연히 '그렇다'다. 고래자리와 에리다누스자리는 모두 티아마트라는 바다의 괴물과 밀접한 관련이 있다. 티아마트는 메소포타미아 신화와 전설에서 어두운 심연의 여성형으로 여겨지는데 지하의 대양 아프수가 티아마트의 상체를 주관했고 티아마트의 하체는 '어머니 후부르'인 '움무-후부르 *Ummu-Ḫubur*'의 역할을 하며 지상의 물을 다스렸다. '움무-후부르'는 지하세계의 강 유프라테스에 붙여진 이름이기도 하다.

메소포타미아의 창조서사시 '에누마 엘리시'에 기록된 티아마트의 몰락 이야기는 다음과 같다.

세상이 창조되기 전, 샘과 연못의 원천이 되는 지하의 대양 아프수와

위 | 티아마트와 싸우는 마르두크 | 신아시리아의 원통인장 | 기원전 900~750년 작품 | 대영박물관 소장

바닷물을 주관하는 티아마트만이 존재했다. 이 두 자연력이 결합하여 하늘의 신 안 또는 아누, 그의 아들 엔키(또는 에아*Aa*) 등 최초의 신들이 출현했다. 그러나 이들에 의한 새로운 세계 질서가 원한과 증오를 야기하자, 아프수와 그의 부하 뭄무(혼돈을 의미한다)는 이들을 없애려는 계략을 세웠다. 엔키는 이 계략을 알아채고 반란에 동조한 다른 신들에게도 이 사실을 알렸다.

엔키가 아프수와 뭄무를 죽이자, 티아마트는 복수하겠다면서 지구를 뒤덮을 대홍수를 일으킬 것이라고 위협했다. 그리고 전갈-인간, 사자-악마, 사나운 사자, 황소-인간과 물고기-인간인 쿠룰루 등 초기 별자리

아래 | 7개의 점토판으로 구성된 에누마 엘리시 | 대영박물관 소장

위 | 아프수의 집 안에 있는 엔키 신(좌우에 서 있는 라흐무) | 아카드기(기원전 2400~2200년) 원통인장 | 대영박물관 소장

형상의 '키가 큰' '독사 괴물' 열한 마리를 만들었다. 이 악마의 자식들은 티아마트의 부하 킨구의 지휘 아래 마르두크(벨-마르두크 혹은 벨이라 불리기도 한다)와 전투를 벌였다.

전투에서 승리한 마르두크는 티아마트의 두개골을 열고 '하체'에 올라타서 그녀를 죽였는데 티아마트는 마치 '마른 물고기'처럼 둘로 갈라져서 반쪽은 별들의 하늘이 되었고 나머지 반쪽은 지구를 형성했다. 또 가슴은 산이 되고 침은 구름이 되었으며 눈물은 티그리스강과 유프라테스강의 원천이 되었다. '독사 괴물'을 죽인 엔키는 그 머리를 잘라서 그 피로 최초의 동물과 인간을 만들었다. 이로써 마르두크는 창조 행위를 모두

아래 | 마르두크와 안주(닌루르타)의 전투 | 님루드의 닌누르타 신전 부조 | 대영박물관 소장

끝마쳤다는 것이 아카드, 수메르, 아시리아, 바빌론 등 메소포타미아 문화에서 숭배되는 창조신화의 기본적인 줄거리다. 기원은 불분명하지만 초창기부터 전해 내려온 것으로 보인다.

아무튼 기원전 8000년 춘분날 새벽, 네발리 코리의 남서쪽 지평선에 티아마트와 밤의 강을 상징하는 별자리가 보였다는 것은 사제-샤먼 집단이 별들의 배열을 알고 있었음을 보여 준다. 서기 139년 알렉산드리아의 천문학자 프톨레마이오스는 에리다누스자리를 형성하는 34개 별을 규정했는데 구불거리는 목걸이 모양의 별자리들은 놀랍게도 유프라테스강의 흐름과 아주 흡사했다.

별들의 강이 지상의 유프라테스강을 거울처럼 보여 준다는 근거는 한두 가지가 아니다. 천계의 강물 에리다누스가 남쪽 지평선으로 흘러가는 걸 보면 그럴듯하다는 확신마저 든다. 또 유프라테스강 원류와 가까운 네발리 코리에서 바라보면 유프라테스강의 흐름과 같은 방향이다.

그렇다면 기원전 8000년경 네발리 코리의 사제-샤먼들은 이러한 사실을 알고 제례 건물의 위치를 정했을까. 사람 형상의 거석과 달걀 두상 조각품을 포함한 전체 구조물이 유프라테스강이 있는 남서쪽을 바라보는 이유는 무엇일까. 물론 우리는 제례 건물이나 네발리 코리 주거지의 건설 연대를 정확히 알지 못한다. 유기물의 탄소 연대 측정을 통해 석조 구조물의 연대를 대략적으로 짐작할 뿐이다.

기원전 8500년, 9000년, 9500년 춘분날 새벽의 별자리표를 보면 천구 지평선이 시계 방향으로 서서히 움직이면서 에리다누스자리가 지상의 대응물 위로 가까이 다가간다는 것을 알 수 있다. 아직 남서쪽 지평선 위에 머물고 있는 케투스-티아마트를 구성하는 별자리들을 남겨둔 채 말이다. 그러나 후대에는 에리다누스자리와 지상의 대응물이 약간 어긋난 위치에 놓인다.

기원전 9000년 천계의 대응물이 지구 지평선에 정확하게 나타났다면 제례 건물은 우리의 생각보다 적어도 600년 일찍 건설되었을 것이다. 하지만 이를 뒷받침할 만한 증거가 없기 때문에 나는 네발리 코리의 천문학적 배열과 관련하여 기원전 8000년이라는 연대를 계속 사용할 수밖에 없다. 만일 네발리 코리의 지배계급이 기원전 8000년의 지평선과 하늘의 지리신화적 관계를 알고 있었다면 어떻게 해석했을까. 그리고 고대 메소포타미아 창조신화가 최초의 기록된 형태로 나타나기 5500년 전에 이미 알고 있었던 것일까.

심연의 문

실마리는 창조서사시에 첨가된 천문학 문헌에서 찾을 수 있다. 이 문헌에 따르면 티아마트 전설은 천구 지평선의 특정 영역과 관계가 있는 것처럼 보인다. 마르두크가 바다 괴물과의 싸움에서 이긴 것과 관련하여 "그는 티아마트를 정복하고 그녀의 통치권을 빼앗았다. … 그가 서 있던 심연*Deep*의 문에서 … 티아마트의 행동을 잊어서는 안 된다"고 기록되어 있다. 여기서 수호자가 지키고 있던 '심연의 문'이란 무엇일까. 언급된 내용으로 미루어 보면 밤하늘의 특정한 장소를 의미하는 것 같은데 구체적으로 어디를 말하는 것일까.

'심연'은 티아마트의 또 다른 이름이다. 창조 문헌의 주석자이자 번역가인 영국의 고고학자 레오나드 윌리엄 킹은 마르두크가 별들의 수호자를 두고서 심연의 대양을 억누르려 했다는 견해를 제시했다. 여기서 심연이란 티아마트가 아프수와 뭄무의 살해에 대한 복수로 세상에 내보내겠다고 위협한 대홍수를 의미한다. 결국 마르두크의 수호자는 '강처럼 보이는' 천계의 대양이 심연의 문 너머로 흘러내려 홍수가 나지 않도록 지키고 있었던 것이다. 그리고 천계의 밤의 강이 에리다누스를 상징한다는 점에서 볼 때, 심연의 문은 에리다누스자리와 바다 괴물 케투스 또는 티아마트 별자리가 있는 남서쪽 하늘을 향하고 있었을 것이다.

이런 개념은 어디서 비롯된 것일까. 네발리 코리를 비롯한 초기 신석기 공동체의 사제-샤먼들이 발전시킨 것일까.

네발리 코리의 제례 건물은 침묵하고 있지만 유프라테스강 상류에 살던 최초의 신석기인들은 티아마트 전설을 알고 있었다는 증거가 있다. 바로 네발리 코리에서 북동쪽으로 100㎞ 떨어진 카요누에서 발굴된 편편한 연골軟骨이다. 여기에는 크고 둥근 올빼미 같은 눈이 달려 있는데 동

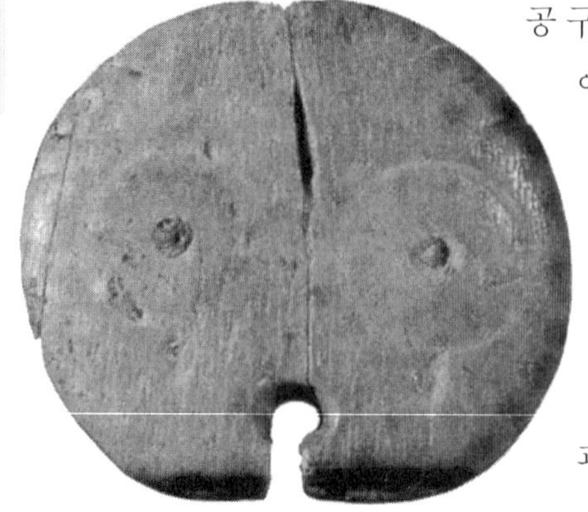

위 | 올빼미 얼굴의 연골 | 카요누 출토 | 우르파고고학박물관 소장

공 구멍이 뻥 뚫려 있고 눈의 밑바닥에는 흐르는 눈물 같이 깊고 짧은 선이 파여 있다.

유프라테스강 상류인 제르프 엘 아마르에서도 이와 비슷한 올빼미 얼굴상이 1만 년 전 타원형 돌에 새겨진 기록과 함께 발견되었다.

그렇다면 이 올빼미 얼굴이 티아마트의 초기 형상이며 눈물은 아나톨리아 동부에 위치한 반 호수 근처의 눈 덮인 산에서 발원한 티그리스강과 유프라테스강의 원천이라는 말인가.

원시 바다 괴물인 티아마트에 대해 신석기인들은 무엇을 알고 있었던 것일까. 아니, 기원전 9500년 직후 이집트 장로신들의 영토였던 이곳에 나타난 것을 어떻게 설명해야 할까.

티아마트*Tiamat*는 바빌로니아어 'tāmtu' 또는 'tiamtum'에서 유래했으며 '바다' 혹은 '대양'이라는 뜻을 갖고 있다. 세상이 창조되기 전에 존재했던 심연, 즉 혼돈의 어둠을 의미하는 것이다. 창세기의 '심연', 즉 테홈*Tehôm*이란 단어와도 동일한 어근을 갖고 있는데 창세기(1장 2절)에는 창조를 시작하기 전, 어둠이 심연을 덮고 '하느님의 영'이 그 물 위를 감돌고 있었다는 구절이 있다. 그리고 티아마트는 구약성서의 다른 곳에서 '리바이어던, 날쌘 뱀, 구불거리는 뱀, 바닷속 용'으로 언급되기도 한다.

여기서 중요한 것은 티아마트가 이집트의 케마테프와 같다는 점이다. 앞서 이야기한대로 케마테프는 '눈'의 원시의 언덕에 있는 븐트-싹과 '영혼'의 수호자다. 그리고 '눈'은 시간이 시작되기 전에 영속적인 어둠의 상태에서 존재한다.

서기 3세기경 저술된 그노시스파의 페라테 문헌에는 케마테프(치노비스, 치노미스, 헤르메스 전통의 크네프)를 온갖 종류의 물을 관장하는 '티폰의 딸'로 기록하고 있다. 그들에게 케마테프는 코자르, 즉 탈라사에게 맡겨진 힘이었다. 여기서 탈라사 또는 탈라트*Thalatth*, 오모로카*Omoroca*는 '바다의 여자'와 '심연의 어머니'로 묘사되는데 이는 바다 괴물 티아마트의 그리스어 변형이다.

기원전 3세기경 바빌론의 벨 마르두크 신전의 사제였던 베로수스가 저술한 저서 《바빌로니아카*Babyloniaka*》를 보면 티아마트는 세 가지의 이름으로 등장하며 벨루스*Belus* 신이 살해한 온갖 종류의 괴물의 창조자로 언급되고 있다. 다시 말해서 탈라사, 탈라트, 오모로카라는 이름은 모두 티아마트의 후기 바빌로니아 혹은 그리스어 변형인 것이다. 이집트인들에게 케마테프가 원시 대양 '눈'의 영혼이었던 것처럼 페라테에게 코자르는 티아마트가 낳은 천상의 자식인 셈이다.

그렇다면 이집트의 케마테프와 메소포타미아의 티아마트에 관한 창조신화는 동일한 기원을 가진 것일까. 기원전 9500~9000년경 유프라테스강 상류에 초기 신석기시대의 주거지가 형성되던 시기에 서로 융합된 신화가 생겨난 것일까.

만일 이것이 사실이라면 네발리 코리의 사제-샤먼들은 석조 문이 있는 제례 건물을 건설할 때 케투스-티아마트 별자리와 천계의 대양 혹은 밤의 강을 향하도록 만들었을지 모른다. 그들은 바다 괴물 케마테프나 티아마트로 형상화되었던 혼돈의 원시 대양에서 물리적 세상이 출현한 것을 축하했을 것이다. 과연 이러한 이유 때문에 네발리 코리의 제례 건물이 남서 방향을 향해 세워진 것일까. 아니면 심연의 문 쪽으로 별들이 배열된 다른 이유가 있는 것일까.

고향을 돌아보다

유대교와 이슬람교의 예배소들은 최고의 성소聖所를 바라보도록 설계되어 있다. 유대 교회당은 예루살렘을, 모스크는 메카를 향해 서 있다. 그리고 경위의經緯儀와 정밀한 계산을 토대로 정확한 각도를 맞추기 위해 심혈을 기울인 흔적이 보인다. 예배자가 어느 곳에 있든지 간에 가장 성스러운 장소의 중요성을 되새기게 할 요량이었던 것이다.

네발리 코리에 있는 제례 건물의 설계자들도 신화 및 전설과 관련 있거나 초기 선조들의 고향을 향하도록 설계했을까. 그럴지도 모른다는 생각에, 나는 네발리 코리와 이집트 기자 사이의 방위각을 계산해 보기로 했다. 이집트와 근동의 표준 지도를 이용하여 초기 결과를 얻은 뒤에 로드니 헤일에게 정확한 계산을 의뢰했다.

지구의 만곡灣曲을 고려한 상태에서 각 위치의 좌표를 이용하여 계산한 결과, 네발리 코리로부터 기자의 대원大圓 방위각은 222.08도였고 기자에서 네발리 코리의 대원 방위각은 북동쪽으로 37.8도였다. 직립 기둥의 223.6도 방향에서 1.52도 차이가 났고 제례 건물 자체의 방향을 고려하면 2.82도 차이가 났다. 이러한 차이는 미미한 것처럼 보이지만 실제로는 대축척 지도상에서 대피라미드를 리비아 사막으로 몇 킬로미터나 옮겨 놓은 것과 마찬가지다.

내가 처음 세운 가정은 이곳의 건설자들이 제례 건물에서 1080㎞ 떨어진 고향으로부터 정확한 방위각을 계산할 수 있었다는 전제 하에 기초한 것이었다. 그러나 실제로 계산을 해 보니 그렇게 정확한 것은 아니었다. 그저 상징적 의미로 남서 방향을 고집했던 것 같다. 그렇다고 해도 네발리 코리와 이집트가 어떤 연관성을 갖고 배열되었다면 사제-샤먼들은 남서 방향을 세계 창조의 방향으로 여겼음이 분명하다. 이때 지중해 동쪽을 지나간다는 사실은 아주 중요한 의미가 있다.

이집트가 선조들의 고향이라면 그들의 바다 여행은 태초에 혼돈의 물 아프수에서 우주 질서가 나타나는 것과 비교될 수 있을 것이기 때문이다. 또 메소포타미아 최초의 신으로 섬김을 받았을 살아남은 장로신들은 심연, 즉 지중해를 무사히 건너 레반트에 도착한 뒤에 새로운 세계 질서를 만들었을 것이기 때문이다.

아마도 이 신화 시대에는 유한한 생명을 가진 사람들이 불멸의 스승들과 함께 살았을 것이다. 그리고 그 이상향의 기억은 훨씬 후대에 와서 히브리족의 에덴, 아카드와 수메르인의 딜문 등 낙원에 관한 전설을 탄생시켰으리라.

이제 이집트의 고차원적인 문화와 신석기 세계의 출현이 직접적으로 관련 있다는 놀라운 사실이 다시 한 번 드러났다고 볼 수 있다. 네발리 코리의 제례 건물의 방향에서 뚜렷하게 나타난 조상 숭배 전통은 고대 이집트에 뿌리를 둔 종족의 기억을 암시하고 있음이 분명하다. 그리고 대홍수와의 관련성은 신석기 시대의 사제-샤먼들이 티아마트 신화로 표현된 지질학적 대변동과 기후 변화의 추상적 기억을 보존해 왔다는 것을 보여 준다고 할 수 있다. 아마도 그들의 최초의 선조는 새로운 땅에 도착하기 전에 참혹한 대재앙을 겪었을 것이고 성서와 메소포타미아 설화의 대홍수 이야기가 바로 그것을 연상시키는 것은 아닐까.

위 | 대홍수 이야기를 담은 길가메시 서사시의 일곱 번째 타블렛 | 기원전 7세기 작품 | 대영박물관 소장

시대의 종말

이제까지 살펴본 내용을 정리해 보자.

티아마트는 최후의 장로신들이 이집트에 남겨 둔 비밀스런 거석 세계의 희미한 기억을 나타내고 있을 것이다. 이 과거의 시대는 네발리 코리의 사제-샤먼들에게 신성한 선조들이 심연을 건너오기 전인 태초에 어둠과 혼돈이 지배하는 세계였을 것이다.

제례 건물과 케투스-에리다누스자리의 방향에 따라 남서쪽을 향하고 있는 심연의 문은 사실상 격변과 파괴를 상징하는 원시 세계의 출구였을 것이다. 메소포타미아 신화와 의례에서는 혼돈과 무질서가 그들의 시대로 흘러와 또다시 어둠이 세계를 뒤덮을 것이라는 점에서 남서쪽 문에다가 수호자를 두고 지키도록 했을 것이다. 즉, 마법의 주술로 계속 수호한다면 위험을 방지할 수 있다고 믿었던 것이리라.

다른 세계에도 인간이 존재했었다는 초기의 기억은 훨씬 후대에 이르러 바다 괴물 티아마트에 관한 신화와 전설로 변형되었고 빛을 가져온

자, 그리고 인류의 창시자인 마르두크가 티아마트를 무찌른다는 내용으로 바뀌었을 것이다. 심연의 진정한 의미가 왜곡된 것도 바로 이 즈음일 것이다. 물론 옛 전통의 일부가 되었음에도 불구하고 네발리 코리의 남서 방향과 지배층 선조들의 고향이 직접적으로 관련이 있다는 점만은 여전히 유효하다.

기원전 270년경 고대 그리스의 천문학자 아라토스는 유프라테스 별자리표에 관한 저작물에서, 바다 괴물 케투스를 '검은 괴물'이라고 불렀다. '검푸른 밤하늘'을 묘사하기 위한 명칭이었다.

케투스는 아시리아인과 바빌로니아인들에게 '거무스레한'이란 뜻의 쿠마루*Kumaru* 또는 '거무스레한 별자리'라는 뜻의 물 쿠마르*Mul Kumar*라는 명칭으로도 알려지고 있다. 이것은 '검은' 또는 '거무스레한'이란 뜻의 수메르-아카드어 쿠마르*kumar*에서 차용한 단어다. 그러다가 아카드어와 아주 가까운 셈어족에 속하는 아람어에서 '검게 변한' 또는 '햇볕에 그을린'이란 뜻의 아켐*akem*이 되었고 다시 이집트어로 켐*kem*(검정) 혹은 케멧*Kemet*(크므트 *kmt*에서 나온 말로 '검은 땅'이란 뜻)으로 변한 것이다. 케멧은 토착민들이 고대 이집트에 붙여 준 이름이기도 하다.

신화와 전설에 따르면 태초에 '눈'이 원시 언덕에서 멀어진 뒤에 최초의 땅, 즉 이집트를 덮은 검은 침적토를 케멧이라고 불렀다. 실제로 나일강이 범람하고 나면 계곡에는 이런 충적토가 쌓이곤 한다.

그리고 고대 이집트어인 켐이란 단어는 '끝, 시대의 종말, 완성, 마지막'을 뜻하며 케멧 역시 '마지막, 종말이 오다, 시대의 마지막, 마지막 해'라는 뜻으로 사용되는데 이러한 정의들은 시간 주기의 만료를 의미한다. 테베의 창조신화에서 '생명이 다했거나 매장되었다고 생각된다' 혹은 '그의 시간을 완성했다'고 묘사되는 케마테프를 연상

왼쪽 | 안드로메다를 해치려는 케투스와 싸우는 페르세우스 | 베를린신박물관 소장

시키는 표현이다.

그렇다면 기원전 9500년경 근동 지역으로 들어온 장로신들의 후손들이 먼 옛날의 고향 이집트를 케멧이라고 부른 것일까. 다시 말해서 기원전 1만 1000년~1만경 여러 차례 대홍수가 일어난 뒤, 나일강 계곡에 쌓였던 충적토에 대한 추상적인 기억이 '케멧'이라는 이름으로 남은 것일까. 그리고 기원전 1만 500년~9500년경 마지막 빙하기의 종말과 더불어 일어났던 사건이 가져온 혼돈과 파괴의 시대가 막을 내렸다는 것을 나타내는 뜻일까.

이러한 추론이 옳다고 가정해 보자. 그러면 그들의 기억은 최후의 장로신들에 의해 유프라테스강 상류로 옮겨 전해졌고 신석기 공동체의 사제-샤먼들에 의해 보존되었을 가능성이 높다. 결과적으로 켐, 케멧, 케마테프, 쿠마르, 쿠마루 등 다양한 명칭들은 심연의 문 너머 용자리 성운을 지칭하는데 사용되었을 것이다.

이것이 사실이라면 케마테프는 티아마트와 케투스처럼 케멧을 형상화한 것이며 어둠 및 혼돈과 더불어 대홍수가 온 세상을 휩쓴 뒤에 장로신들이 이집트를 출발하는 상황을 표현한 것으로 볼 수 있다. 그리고 네발리 코리에 살았던 신석기인들은 선조들의 고향에서 일어났던 모든 일들을 추상적인 기억으로 간직해 온 셈이다. 그들은 일련의 사건들을 역사적인 사실로 받아들이지 않고 전시대의 종말을 고한 대홍수와 원시의 바다 괴물에 관한 신화 이야기로 여겼을 것이다.

나는 지금까지 설명한 가설이야말로 네발리 코리의 제례 건물이 간직한 별들의 유산이라고 믿는다. 그렇다면 사람 형상의 석조 기둥과 석조 지지대에 새겨진 물갈퀴 모양의 손과 같은 수중 이미지는 어떻게 받아들여야 할까. 또 신화의 줄거리와 어떻게 조화를 이룰까. 이 질문에 답하려면 가장 위대한 고대 문명의 기원을 추적하는 마지막 탐사 여행을 떠나야 한다.

제19장

별에 관한 지식

위 | 후르리인 입상 | 기원전 2400년 작품 | 우르케쉬 출토

수천 년 전, 아르메니아의 산악 지대와 터키 동부 및 시리아 북부의 비옥한 계곡에 흩어져 살았던 쿠르디스탄 사람들은 후르리인이라는 지배층에 의해 통일되었다. 기원전 3000년경 갑자기 나타난 이들 인도-유럽어족은 여러 부족을 통합하여 왕국을 세웠고 1000년 간 번영을 누렸다. 후르리인 문화에 대해서는 남겨진 기록이 별로 없지만 히타이트 제국과 이집트 제18왕조의 우방이었던 미탄니, 나하린 왕들의 선조인 것만은 확실하다.

후르리인들은 나름대로 독특한 신앙을 갖고 있었고 이들의 토착 신앙은 고대 이라크 평원의 신화 발전에 심오한 영향을 미쳤다. 물론 그 대부분은 유프라테스강 상류와 티그리스강 사이에 살던 사람들의 신앙을 다룬 것이었고 종교 중심지는 사비교도 별 숭배자들의 고향인 하란이었다.

위 | 후르리인들의 신화 세계를 보여 주는 원통인장 | 기원전 1500~1300년 작품 | 월터스박물관 소장

고대 비문에 따르면 후르리 신화에서 최고의 신은 로마의 넵투누스에 비견되는 어두운 물의 신 쿠마르비였고 연못 거북이로 형상화되었다. 신화에 따르면 태초에 원시의 물에서 나왔는데 딱딱하고 울퉁불퉁한 등껍질은 산맥이 되었고 눈에서 떨어진 눈물은 유프라테스강과 티그리스강의 원천이 되었다는 것이다.

게자리의 동물

쿠마르비라는 명칭은 '거무스레한'이란 뜻의 수메르-아카드어 '쿠마르'에서 나온 말이다. 앞서 언급했듯이, 이 어근은 메소포타미아 문화에

아래 | 후르리 신화에서 하늘의 신 테샤브 부조(왼쪽 | 이브리즈 소재)와 그의 아들 샤루마 부조 (오른쪽 | 야질리카야 소재)

서 고래자리를 부를 때 사용하던 이름이었다. 따라서 어두운 물의 신 쿠마르비가 유프라테스강의 바다 괴물과 직접적으로 관련 있다고 생각해도 무방할 것이다.

유프라테스강 상류에 살던 사람들은 고래와 바다 괴물로 형상화된 케투스를 쿠르디스탄 민간 전승의 상징물인 연못 거북이와 동일시했다. 그래서 쿠르디스탄 지방에서는 지금도 킬림이라는 카펫에 연못 거북이를 추상적으로 표현하여 짜 넣는다. 쿠르드족은 또 이 연못 거북이를 키디르*Khidir*라 하여 육지와 땅에서의 전지전능한 영혼으로 받아들인다. 키디르는 '녹색' 또는 '파충류'라는 뜻이며 '깊고 조용한 연못에 살고 있다'고 한다. 더욱이 유프라테스강은 날쌘 토끼에 비유되는 티그리스강에 비해 유속이 느리다는 점에서 거북이가 유프라테스강과 관련이 있다는 것은 특별한 의미가 있지 않을까 생각된다.

바로 이 거북이와 쿠르디스탄의 오랜 연결고리야말로 하랄트 하우프트만이 네발리 코리에서 발굴한 물그릇을 설명해 준다. 물그릇에는 꼿꼿하게 바로 선 거북이의 양 옆에 벌거벗은 남자와 여자가 황홀경에 빠진 듯 손을 하늘로 쳐들고 있는 모습이 새겨져 있다. 하랄트 하우프트만은 무용수를 표현한 것이라고 했는데 무용수인지 아닌지는 논외로 하더라도 쿠르디스탄 토착민들이 적어도 1만 년 동안 연못 거북이를 숭배해 왔다는 것을 보여 주는 증거임에는 틀림없다.

연못 거북이의 형상은 천구 지평선과의 지리신화학적 관계에서 훨씬 중요한 의미를 내포하고 있다. 기원전 8000년의 춘분날 새벽 하늘, 심연의 문 안의 컴컴한 고래자리 성운이 남서쪽 지평선에 낮게 떠오르고 티아마트, 쿠마르비와 동일시되는 바다 괴물의 '앞발'과 오리온자리의 왼발인 리겔 사이로 밤의 강이자 유프라테스강의 천계의 대응물인 에리다누스

왼쪽 | 연못 거북이가 부조된 구라-에레쉬의 쿠두루 | 기원전 1125~1100년 작품 | 대영박물관 소장

위 | 네발리 코리에서 발굴된 물그릇 조각상 | 우르파고고학박물관 소장

성운이 나타날 것이다. 태양이 떠오르는 동쪽으로 고개를 돌리면 게자리 성운이 보일 것이다. 게자리는 기원전 9220년경 주야평분시 지평선 위로 사자자리가 지나간 뒤 다가오는 세차 시대를 지칭하는 황도궁이다.

그리스 고전기 이래로 게자리는 게로 상징되었지만 수천 년 전의 메소포타미아인들은 거북이라고 생각했다. 미국의 조르지오 산틸라나와 헤르타 본 데첸드는 1969년 펴낸 《작은 마을의 방앗간》에서, 유프라테스강 유역에 살았던 신석기시대의 사제-샤먼들은 자신들의 세차 시대의 운명을 지배한 천문학적 힘에 관해 알고 있었을 것이라고 했다. 또 게-거북이

아래 | 플랑도르의 지도학자 메르카토르의 게자리 그림 | 1551년 작품 | 하버드대 퍼시도서관 소장

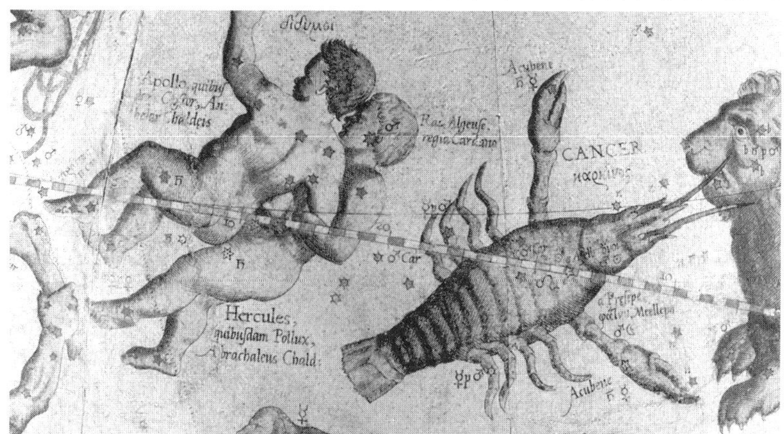

위 | 아프수에 살고 있는 엔키 신(좌우로 두 얼굴의 이시무드와 라흐무) | 아카드기 원통인장 | 모건라이브러리앤드뮤지엄 소장

는 고래자리 신화처럼 기원전 9000년경 주야평분시의 이른 새벽하늘과 네발리 코리 및 유프라테스강에 관련된 양서류라고 주장했다.

그렇다면 케투스 별자리를 둘러싼 신화적 전통이 너무 강해서 당대의 천문학적 힘을 규정한 별자리에 관한 이야기에 뒤섞인 것일까. 그리고 태초에 존재했던 원시 대양의 혼돈과 선조들의 고향에 대한 초기 기억이 게자리 시대의 성격에 영향을 미쳤던 것일까.

강의 신이 다스리는 영토

이 질문에 답하려면 엔키 신에 관한 신화와 전설부터 살펴봐야 한다.

엔키 신은 지하의 대양 아프수를 주관하는 신이며 위대한 강인 유프라테스와 티그리스를 창조한 신으로 여겨졌다. 메흐르다드 이자디 역시 이

아래 | 좌측부터 길가메시, 이슈타르, 태양신 샤마시, 엔키와 새의 형상을 한 안주 | 아카드기 원통인장 | 대영박물관 소장

위 | 엔키와 신들(신을 공격하는 사자 머리의 독수리와 철퇴를 든 신) | 아카드기 원통인장 | 모건라이브러리앤드뮤지엄 소장

지역이 딜문의 땅이라고 주장하여 두 강과 연관성이 있다는 견해를 피력했다. 티그리스강과 유프라테스강은 엔키 신이 들고 있는 꽃병과 어깨에서 흘러나오는 물줄기로 묘사되는데 강물에서 헤엄을 치는 물고기들은 연어가 강의 원류를 향해 물살을 거슬러 올라가는 것처럼 보인다.

고대 그리스의 천문학자인 아라토스가 기원전 3세기경 저술한 별자리 지도에는 에리다누스 성운이 드러누운 강의 신으로 묘사되고 있다. 키케로의 번역 고본을 보면 에리다누스는 짧은 턱수염에 머리를 길게 길렀고 한손에는 수중 식물의 줄기를, 다른 한손은 두 강물이 좌우로 흘러나오는 단지에 얹은 모습을 취하고 있다. 다른 고전기 문헌에는 비스듬히 몸을 기댄 강의 님프로 묘사되기도 한다. 아무튼 에리다누스는 천계의 유프라테스강을 상징하기 때문에 아라토스가 언급한 강의 신은 엔키가 두 강의 수호자임을 나타낸 것이다.

엔키가 유프라테스강과 연관이 있다는 점에서 보면 그의 상징물이 거북이라는 것은 놀랄 일이 아니다. 엔키와 지하의 대양 아프수의 제휴가 이를 반영하는데 아프수는 연못 거북이의 영토, 즉 깊은 샘과 연못을 통해 지상의 세계로 올라간다고 했다. 하지만 아프수도 천계의 대응물이 있기 때문에 거북이, 즉 게자리가 아프수의 별자리로 여겨졌을 것이다. 그리고 이러한 전설이 네발리 코리 같은 신석기시대의 신전에 처음 나타났을 때, 게자리는 당시의 천문학적 시대정신이 되었을 것이다.

위 | 염소-물고기 부조 | 서기 12세기 작품 | 피덴차의 대성당 소재

게자리 시대에 엔키와 거북이가 주야평분시 지평선과 관련이 있다는 것은 엔키의 또 다른 형상이 염소-물고기라는 사실에서도 알 수 있다. 메소포타미아의 전설에 따르면 거북이와 염소-물고기는 엔키의 총애를 받기 위해 끊임없이 싸움을 벌였다. 그리고 패권 다툼에서 거북이가 궁극적으로 우위를 차지했다는 것을 보여 주듯 염소-물고기의 등에 올라탄 모습을 보이고 있다.

거북이가 네발리 코리의 제례 건물 제3기에 주야평분점 표시기 역할을 했던 게자리와 관련이 있다면 염소-물고기도 천계의 별자리를 갖고 있었을까. 물론이다. 염소-물고기는 게자리의 바로 맞은편에 있는 염소자리의 최초의 상징물이었다. 춘분날 염소자리가 태양과 함께 떠오를 때 게자리는 서쪽 지평선에 있었을 것이다.

이렇듯 대조적인 관계는 게자리 시대의 주야평분시에 네발리 코리의 하늘에 천체의 시소와 비슷한 시각적 효과를 주었을 것이 분명하다. 그리고 엔키와 가까운 두 수중 생물의 영원한 투쟁을 상징하는 것이었다고 생각된다. 즉, 엔키 신은 티아마트의 악마의 자식들이 하늘과 땅의 신 아눈나키와 벌인 전쟁에서 중요한 역할을 한 것이다. 결론적으로 엔키 신은 티그리스강과 유프라테스강의 원천일뿐더러 기원전 9220~7060년경으로 추정되는 게자리 시대에 춘분날 일출 직전 나타났던 천체의 핵심 요소와도 관련되어 있다고 볼 수 있다.

혐오스러운 존재

설형문자로 쓰인 고대 문헌에 따르면 딜문을 떠난 엔키는 물리적 세계를 창조한 뒤, 인류에게 신성한 예술과 기술을 가르쳤고 문명을 이룩하도록 했다고 한다. 메소포타미아 평원에서의 고고학적 발견과 일치되는 이야기다.

이라크에서 수메르 왕국 이전에 가장 오래된 숭배지는 에리두였다. 유프라테스강 하류에 세워진 이곳의 맨 처음 층위에서 다량의 물고기 뼈가 출토되었는데 훗날 에리두의 수호신이 된 엔키의 초기 형상을 숭배했다는 증거로 보여진다.

물론 수메르 문명이 시작되기 2000년 전, 이곳에서 숭배한 것이 정확하게 무엇인지는 아직까지 밝혀진 것이 없다. 그러나 엔키 숭배는 유프라테스강을 이용하여 관개를 하는 토지의 생산력과 밀접하게 관련 있는 것만은 분명하다. 강과 밀접하게 관련되었기에 엔키 신이 물고기 의상을 입은 남자로 묘사되지 않았을까.

기원전 5500년경, 엔키 신이 이라크 최초의 거주민에게 전해 준 지식과 기술의 흔적은 기원전 3세기경 바빌론의 벨-마르두크 신전 사제였던 베로수스에 의해 기록되었다. 그는 전3권의 저서 《바빌로니아카》에서 수메르인을 포함한 선조들의 역사와 문화를 서술했는데 지금은 하나도 남아 있지 않다. '밀레투스의 알렉산더'라 불리면서 기원전 1세기경 활동했던 그리스의 학자 알렉산더 폴리이스토르를 비롯하여 아폴로도로스, 아비데누스, 플라비우스 요세푸스 등의 저작물에 남겨진 단편적인 인용문이나 주석에서 정보를 얻을 수 있는데 이들의 저작물 또한 카이사레아의 유세비우스(서기 264~340년), 조지 신켈루스(9세기경 활동) 등 훨씬 후대의 기독교 작가들에 의해 겨우 보존되어 왔을 뿐이다.

아래 | 에리두의 지구라트 유적지

바빌로니아 민족(수메르인의 선조)의 역사를 담고 있는 베로수스의 기록에는 기괴한 물고기-인간 오안네스*Oannes*가 바빌론을 방문했다는 내용이 적혀 있다. 그리고 '첫 번째 해'에 에리트라해에서 나와 사람들과 함께 살면서 다음과 같은 일을 했다고 한다.

> 그는 다양한 문학, 과학, 예술에 관한 식견을 가지고 있었다. … 사람들에게 도시와 신전을 건설하고 법령을 제정하는 법을 가르쳤고 기하학 원리를 설명했다. 땅의 씨앗을 구별하도록 했고 과일 따는 법을 보여 주었다. 즉, 그는 세련된 방법으로 인간적인 삶을 일굴 수 있는 모든 것을 알려 주었던 것이다. 그때부터 그의 가르침이 계속 이어져 내려왔다.

베로수스에 따르면 오안네스는 안네도투스*Annedotus*, 즉 '혐오스러운 존재'였다. '몸 전체가 물고기 형상'이며 머리 밑에는 사람 머리가 또 하나 달려 있고 꼬리 쪽에는 사람의 발과 비슷한 것이 붙어 있는 모습이었다. 사람처럼 또렷한 목소리로 말한다면서 인간과 교류를 한 뒤에는 깊은 밤에 바다로 되돌아갈 것이라고 했단다.

또 오안네스의 뒤를 이어 10명의 위대한 왕이 바빌론(수메르)을 통치했다면서 마지막 왕인 크시수트루스 때 '대홍수'가 일어났다고 했다. 10명의 왕이 다스리기 전에는 5명(어떤 곳에서는 7명이라고 했다)의 안네도투스가 바빌론 땅에 나타났고 최초의 안네도투스가 바로 오안네스 자신이었다는 것이다.

베로수스가 문명의 창시자, 물고기-인간의 등장과 관련된 전설에서 무엇을 전하려고 했는지는 정확하게 알기 힘들다. 하지만 오안네스의 아카드어 이름이 에아*Ea*라는 점으로 미루어 볼 때, 오안네스가 곧 엔키의 그리스어 변형이라는 것은 분명하다. 그리고 5명의 안네도투스는 그노시스

아래 | 복원된 고대 도시 바빌론 성곽

위 | 물고기-인간인 오안네스 | 신바빌로니아 시대(기원전 1000~539년) 원통인장 | 모건라이브러리앤드뮤지엄 소장

파의 페라테 문서에서 탈라사(티아마트의 그리스 이름)의 딸인 괴물 뱀 코자르를 섬겼다고 한 다섯 '부하'와 일치한다.

여기서 한 가지의 의문이 생긴다. 오안네스가 에리트라해(아라비아해의 옛 이름)에 출현했다는 기록은 엔키 신이 티그리스, 유프라테스강의 수원과 관련이 있다는 것과 모순되는 것처럼 보인다. 에리두의 엔키 대신전이 유프라테스강 어귀에서 가까이 있었다는 점을 고려하면 더욱 그렇다. 그리고 엔키와 두 강의 수원이 딜문과 관련이 있음을 돌이켜보면 뭔가 혼동이 있었음이 분명하다.

나는 아마도 강의 '어귀'가 물이 흘러나오는 수원이라는 수메르인의 믿음을 그대로 받아들인 것이 아닐까 싶다. 물론 메소포타미아 학자들은 수메르인이 강 '어귀'를 수원이라고 믿었다는 것을 증명하기 위해 똑같은 주장을 내세울 것이다. 그래서 격론이 벌어질 수밖에 없는데 오안네스가 안네도투스들과 함께 에리트라해에서 나왔다고 기록한 베로수스 시대에도 비슷한 논쟁이 있었을 것으로 짐작된다. 만약 베로수스가 강 '어귀'에서 나왔다고 기록된 아카드나 수메르의 원 사료를 참고했다면 그 강을 외해外海라고 가정했을 것이다.

오안네스 이야기에는 딜문에서 온 사람들의 가계에 관한 옛 기억이 담겨 있다. 내가 보기에, 그들은 비옥한 초승달 지역에 살던 사람들에게 문명을 가져다준 다섯 안네도투스로 상징되지 않았을까 생각된다.

양서류의 형상을 한 문명 창시자들의 지도자가 엔키 신(또는 에아)으로 묘사되고 있다는 점에 보면 동부 아나톨리아에 있던 최초의 신석기 공동체의 지배층, 즉 천문-사제들과도 직접적인 관련이 있을 것이다. 그리고 게자리 시대에 확립된 것이 분명한 그들의 별자리 지식은 훨씬 후대의 메소포타미아 신화와 뒤섞였을 것이다. 이 천문 신화에는 심연의 문으로 형상화된 바다 괴물 티아마트와 같은 수중 주제와 상징이 포함되어 있을 것이다. 즉, 천계의 유프라테스를 상징한 별들의 강 에리다누스, 게자리의 동물 거북이, 염소자리의 최초의 형상인 염소-물고기, 그리고 물고기-인간인 쿨룰루라고 천명한 엔키 등이 포함되었을 것이다.

엔키의 진짜 정체는 무엇일까. 단순히 신화적 존재였을까. 아니면 전설에 암시된 것처럼 딜문의 땅에 살아 있는 신으로 존재했던 실존 인물이었을까.

앞서 언급했듯이, 이라크 북부의 아카드인들은 '에아'라는 이름으로 엔키 신을 숭배했고 오안네스는 '에아'에서 나온 말이다. 흥미로운 사실은 후르리인의 인도-유럽어에서 엔키를 '아*A'a*'라고 불렀다는 점이다. 이 이상한 이름은 두 개의 A로 구성되어 있고 알레프, 즉 히브리어 알파벳의 첫 글자인 자음이 사라진 형태다. 이 단어에 꼭 들어맞는 영어식 표현은 없지만 일반적으로 연구개음軟口蓋音 A로 번역된다.

메소포타미아학 학자들은 후르리족의 에아 관련 신화가 기원전 3000년경 아카드인으로부터 빌려 온 것이라고 추정한다. 그러나 에아가 유프라테스강 상류 지역에서 기원했다면 오히려 그의 생애를 후르리 신으로 시작했을 가능성이 높다. 그 신화가 유래한 장소와 상관없이 '아'라는 이름 자체가 메소포타미아의 위대한 문명 창시자의 인도-유럽어형을 나타내기 때문이다.

이 점은 대단히 중요하다. 이집트의 이드푸 문서에 따르면 웨트제세트-네테르에서 제2창조기를 마감한 뒤에 또 다른 원시 세계로 '항해를 떠난' 셉티우 지도자들에게 붙여진 이름이 '와 *Wa*'와 '아 *Aa*'이기 때문이다. 알레프라는 접두사가 붙은 두 개의 A, 즉 'Aa라는 이름은 후르리인의 A'a와 동일한 발음으로 모두 '아흐-아흐 *ah-ah*' 같은 소리가 난다. 셉티우는 기원전 9500년경 이집트에서 근동으로 이주한 장로신의 초기 이름이기 때문에 그들의 지도자 중 한 명이 후르리인의 위대한 문명 창시자와 동일한 이름을 가졌다는 것은 결코 우연이 아닐 것이다.

그렇다면 심연의 용 티아마트로 상징되는 어둠과 혼돈의 시대에 뒤이어 딜문에 도착한 장로신들의 이름 중 하나를 후르리인 선조들이 간직했던 것일까. 만약 '아, 에아, 엔키'의 어근이 셉티우의 한 지도자의 이름에서 유래했다면 이 살아 있는 신의 위대한 행적은 수천 년 동안 보존되었다가 베로수스에 의해 오안네스라는 양서류가 문명의 지식을 인류에 전달한 이야기로 변형된 것일지 모른다.

물고기-인간인 쿨룰루는 유프라테스강 상류에 있는 네발리 코리의 제례 건물 같은 천문대에서 습득한 별자리 지식의 상징이 되었을 것이다. 그곳은 이집트 장로신들의 후예가 게자리 시대에 최초의 거주지를 건설한 장소이기도 하다.

그러나 아, 에아, 엔키, 오안네스가 근동의 장로신들에 대한 후대 메소포타미아 문화의 기억에 불과한 것만은 아닐 것이다. 네발리 코리의 거대한 돌기둥에 새겨진 사람 형상이 그 이미지를 구현하고 있기 때문이다. 앞서 언급했듯이, 돌기둥에 새겨진 인물의 손에는 네 손가락과 엄지손가락(석회암 물그릇의 '무용수'처럼 그곳의 다른 조각품들은 그렇게 묘사되어 있다)이 아니라 길이가 같은 다섯 손가락이 달려 있어서 양서류의 물갈퀴를 의미하는 것처럼 보인다.

다섯 안네도투스가 탈라사 혹은 티아마트의 힘을 가진 우주의 뱀인 코자르의 다섯 '부하'들과 동일한 것처럼, 신석기시대에 유프라테스강 상류의 지배계급은 이집트의 검은 땅으로 들어가는 별들의 입구인 심연의 문 너머 어두운 원시세계에서 나타난 우주 원리의 맨 처음 '부하'가 되었을 것이다. 그리고 그때부터 시리아 북부와 아나톨리아 동부의 비옥한 계곡에서 문명화된 생활이 시작된 것이 아닐까.

수메르의 탄생

고고학자와 역사가들은 수메르의 도시국가가 구세계 최초의 문명을 건설했다고 주장한다. 기원전 6000년경 역사에 처음 등장한 이들은 3000년 뒤 지구상에서 가장 발전된 사회로 성장했다. 미국의 수메르 학자 사무엘 노아 크래이머가 저서 《역사는 수메르에서 시작되었다》에서 설명하고 있는 것처럼 수메르에서 시작된 '최초'의 것들은 셀 수 없이 많다. 최초로 채색 토기에 문양을 그려 넣었고 최초의 악기와 최초의 문자 언어를 개발했다. 최초로 의료 수술을 실시했으며 최초의 수의 기술을 보유하고 있었다.

이들이 다른 종족들보다 훨씬 빨리 발전한 배경은 무엇일까.

아직까지 베일에 싸여 있지만 할라프와 우바이드 지배계급을 비롯한 산악 지방의 선조로부터 혁신적인 능력을 물려받았음을 보여 주는 증거는 상당히 많다. 나는 이집트 장로신의 후손이었을 사제-샤먼들로부터 문명의 지식을 얻었을 것이라고 추정한다. 그 뒤, 초기 수메르인들과 비블로스의 전 페니키아 선원들이 선왕조시대의 이집트로 들어오면서 옛 시대는 막을 내리고 기원전 3100년경 제1왕조의 파라오 시대가 개막되었을 것이다.

이집트로 이주한 것은 여러 가지 면에서 근원, 즉 선조들의 고향으로 되돌아가려고 한 것이 아닐까 싶다. 고향 회귀는 기원전 2000년대 초에 하란의 별 숭배자들인 사비교도들이 대스핑크스를 순례하고 최초의 조상이 이집트에서 왔다는 만다야교인의 믿음에서도 잘 드러난다.

결국 메소포타미아인들이 이집트 최초의 3대 왕조에 미친 영향으로 피라미드 시대가 도래하고 마침내 장로문화의 씨앗을 보존한 사람들, 즉 헬리오폴리스의 신성한 영혼들과 레의 동료들

왼쪽 | 수메르인 입상 | 기원전 2500년경 작품 | 대영박물관 소장

의 사상이 인정을 받고 영향력을 행사하게 되었을 것이다.

그러나 그들이 소리 기술을 포함하여 이집트 장로신들의 유산을 계승했다고 해도 전체적으로 보면 북쪽의 헬리오폴리스와 남쪽의 아비도스 같은 종교 중심지에서 고대 전통을 간직한 소규모 종교 집단에 불과했을 것이다. 힘은 미약했고 지배 왕조에 실질적인 영향력을 행사하여 신성한 선조들의 영광을 재현할 입장도 아니었을 것이다. 그럼에도 불구하고 새로운 건축가, 장인, 설계자, 종교 지도자, 신 지배층의 도움을 받아 마침내 수천 년 전 지구상 곳곳으로 퍼져 나간 장로문화의 영광을 지속할 수 있었을 것이다.

앞서 말했듯이, 임호테프는 제3왕조 당시 사카라에 석조 피라미드를 최초로 건설한 건축가였다. 그런데 이 피라미드의 계단식 설계가 메소포타미아의 일곱층 지구라트를 연상시키고 피라미드를 둘러싼 테메노스 벽은 에리두의 엔키 신전을 비롯한 고대 이라크 신전의 외부 벽과 놀랄 만큼 흡사하다.

고대 이집트 건축에서 외부의 영향이 있었다는 가장 중요한 근거는 장로문화의 기술력과 토착 건설 기술이 결합되어 대피라미드를 건설했다는 점이다. 나는 대피라미드가 헬리오폴리스 천문-사제들이 간직해 온 고대 지식을 기초로 설계되었고 최초의 시대, 즉 네체루 시대 이래로 비밀리에 보존되어 온 모든 것의 극치를 보여 주는 건축물이라고 본다. 분명히 정밀과학, 기하학, 방위, 돌 자르기, 구멍 뚫기 등은 이집트의 지혜로운 노사제들과 근동의 수많은 문화에 의해 보존된 유산의 산물일 것이다. 그리고 그들의 먼 조상은 에덴의 신석기 신들이었고 마지막 빙하기 말엽에 일어난 지질학적, 기후적 대변동의 시기에 이집트에서 아나톨리아 동부의 비옥한 계곡으로 이주했을 것이다. 즉, 인류 문명은 오늘날과는 상당히 다른 생활양식을 가진 신성한 종족의 살아 있는 후손에 의해 탄생한 것이다.

아래 | 기원전 13세기경 건립된 이란 초가잔빌의 지구라트

제20장

고대 세계의 퍼즐

오전 7시, 불그스레한 태양 빛이 주아평분시 지평선 너머로 흩어져 있는 별들을 덮어 버린 기자고원은 몸과 마음을 덥혀 줄 정도로 따뜻해졌다. 속속 도착하기 시작한 관광객들은 저마다 거대한 피라미드의 장엄함에 감탄을 금치 못하는 모습들이다. 어쩌면 그들 중 몇몇은 최초의 시대, 즉 장로신들의 시대에 관한 책을 읽었을지 모른다. 이제 장로신의 기원을 밝히려는 우리의 여정은 끝났지만 오늘날 그들의 존재 의의를 다시금 이해할 필요가 있을 것 같다.

절반의 성공

수많은 사람들이 완벽하게 고대 세계의 권능과 영광을 구현한 대피라미드에 열광하는 이유는 무엇일까. 먼저 1960년대 히피 시대에 이어 등장한 뉴에이지 운동이 젊은 세대의 영적 관심의 상징으로 대피라미드와 고대 이집트 세계를 이용했다는 점을 지적해야 할 것 같다.

고대 이집트에 대한 관심이 높아지는 것은 아브라함, 요셉, 모세와 같은 인물이 등장하는 성서 이야기나 클레오파트라, 네페르티티, 투탕카멘 등 낭만적인 인물들의 이미지 때문이라고 할 수도 있다. 하지만 보다 더 심오한 원인이 있지 않을까. 왜냐면 다른 고대 세계의 문명이나 기념물들은 이와 유사한 감정적 반응을 불러일으키지 못하기 때문이다. 대피라미드와 기자고원만이 지구상에서 펼쳐진 가장 멋진 쇼의 대단원으로 우리를 데리고 가는 것처럼 느껴진다.

이 장엄한 대단원이 기자고원 지하세계와 어느 정도 관련이 있는 것일까. 제1장에서 살펴본 것처럼 별들의 하늘은 이제 기원전 1만 500년경 사자자리 시대에 이집트 장로신들이 본 것과 같은 현상을 나타낼 것이다. 물병자리 시대로 다가감에 따라 감추어진 베일 속에서 과거의 유산이 드러날 것이기에 이 현상은 대단히 의미심장하다.

예를 들어보자. 중세 시대에는 영국의 스톤헨지를 가리켜 서기 450년경 색슨족의 침입으로 살해된 480명의 영국인 지도자와 '고관'들을 추모하여 멀린이 세운 기념물이라고 믿었다. 멀린은 고대 켈트족의 신화에 나오는 인물이며 중세 아서왕 전설과 로맨스에 등장하는 마법사이자 현자로 알려져 있다. 16세기와 17세기에는 로마시대인 서기 50년경 드루이드 *Druid* 사제들이 스톤헨지를 건설했다고 믿었고, 19세기 중반에는 기원전 1200년경 이스라엘 부족이 만든 것이라고 생각했다. 오늘날에는 서유럽에 산재한 다른 거석 구조물처럼 기원전 2800~2600년경 신석기인들이 건설한 것으로 추정하고 있다. 말하자면 800년 만에 스톤헨지의 건설 연대가 3000년 이상 앞당겨진 것이다.

우리는 방사성탄소 연대 측정법, 열 발광법(고온에 노출시켜 연대를 측정하는 방법), 토기 연속 연대 측정법 등의 도움을 받아 스톤헨지와 같은 선사시대 기념물과 고고학 유적지의 연대를 보다 정확하게 규정할 수 있다. 그 결과, 과거 역사에 대한 윤곽은 어느 정도 뚜렷해졌지만 아직은 절반의 성공에 불과하다. 문제는 학계의 완고한 허세로 그 이상 전진하는 길이 가로막혀 있다는 점이다.

아래 | 스톤헨지 | 영국 솔즈베리 소재

위 | 1924년 투탕카멘 무덤의 매장관을 여는 영국의 고고학자 하워드 카터

대스핑크스를 예로 들어보자. 이집트학 학계에서는 카프레 왕의 재임기인 기원전 2550~2525년경 세운 것으로 추정하고 있지만 지질학적 침식에 관한 지식, 기자고원과 관련된 천문학상의 배열 등을 열린 마음으로 해석하면 기원전 9500년에 가까운 측정치를 얻을 수 있다. 기원전 1만 500년경까지 추정하는 것도 가능하다.

그런데도 보수적인 학자들과 이집트 당국은 새롭게 제기되는 학설을 언급하는 것조차 거부하고 있다. 그들의 유일한 공식 반응은 '뉴에이지 고고학'이라고 비하하는 것뿐이다. 그러나 이 비하도 모순이다. 이집트학 학자 가운데 많은 이들이 로버트 쇼흐, 존 안토니 웨스트, 로버트 보발, 그레이엄 핸콕 등의 이론을 받아들이고 있기 때문이다.

더욱 안타까운 일은 이집트 당국의 태도다. 이집트 고대유물최고위원회는 이집트 장로문화의 존재를 철저히 부인하고 '기록의 홀'이 기자고원 지하에 있을 것이라는 가정 또한 부정한다.

대스핑크스와 밸리 신전에 대한 토머스 도베키와 쇼흐 재단의 지질 조사가 저지당했고 루돌프 간텐브린크가 대피라미드 왕비의 방에서 진행한 로봇 탐사 작업 또한 금지 당했다. 납득할 만한 설명도 없이 조사 활동에 대한 허가가 취소되었다. 관련 당사자들은 더 이상 기자고원에 머무르지 말라는 말까지 들어야만 했다. 정말 안타까운 일이다.

이집트인들은 자국 내에서 탐사 활동을 벌이는 외국인에게 진절머리 난다고 말한다. 분명 진심은 아닐 것이다. 1922년 카나번 경의 후원을 받은 영국의 고고학자 하워드 카터가 현대 이집트 역사상 최고의 보물인 투탕카멘의 온전한 무덤을 발견했을 때처럼 외국 학자들에게 추월당하고 싶지 않다는 게 솔직한 마음이 아닐까.

이집트학 학계에서 '뉴에이지 고고학'을 싫어하는 데는 또 다른 이유가 있는 것 같다. 이집트 최고最古의 기념물에 대해 이집트인이 아닌 아틀란티스 대륙의 생존자들에 의해 건설되었다고 주장하는 에드가 케이시의 추종자들 때문이 아닐까. 비정통적인 형태의 연구와 탐사에 대한 이집트 당국의 강경한 입장은 국가적 자긍심이란 견지에서 충분히 이해되고 설명될 수도 있다. 그러나 만에 하나라도 '뉴에이지' 고고학자들의 주장이 사실로 확인된다면 이집트 학계의 학문적 입지는 더욱 좁아지고 위태로워지지 않을까.

이상한 일이 벌어지고 있다

1990년대 말, 흥미롭게도 기자고원에서는 '뉴에이지 고고학'과 전혀 관계가 없는 비공식적인 탐사 활동이 벌어졌다. 1997년 이른바 '데이비슨의 방'이라 불리는 대피라미드의 방에 대한 탐사가 시작되었다. 이곳은 대회랑과 왕의 방 사이의 좁은 복도 위쪽에 있는데 1760년대에 영국의 알제리 총독인 나다니엘 데이비슨이 이집트를 방문했을 때 무작정 발굴하여 찾아낸 길이 6m의 방이다.

탐사 결과, 머리 위 높이의 구멍같이 작은 입구에서 밧줄이 밖으로 나와 있고 복도 벽에는 가로로 긴 사다리가 놓여 있었다. 입구 바로 아래에는 석회암 조각으로 가득 찬 삼베 자루가 있었는데 드릴링 작업에서 나온 돌 파편을 담아 두었던 것 같다. 근처 바닥에는 돌먼지들이 뒤덮었고 굵은 전선이 대회랑을 타고 올라가고 있었다.

이집트의 고대유물최고위원회는 이 탐사 활동에 대해 '복구 작업'이라고 발표했다. 하지만 1997년 10월 나와 사이먼 콕스를 안내했던 이집트인 가이드는 작업이 이른 아침 비밀리에 이루어졌다고 했다. 도대체 무슨 일이 일어났던 것일까. 소문만 무성할 뿐 정확한 대답은 없다. 당시 대피라미드 안에서 뚜렷하게 명각이 새겨진 새로운 방이 발견되었고 이집트 당국이 공식적으로 발표할 것이라는 소문이 떠돌았는데 아직까지도 아무런 공식 발표는 없다.

들리는 이야기로는 원격 광학섬유 카메라를 통해 루돌프 간텐브린크가 왕비의 방 남쪽 통로 끝에서 발견한 비밀의 방에 무엇이 있는지를 알아내려 했었다고 한다. 즉, '데이비슨의 방'을 지나서 비밀의 방으로 들어가려고 했다는 것이다.

그런가 하면 또 다른 탐사팀이 기자 피라미드 지하에서 깊숙하게 구덩이를 팠다고 한다. 고대 이집트의 최고의 건축가였던 임호테프의 무덤을 찾고 있다는 소문이었다. 하지만 그의 무덤이 기자 피라미드 밑에 있다고 추정하는 이유에 대해서는 아무런 설명이 없었다. 스핑크스의 오른발 근처 기반암에 대해 정밀 탐사 활동을 벌였다는 이야기도 있었는데 발굴 작업자에 대한 신원이 하나도 밝혀지지 않아 그 배후에 관한 여러 가지 풍문이 떠돌았다. 이러한 일련의 소문에 대해 이집트 당국이 내놓은 공식 발표는 1996년의 경우처럼 안전상의 이유로 스핑크스 구획의 바닥을 조사했다는 것뿐이었다.

나는 미국의 심령학자 에드가 케이시가 대스핑크스의 오른발이 '기록의 홀'로 내려가는 입구일 것이라고 주장한 것은 일리 있다고 생각한다. 1996년 당시 쇼어 재단의 탐사팀은 스핑크스 구획 지하에서 지금까지 알려지지 않은 9개의 방의 위치를 찾아냈다. 따라서 이집트 당국의 탐사 활동은 미로 속의 입구를 찾으려 했던 것이었고 조셉 쇼어와 쇼어 재단, 플로리다대학 연구팀의 탐사 결과를 입증하려 했던 게 틀림없다고 본다. 더욱이 1998년에는 '기록의 홀'이 발견될 것이라는 에드가 케이시의 예언과 무관하게 진행된 것은 아닐 것이다.

많은 이집트학 학자들은 에드가 케이시의 예언에 대해 회의적으로 생각한다. 그러나 그의 '심령술'에 의한 예언이 맞느냐 틀리느냐 하는 것은 의미가 없다. 그의 예언은 세밀하게 기록되었고 추종자들에 의해 보존되었다는 사실 하나만으로도 프랑스의 노스트라다무스, 스코틀랜드의 브라한 시어, 영국의 머더 쉽톤 등이 세상에 남긴 예언과 같은 영향력을 지니고 있음을 보여 주기 때문이다.

헤르메스 탐사

1997년 8월 10일 영국의 〈선데이 타임스〉지는 한 과학 탐사팀이 '헤르메스 탐사'라는 이름으로 이집트에서 탐사 활동을 벌이고 있다는 기사를 게재했다. 공학 설계자이자 미술 출판업자인 나이젤 애플비와 그의 동료 아담 차일드가 '기록의 홀'(나는 이 명칭이 정말 부적절하다고 생각한다)의 정확한 위치를 알아냈다는 것이다. 이집트 〈사자의 서〉와 같은 고대의 종교 문헌에서 찾아낸 정보를 조합하고 기자고원에서 오리온 별자리와 함께 나타나는 천랑성天狼星 시리우스의 위치를 규명한 성과라는 주장이었다. 그러면서 '기록의 홀'은 스핑크스로부터 북쪽으로 13㎞ 떨어진 지점에 있다고 했다.

신문 기사는 또 두 사람이 사전 조사 작업을 마쳤고 이집트 당국에 보고서를 제출할 지구물리학자를 포함한 18명의 연구원을 지휘하고 있지만 전면적인 발굴은 차후로 미루어진 상태라고 전했다.

내가 보기에, 이 보도는 의문스러운 점이 한두 가지가 아니었다. 무엇보다 그레이엄 핸콕과 로버트 보발이 이 탐사에 대해 전혀 아는 바가 없다는 것부터 이해가 되지 않았다. 왜냐하면 나이젤 애플비는 1994년 로버트 보발이 저술한《오리온 미스터리》와 비슷한 주제를 다루고 있기 때문이다. 그는 기원전 1만 500년경 오리온자리의 별 3개가 이집트 상공에 나타났을 때, 기자 피라미드가 그 지점을 반영한다고 밝혔다.

'기록의 홀' 위치에 대한 설명도 이해되지 않았다. 나 역시 〈사자의 서〉를 비롯한 고대 이집트의 종교 문헌들을 세심하게 살펴봤지만 영혼의 지하세계가 피라미드 부지에서 13㎞ 떨어진 곳에 위치한다는 근거는 단 한 구절도 발견하지 못했다.

아무튼 〈선데이 타임스〉 기사는 읽을수록 놀라웠다. 사막의 모래 밑에 숨겨진 피라미드 모양의 방에 관한 내용부터 흥미로웠다. 화강암으로 지어진 이 방은 금으로 씌워져 있고 '문명의 새 지평을 열어 줄 인류 역사에 관한 문서를 담은 궤짝이 발견될 것'이라는 내용 때문이 아니다. 기사와 함께 컴퓨터 그래픽의 3차원 영상이 덧붙여졌는데 지하에 있는 중앙 홀을 12개의 방이 둘러싼 모습이 눈길을 끌었다. 그것은 이드푸 문서에 등장하는 영혼의 지하세계에 관한 나의 연구 결과와 정확히 일치하는 것이었기 때문이다.

기사가 발표되고 얼마 후, 나는 나이젤 애플비와 만났다. 먼저 그는 탐사를 하게 된 동기와 과정부터 이야기했다. 고대의 건축물과 종교적 구조물의 설계와 배열이 신성이나 우주 원리와 일치한다는 신성한 기하학을 공부했다면서 숫자의 신성한 규범은 12개의 원이 13번째 원을 둘러싼다는 개념과 세차운동에 관한 정보에서 도출된 것이라고 했다. 그리고 이 규범은 고대 이집트에서 비롯된 것이라고 믿는다면서 기자고원 근처 어딘가의 지하세계가 이 비밀스런 수학적 원리를 밝혀 줄 것이라고 확신한다고 했다. 1983년 헤르메스 조사 활동에 참여한 것도 그것을 찾을 목적이었고 1998년 7월부터 본격적인 활동을 시작했다고 했다.

나는 기자고원 밑이 아니라 기자고원 북쪽 13㎞ 지점에서 비밀의 방이 발견될 것이라고 주장하는 근거에 대해 물었다. 그는 자신의 계산법에 따르면 지하세계로 가는 입구는 스핑크스 근처에 있는 것으로 나타났다고 했다. 그러면서 '기록의 홀'에 도착하려면 긴 통로 방향으로 가서 그 위에 있는 방으로 들어가야 하고 두 번째 입구가 있다는 것이다. 그곳이 바로 발굴 예정지에서 13㎞ 떨어진 지점이라면서 구체적인 근거에 대해서는 언급하지 않았다.

물론 어떻게 그와 같은 결론에 이르게 되었는지는 앞으로 밝혀질 터이지만 지금 중요한 것은 그가 에드가 케이시의 예언을 실현하려고 했다는 점이다. 에드가 케이시는 1998년이야말로 3명의 선택된 '보호자'가 '기록의 홀'에 들어가는 해가 될 것이라고 예언했는데 나이젤 애플비야말로 기자고원 발굴에 투자된 모든 시간과 돈과 노력이 빛을 발하게 되는 순간을 창조한 인물인 셈이다.

우리는 나이젤 애플비와 헤르메스 탐사팀이 신화와 전설 속에만 존재했던 뭔가가 사하라사막의 모래 밑에서 발견될 것이라는 확신을 심어 주었다고 평가해도 될까. 진정 박수를 받아 마땅할까. 나는 그의 조사 결과와 상관없이 헤르메스 탐사는 고대 이집트에 대한 연구와 탐사에서 새 장을 연 선례가 될 것이라고 생각한다.

태고의 세계

나이젤 애플비는 단순히 '기록의 홀'만 찾는 것이 아니라고 했다. 다른 것들도 세상 어딘가에서 발견을 기다리고 있다는 이야기다.

실제로 에드가 케이시는 이집트 '기록의 홀'과 함께 두 가지가 더 발견될 것이고 예언했는데 하나는 티베트나 포세이디아(비미니 제도 혹은 바하마)에서, 다른 하나는 아리아인이 살고 있는 지역이나 멕시코 마야 제국의 유카탄 땅에서 발견될 것이라고 했다. 그러나 나이젤 애플비는 티베트에서 하나, 볼리비아와 브라질 국경에서 다른 하나가 발견될 것이라고 주장했다.

어느 쪽의 견해가 맞을까. 물론 둘 다 틀릴 수도 있다. 또 지극히 개인적 견해와 추측에 불과하다고 여길 사람도 있을 것이다. 하지만 나는 나이젤 애플비가 에드가 케이시의 예언을 입증하려 한다고 말했을 때 논리적으로 설명하기 힘든 어떤 힘을 느꼈다.

지금까지 설명해 온 것처럼, 나는 기원전 9500년경 이집트의 장로문화가 소멸된 직후에 그 생존자들이 새로운 영토로 이주하여 기존의 고차원적 문화와 통합되었다고 생각한다. 그리고 이들이 근동에 진출해서 신석기시대를 열었다고 추정한다.

하지만 그 이상의 이야기가 있다. 영국의 심령학자 버나드 G.에 따르면 마지막 빙하기 말엽에 이집트에서 격심한 기후 변동이 생기기 직전에 남아 있던 장로들이 최초의 창조의 방에 들어가서 12개의 수정(이드푸 문서에는 이흐트-유물이라고 기록)을 가지고 나왔다는 것이다.

그들은 그곳에 하나만을 남겨 두고 나머지 11개는 모두 다른 나라의 적당한 장소에 놓아둠으로써 대홍수를 피하게 했다고 한다. 하나는 그리스의 아토스산 근처, 다른 하나는 터키 동부의 설산 에르시야스 닥 근처,

위 | 하늘에서 내려다 본 그리스의 아토스산

그리고 세 번째의 것은 페루 북부에 있는 마라논의 아마존강 지류에 있는 동굴 안에 숨겨 놓았다는 주장이다. 그러면서 1986년 장로문화의 증거가 오스트레일리아, 중국, 칠레, 멕시코, 인도, 일본, 탄자니아, 프랑스, 영국 등 이집트로부터 멀리 떨어진 곳에서 발견될 것이라고 했다.

여러분은 한 개인의 예언과 주장에 관한 나의 논평이 쓸데없는 짓이라고 생각할지 모른다. 그러나 열린 자세로 이 문제를 바라보려면 반드시 거쳐야 할 과정이다.

중요한 것은 기원전 1만 1000년~1만 년경 이집트와 근동에서만 문화 변혁이 있었던 것이 아니라 유사한 고차원 문화가 다른 지역에도 존재했었다는 사실이다. 이집트의 장로신들처럼 다른 문명의 담당자들도 마지막 빙하기의 종말을 가져온 대격변 속에서 고향을 버리고 새로운 곳으로 떠날 수밖에 없었을 것이다.

그러한 문화에 대한 증거가 어디 있겠느냐고 되묻는 사람도 있겠지만 주의 깊게 살펴보면 세계 곳곳에서 그 증거를 찾을 수 있다. 이미 우리는

아래 | 터키의 카파도키아에서 바라본 설산 에르시야스 닥

위 | 페루 북부에 있는 마라논의 아마존강 지류

볼리비아의 알티플라노 고원에서 티아우아나코라는 고대 도시를 살펴봤다. 1911년 라파스대학의 포스난스키는 칼라사사야 신전의 동쪽 출입문이 기원전 1만 5000년경 세워진 것이라고 추정했다. 지구의 흔들림에 따라 태양이 뜨고 지는 위치가 약간 달라진다는 사실, 즉 황도 경사각에 기초해서 얻어진 수치였다. 미국의 고고학자 닐 스티드 역시 기원전 1만 년경이라고 했다. 닐 스티드가 보다 현대적인 방식으로 계산했지만 티아우아나코가 세계 최고最古의 도시라는 사실만은 변함없었다.

역사에서 사라진 페이지

1968년 미국 마이애미대학의 수중 고고학자이자 동물학자인 맨슨 발렌타인은 마이애미에서 동쪽으로 95㎞ 떨어진 바하마 제도의 비미니 섬 북서 해안에서 인공 구조물을 발견했다. 거대한 석재들이 두 줄로 평행선을 이루며 579m쯤 깔려 있는데 마지막 지점에서 갑자기 유턴을 한 뒤 모래 밑으로 사라지는 모습이다. 몇몇 석재는 작은 주춧돌이나 화강암 구성

아래 | 티아우아나코 칼라사사야 신전의 출입문

왼쪽 페이지는 하늘에서 내려다 본 비미니 섬　　위 | 바하마 제도 비미니 섬의 바닷속에 있는 거대한 인공구조물

요소의 하나인 플러그*plugs* 위에 놓여 있고 서부 유럽과 뉴잉글랜드의 거석 고인돌과 아주 흡사한 모습이다. 다른 석재들도 이집트 피라미드 시대에서 나온 것처럼 가로로 구멍이 뚫려 있다. 지질학자 리처드 윈게이트가 조사한 석재에는 원형이 아닌 별 모양으로 구멍이 뚫려 있다. 나는 종래의 드릴링 기법으로 가능한 것인지에 대한 의문이 생겼다.

1970년대에 미스터리 작가 데이비드 징크는 연구팀과 함께 '비미니 로드*bimini road*'라고 불리는 J모양의 부지에 대해 몇 년 간 조사 활동을 벌였다. 그 결과, 맨슨 발렌타인과 데이비드 징크는 사람이 만든 것이라고 결론 지었다. 비미니 해안에서도 유사한 구조물을 발견했는데 해양고고학자들과 지질학자들은 해안가의 바위가 자연적으로 만든 형상이라면서 두 사람의 주장을 일축했다.

1970년대 이래로 설명이 불가능한 거대한 석재, 벽 모양의 구조물, 수중 '언덕' 등이 바하마의 섬들과 비미니 섬 사이로 뻗어 있는 바하마 모래톱에서 발견되었다. 하지만 고고학계는 전혀 관심을 기울이지 않았다. 그들의 주장은 간단했다. 기존의 미국 선사시대 연대기에 들어맞지 않기 때문에 사람이 만든 것이라고 할 수 없다는 것이다. 건물 기둥이나 이음새가 있는 돌같은 인공적인 유물은 난파선에서 나온 화물이거나 지난 500년 동안 이 지역을 항해하던 선박에서 버려진 것이라고 주장했다.

위 | 비미니 섬에 있는 비미니 로드

1997년 7월, 마이애미 과학박물관에서 보낸 아주 흥미로운 이메일이 미국 통신사들에 접수되었다. 태곳적 '신전'이 비미니 해안에서 발견되었다는 결정적 증거가 있다는 내용이었다. 그리고 며칠 뒤에 이메일을 보낸 당사자인 '이집트 학회'의 지역 회장 아론 듀발이 기자회견을 열어서 모든 것을 밝힐 예정이라고 했다.

아론 듀발은 '고대의 비미니 신전'이 두께 1.8m, 길이 2.7~3.6m에 달하는 거대한 석재(어떤 기준으로든 거석의 범주에 속한다)로 건설되었다고 주장했다. 그리고 석재는 빨강, 하양, 검정의 세 가지 색깔을 띠고 있다면서 기원전 4세기경 플라톤이 잃어버린 도시 아틀란티스에 관해 언급했던 다채색 벽을 상기시킨다고 했다. 또 신전의 '성벽'은 세 가지 종류의 금속, 즉 청동, 구리, 철로 싸여 있었다면서 아틀란티스와의 연관성을 의도적으로 암시했는데 플라톤은 잃어버린 도시의 성벽이 청동, 주석, 그리고 '붉은 빛'으로 '번쩍인다'는 오리하르컴의 세 가지 금속으로 덮여 있었다고 했었다.

아론 듀발은 고대 이집트와의 연관성도 주장했다. 대피라미드의 포장용 석재와 비슷한 것을 발견했고 아스완 채석장의 석재와 오벨리스크 뒤쪽에 있는 관 구멍' 도 발견되었다는 것이다.

그러나 그는 예정된 기자회견을 마지막 순간에 취소했다. 다행히 나와 사이몬 콕스는 호텔 로비에서 그와 만나 3시간 남짓 대화를 나누었지만 알아낸 것은 거의 없었다. 그가 주로 이야기한 것은 에드가 케이시에 관해서였다.

1940년 에드가 케이시는 1968년이나 1969년에 '아틀란티스가 다시 융기할 때, 포세이디아가 그 일부가 될 것'이라면서 '아틀란티스 신전의 일부가 플로리다 해안의 비미니 근처 진흙 속에서 발견될 것'이라고 예언했다. 놀라운 사실은 맨슨 발렌타인이 1968년 '비미니 로드'를 발견했을 당시까지만 해도 이 예언에 대해 전혀 몰랐다는 점이다. 에드가 케이시는 고대 이집트에 관한 예언이 현실로 다가오기 전에도 아틀란티스학 학자들로부터 평가 받는 인물이었다. 그리고 에드가 케이시 재단은 현재까지도 비미니와 바하마의 모래톱에 많은 관심을 갖고 있다.

아론 듀발은 우리와 이야기를 나누는 내내 조심스러운 태도를 보였다. 에드가 케이시와 관련된 대화 외에는 더 이상 말하려고 하지 않았다. 나는 그에게 네발리 코리의 그림과 평면도를 보여 주었으나 그는 우리에게 아무것도 보여 주지 않았다.

알고 보니, 그가 이렇듯 조심스러운 태도를 보인 것은 영국 홍보 담당자와 출판 대행업자 때문이었다. 기자회견을 취소한 것도 그들 때문이었다. 이미 출판사와 책을 출판하기로 계약했고 계약금으로 수백만 달러를 받은 입장에서, 책의 내용에 대해 먼저 이야기할 수 없었을 것이다. 그리고 출판사가 책에 대한 독점권을 갖고 있는 상황에서는 어느 누구도 아론 듀발이 주장한 내용의 진위 여부를 가리지 못할 것도 분명했다. 책이 출판되기 전에 언론에서 '비미니 로드'의 발견을 잇달아 보도하는 바람에 더욱 침묵할 수밖에 없었을지 모른다.

아직까지도 아론 듀발의 저서는 출판되지 않고 있다. 그리고 그가 고고학계에 새로운 정보를 제공하지 못한다고 할지라도 바하마 모래톱의 얕은 물속에는 중요한 유물이 발견을 기다리고 있을 것이다. 맨슨 발렌타인이 1994년 사망한 뒤, 후대를 위해 남겨 두었던 65군데의 고고학 유적지 목록이 세상에 알려졌는데, 모두 비미니 섬이나 북쪽의 바하마 섬들 근처에 있다. 많은 사람들의 믿음처럼 이것이 아주 오래된 것으로 증명된다면 기원전 1만 500년~9500년경 이집트에 존재했던 고차원 문화가 지구상에서 유일한 것이 아니라 커다란 퍼즐의 일부분이었음이 확인될 것이라고 믿는다.

마지막으로 정리해 보자. 티아우아나코와 비미니, 그리고 기타 유적지들은 우리에게 거석 건축물이 존재했다는 긍정적인 증거를 보여 주고 있다. 그리고 이것은 원시시대에 대한 우리의 지식에서 사라진 페이지가 있음을 강하게 암시한다. 우리가 찾고 있는 실체를 진실로 알게 될 때, 이 페이지들은 적절하게 복원될 것이다.

나는 네발리 코리의 제례 건물과 조각품이 티아우아나코의 미술품이나 건축물과 흡사한 이유는 뚜렷한 해양 능력을 보유했던 동일 문화로부터 영향을 받았기 때문이라고 확신한다. 그렇다면 동시대에 남아메리카, 비미니, 이집트, 페루, 근동, 그리고 기타 지역이 하나의 거대한 세계 문화권의 일부로 다른 지역들과 접촉했던 것일까. 모든 지역들이 무역과 상호 협력을 통해 어느 정도 연결되어 있었던 것일까.

여러 가닥으로 꼬아진 증거를 다각도로 고려해야만 태곳적에 어떠한 일들이 일어났는지를 정확하게 규명할 수 있을 것이다. 제대로 규명된다면 우리는 기자고원에 인류의 지식 탐구의 초석을 세울 수 있고 우리 앞에 자랑스럽게 서 있는 대피라미드와 대스핑크스는 먼 옛날의 영광의 상징이 아니라 미래의 비전이 될 것이다.

저자의 후기

이집트 장로문화의 잃어버린 역사와 기원, 그들이 문명 발생에 미친 영향에 관한 연구는 계속되고 있다. 많은 역량 있는 작가들과 연구원들이 자신의 전문 분야에서 정통 학계에 도전하고 있으며 선사시대와 원시시대에 선진적인 고차원 문화가 존재했음을 입증하기 위해 노력하고 있다.

이 책은 과거에 관한 기존 인식과 관점을 뒤흔드는 새로운 분야의 학술서이다. 만약 이 책을 읽고 새로운 학문을 연구하고자 하는 의욕이 생겼거나 인류 진화와 세계 역사에 관한 현재의 지식에 의문이 생겼다면 그것으로 목적을 달성한 셈이다.

이 문제에 관해 더 알고 싶다면 참고문헌의 책, 논문, 기사의 목록을 살펴보기를 권한다. 이 책에서 다룬 주제에 관해 제안을 하거나 미래의 출판 정보를 얻고 싶은 사람, 저자의 연구 성과나 이에 관한 학술회의에 관해 알고 싶다면 다음 주소로 연락하기 바란다.

Andrew Collins, at PO Box 189, Leigh-on-Sea, Essex SS 9 INF.

참고 문헌

Adams, Barbara, *Predynastic Egypt*, Shire Egyptology, London, 1988

Adams, W. Marsham, *The Book of the Master of the Hidden Places*, Search Publishing, London, 1933

Aldred, Cyril, *Akhenaten - King of Egypt*, 1988, Thames and Hudson, London, 1991

Aldred, Cyril, *Egypt to the End of the Old Kingdom*, 1965, Book Club Associates, London, 1974

Allen, Richard Hinckley, *Star Names - Their Lore and Meaning*, 1899, Dover Publications, New York, 1963

Alpagut, Berna, The Human Skeletal Remains from Kurban Höyük, *Anatolica*, No. XIII, 1986, pp. 149-174

Ammianus Marcellinus, trans. John C. Rolfe, Loeb edition, 3 vols., Heinemann, London, 1956

Antoniadi, E.M., *L'Astronomie Egyptienne*, Imprimerie Gauthier-Villars, Paris, 1934

Apion, *Aegpytiaca*, quoted in Josephus, 'Flavius Josephus Against Apion'

Apollodorus, *The Library*, English trans. Sir James G. Frazer, 2 vols., Wm. Heinemann, London, 1921

Apollonius Rhodius, *The Argonautica*, English trans. R.C. Seaton, 1912, Wm. Heinemann, London, 1919

Atkinson, R.J.C., *Stonehenge*, 1956, Penguin, London, 1979

Bacon, Edward, *Archaeology Discoveries in the 1960s*, Cassell, London, 1971

Baines, John, '*Bnbn* - Mythological and Linguistic Notes', *Orientalia*, No.

39/2, 1970, pp. 389-404, Pontificum Institutum Biblicum, Rome
Bannister, A., and H.W. Stephenson, *Solutions of Problems in Surveying and Field Astronomy*, 1955, Sir Isaac Pitman, London, 1974
Bar-Yosef, O., 'The Walls of Jericho: An Alternative Interpretation', *Current Anthropology*, Vol. 27, No. 2, April 1986, pp. 157-162
Barton, Tamsyn, *Ancient Astrology*, Routledge, London, 1994
Bauval, Robert, and Graham Hancock, *Hieroglyph - The Bauval & Hancock Newsletter*, No. 1, January 1997
Bauval, Robert, and Graham Hancock, *Keeper of Genesis*, Wm. Heinemann, London, 1996
Bellamy, H.S., *Built Before the Flood: The Problem of the Tiahuanaco Ruins*, Faber & Faber, London, 1943
Bellamy, H.S., and P. Allan, *The Calendar of Tiahuanaco*, Faber & Faber, London, 1956
Berlitz, Charles, *Atlantis - The Lost Continent Revealed*, Macmillan, London, 1984
Berossus, *Babyloniaka*, in Cory
Besant, Annie, *The Pedigree of Man*, Theosophical Publishing Society, Adyar, Madras, 1908
Bienert, Hans-Dieter, 'Skull Cult in the Prehistoric Near East', *Journal of Prehistoric Religion*, Vol. 5, Paul Åströms Förlag Jonsered, Copenhagen, 1991, pp. 9-23
Bierhorst, John, *The Mythology of Mexico and Central America*, Wm. Morrow & Co., New York, 1990
Bietak, Manfred, *Avaris and Piramesse: Archaeological Exploration in the Eastern Nile Delta*, Proceedings of the British Academy, London, 1981
Black, Jeremy, and Anthony Green, *Gods, Demons and Symbols of Ancient Mesopotamia - An Illustrated Dictionary*, British Museum Press, London, 1992
Blackman, A.M., and H.W. Fairman, 'The Myth of Horus at Edfu-II', *Journal of Egyptology*, Vol. 28, 1942, pp. 32-38
Blavatsky, Helena Petrova, *The Secret Doctrine*, 1893, 4 vols., Theosophical Publishing House, Madras, 1918
Bloomfield-Moore, Mrs Clara Jessup, 'Etheric Force Identified as Dynaspheric Force', in Pond, *Universal Laws never before Revealed: Keely's Secrets*
Bonwick, James, *Pyramid Facts and Fancies*, C. Kegan Paul & Co., London, 1877
Bord, Janet and Colin, *The Secret Country*, 1976, Paladin, London, 1979
Braidwood, Robert J., ed., *Prehistoric Archaeology Along the Zagros Flanks*, The Oriental Institute of the University of Chicago, 1983

Breasted, James, *Ancient Records of Egypt*, 5 vols., University of Chicago, 1906

Brown Jnr, Robert, *Eridanus, River and Constellation*, Longman, Green, London, 1883

Brown Jnr, Robert, *Researches into the Origin of the Primitive Constellations of the Greeks, Phoenicians and Babylonians*, 2 vols., Williams & Norgate, London, 1899

Bucaille, Dr Maurice, *Moses and Pharaoh: The Hebrews in Egypt*, NTT Mediascope, Tokyo, 1994

Budge, E.A. Wallis, *The Egyptian Heaven and Hell*, 1905, 3 vols. in 1, Martin Hopkinson, London, 1925

Budge, E.A. Wallis, *An Egyptian Hieroglyphic Dictionary*, 1920, 2 vols., Dover Publications, New York, 1978

Budge, E.A. Wallis, *The Gods of the Egyptians*, 1904, 2 vols., Dover Publications, New York, 1969

Butzer, Karl W., *Early Hydraulic Civilisation in Egypt: A Study in Cultural Ecology*, The University of Chicago Press, Chicago and London, 1976

Cameron, D.O., *Symbols of Birth and of Death in the Neolithic Era*, Kenyon-Deane, London, 1981

Cayce, Edgar, *Edgar Cayce on Atlantis*, ed. Hugh Lynn Cayce, 1968, Howard Baker, London, 1969

Cayce, Edgar Evans, *Edgar Cayce Prophecies*, CD-ROM, ARE, Virginia Beach, Va., 1993

Chadwick, Robert, 'The So-called "Orion Mystery" - A Rebuttal to New Age Notions about Ancient Egyptian Astronomy & Funerary Architecture', *KMT: A Modern Journal of Ancient Egypt*, Vol. 7, No. 3, Fall 1996, pp. 74-83

Charles, R.H., *The Book of Enoch of I Enoch*, Oxford University Press, 1912

Charles-Picard, Gilbert, ed., *Larousse Encyclopaedia of Archaeology*, 1969, Hamlyn, London, 1974

Clayton, Peter A., *Chronicle of the Pharaohs*, Thames and Hudson, London, 1994

Coe, Michael D., *Breaking the Maya Code*, Thames and Hudson, London, 1992

Cole, J.H., *The Determination of the Exact Size and Orientation of the Great Pyramid of Giza*, Government Press, Cairo, 1925

Collins, Andrew, 'Baalbek - Lebanon's Sacred Fortress', *Amateur Astronomy and Earth Sciences*, Vol. 2, No. 2-3, 1997; *Quest for Knowledge*, Vol. 1, No. 3, 1997

Collins, Andrew, *From the Ashes of Angels*, Michael Joseph, London, 1996

Corliss, William, *Ancient Man: A Handbook of Puzzling Artifacts,* 1978, The Sourcebook Project, Glen Arm, Maryland 21057, 1980

Cory, I.C., *Ancient Fragments,* 1832, Wizards Bookshelf, Minneapolis, Minn., 1975

Cottrell, Leonard, *The Land of Shinar,* Souvenir Press, London, 1965

Cox, Simon, and Jacqueline Pegg, *Egyptian Genesis,* unpublished manuscript

Crabb, Charlene, '"Missing Link" is written in stone', *New Scientist,* 14 December 1996, p. 9

Curtis, Vesta Sarkhosh, *Persian Myths,* British Museum Press, London, 1993

Delair, J.B., and E.F. Oppé, 'The Evidence of Violent Extinction in South America', in Hapgood, *The Path of the Pole,* pp. 280-286

Deuel, Leo, ed., *The Treasures of Time,* Pan, Souvenir Press, London, 1961

Devereux, Paul, and R.G. Jahn, 'Preliminary investigations and cognitive considerations of the acoustical resonances of selected archaeological sites', *Antiquity,* Vol. 70, No. 269, September 1996, pp. 665-666

Donnelly, Ignatius, *Atlantis - The Antediluvian World,* 1882, Harper & Brothers, New York and London, 1902

Drower, E.S., *The Mandaeans of Iraq and Iran,* Oxford University Press, 1937

Dunn, Christopher, 'Advanced Machining in Ancient Egypt', privately published, 1983, available @ http://www.lauralee.com/chrisdunn/index.htm

Dunn, Christopher, 'Hi-Tech Pharaohs?', *Amateur Astronomy and Earth Sciences,* December 1995, pp. 38-42; January 1996, pp. 38-40; February 1996, pp. 40-41

Edwards, I.E.S., *Pyramids of Egypt,* Penguin, London, 1993

Emery, Walter B., *Archaic Egypt,* Penguin, Harmondsworth, Middlesex, 1961

Esin, Ufuk, 'Salvage Excavations at the Pre-pottery Site of Ashikli Höyük in Central Anatolia', *Anatolica,* No. XVII, 1991, pp. 123-174

Faulkner, R.O., trans., *The Ancient Egyptian Coffin Texts,* Vol. 3, Spells 788-1185, Aris & Phillips, Warminster, Wiltshire, 1978

Faulkner, R.O., trans., *The Ancient Egyptian Pyramid Texts,* Oxford University Press, 1969

Faulkner, R.O., *A Concise Dictionary of Middle Egypt,* Griffith Institute, Oxford, 1962

Fisher, John, *Mexico: Rough Guide,* 1985, The Rough Guides, London, 1995

Fix, William, R., *Pyramid Odyssey,* Jonathan-James Books, Toronto, 1978

Freud, Sigmund, *Moses and Monotheism,* Hogarth Press and the Institute of Psychoanalysis, London, 1940

Gardiner, Sir Alan, *Egypt of the Pharaohs,* 1961, Oxford University Press,

1964

Geoffrey of Monmouth, *The History of the Kings of Britain*, trans. Lewis Thorpe, 1966, The Folio Society, London, 1969

Gifford, John, 'The Bimini "Cyclopean" Complex', *International Journal of Nautical Archaeology and Underwater Exploration*, Vol. 2, 1973, p. 1

Gilbert, Adrian, *Magi - The Quest for a Secret Tradition*, Bloomsbury, London, 1996

Gilbert, Adrian, and Maurice M. Cotterell, *The Mayan Prophecies*, Element, Shaftesbury, Dorset, 1995

Gimbutas, Marija, *The Civilization of the Goddess*, Harper, San Francisco, 1991

Gleadow, Rupert, *The Origin of the Zodiac*, Jonathan Cape, London, 1968

Gorelick, Leonard, and John Gwinnett, 'Innovative Lapidary Craft Techniques in Neolithic Jarmo', *Archeomaterials 4*, 1990, pp. 25-32

Haigh, T., *Psychic News*, No. 3245, 20 August 1994, pp. 1, 3

Hale, R.B., 'Further Notes on the Dimensions of the Great Pyramid, Giza', privately published, 26 February 1997

Hale, R.B., 'Notes on the Dimensions of the Great Pyramid, Giza', privately published, 16 January 1997

Hall, Dr., 'John Keely - A Personal Interview', *Scientific Arena*, January 1887, in Pond, *Universal Laws never before Revealed: Keely's Secrets*

Hall, Dr., 'A Second Visit to Mr Keely', *Scientific Arena*, nd., *c*. 1888, in Pond, *Universal Laws never before Revealed: Keely's Secrets*

Hall, Manly P., *An Encyclopedic Outline of Masonic, Hermetic, Qabbalistic & Rosicrucian Symbolic Philosophy*, 1901, Philosophical Research Society, Los Angeles, 1977

Hancock, Graham, *Fingerprints of the Gods*, Wm. Heinemann, London, 1995

Hapgood, Professor Charles, *The Path of the Pole*, Chilton, New York, 1970

Hapgood, Professor Charles, *Maps of the Ancient Sea Kings*, 1966, Turnstone Books, London, 1979

Harris, J.R., 'How long was the Reign of Horemheb?', *Journal of Egyptology*, Vol. 54, 1968, pp. 95-99

Hart, George, *A Dictionary of Egyptian Gods and Goddesses*, Routledge & Kegan Paul, London, 1978

Harte, R., 'Disintegration of Stone', in Pond, *Universal Laws never before Revealed: Keely's Secrets*

Hartner, Willy, 'The Earliest History of the Constellations in the Near East and the Motif of the Lion-Bull Combat', *Journal of Near Eastern Studies*, January-April 1965, Vol. XXIV, Nos. 1 and 2, pp. 1-15

Hassan, Fekri, 'Note on Sebilian Sites from Dishna Plain', *Chronique d'Egypte*, No. XLVII, 1972, pp. 11-16

Hassan, Selim, *Excavations at Giza, 1934-5*, Vol. 6, Pt. 1, Service des Antiquités de l'Egypte, Government Press, Cairo, 1946

Hastings, James, ed., *Encyclopaedia of Religion and Ethics*, 13 vols., 1915, T. &. T. Clark, Edinburgh, 1930

Hauptmann, Harald, 'Ein Kultgebäude in Nevali Çori', *Between the Rivers and over the Mountains: Archaeologica Anatolica et Mesopotamica, Alba Palmieri Dedicata*, ed. Marcella Frangipane *et al.*, Rome, 1993, pp. 37-69

Heinberg, Richard, *Memories & Visions of Paradise*, 1989, Aquarian Press, Wellingborough, Northants, 1990

Hemming, John, *The Conquest of the Incas*, Macmillan, London, 1993

Herodotus, *History*, trans. George Rawlinson, 2 vols., (1858), J.M. Dent, London, 1940

Hippolytus, *Philosophumena or the Refutation of All Heresies etc.*, *c.* third century AD. See Legge

Hoffmann, Michael A., *Egypt Before the Pharaohs*, 1980, Ark, London, 1984

Horace, *The Ars Poetica*, ed. Augustus S. Wilkins, Macmillan, London, 1971

Horace, *Odes and Epodes*, English trans. C.E. Bennett, 1914, Wm. Heinemann, London, 1964

Horne, Alex, *King Solomon's Temple in the Masonic Tradition*, 1972, Aquarian Press, Wellingborough Northants, 1975

Hudson, Henry B., 'Mr Keely's Researches - Sound Shown to be a Substantial Force', *Scientific Arena*, December 1886, in Pond, *Universal Laws never before Revealed: Keely's Secrets*

Hudson, Henry B., 'The Keely Motor Illustrated', *Scientific Arena*, January 1887, in Pond, *Universal Laws never before Revealed: Keely's Secrets*

Hurry, Jamieson B., *Imhotep - The Vizier and Physician of King Zoser etc.*, nd., Oxford University Press, 1928

Ivimy, John, *The Sphinx and the Megaliths*, Turnstone, London, 1974

Izady, Mehrdad R., *The Kurds - A Concise Handbook*, Crane Russak, London, 1992

Jelinkova, E.A.E., 'The Shebtiw in the temple of Edfu', *Zeitschrift für Agyptische Sprache*, Leipzig, No. 87, 1962, pp. 41-54

Jochmans, Joseph, *Hall of Records: Part One, Revelations of the Great Pyramid and Sphinx, Chapter II, A Glimmer at Giza - The Lost Hall and its Secret Brotherhood*, privately published, 1985

Josephus, Flavius, 'The Antiquities of the Jews', and 'Flavius Josephus Against Apion' in *The Works of Flavius Josephus*, trans. Wm. Whiston, Wm. P. Nimmo, Edinburgh, nd., *c.* 1870

Kamil, Jill, *Coptic Egypt: History and Guide*, 1987, American University in Cairo Press, Cairo, 1988

Kemp, Barry, *Ancient Egypt - Anatomy of a Civilisation*, Routledge, London, 1989

Kenoyer, J. Mark, and Massimo Vidale, 'A new look at stone drills of the Indus Valley Tradition', *Material Resources Symposium Proceeds*, Vol. 267, 1992, pp. 495-518

Kenyon, Kathleen M., *The Bible and Recent Archaeology*, 1978, British Museum Publications, London, 1987

Keys, David, 'Stonehenge is French imposter', *Independent*, 1 March 1997

King, Leonard William, *Enuma Elish: The Seven Tablets of Creation*, 2 vols., 1902, Library of Bryn Mawr College, New York, 1976

King James Bible, Revision of the Authorised Version, Oxford University press, 1905

Kitchen, Kenneth, *Ramesside Inscriptions*, B.H. Blackwell, Oxford, 1975

Kitchen, Kenneth, *Pharaoh Triumphant*, Aris and Phillips, Warminster, Wiltshire, 1982

Kjellson, Henry, *Forsvunden Teknik*, 1961, Nihil, Copenhagen, 1974

Knauth, Percy, *The Metalsmiths*, 1974, Time-Life Books, Amsterdam, 1976

Kramer, Samuel Noah, 'Dilmun, the Land of the Living', *Bulletin of the American Schools of Oriental Research*, No. 96, December 1944, pp. 18-28

Kramer, Samuel Noah, *History Begins at Sumer*, 1956, Thames and Hudson, London, 1958

Kramer, Samuel Noah, *Sumerian Mythology*, Philadelphia, 1944

Legge, F., trans. and comm., *Philosophumena or the Refutation of All Heresies*, 2 vol., Society for Promoting Christian Knowledge, London, 1921

Lehner, Mark, *The Egyptian Heritage - Based on the Edgar Cayce Readings*, Edgar Cayce Foundation, Virginia Beach, Va., 1974

Lehner, Mark, 'Giza', *Archiv früh Orientforschung*, No. 32, 1985, pp. 136-158

Lehner, Mark, 'The Pyramid', in *Secrets of Lost Empires*, BBC Books, London, 1996

Lemprière, J., *A Classical Dictionary*, Geo. Routledge, London, 1919

Lenormant, François, *Chaldean Magic: Its Origin and Development*, 1874, Samuel Bagster, London, 1877

Leslie, Desmond, and George Adamski, *Flying Saucers Have Landed*, 1953, Futura, London, 1977

Lichtheim, Miriam, *Ancient Egyptian Literature*, University of California Press, Berkeley and Los Angeles, 1976

Lindsay, Jack, *The Origins of Alchemy in Graeco-Roman Egypt*, Fredk. Muller, London, 1970

Mackenzie, Donald A., *Myths of Pre-Columbian America*, Gresham Publishing Co., London, nd., *c.* 1910

Maçoudi, *Les Prairies d'Or*, ed. C. Barbier de Meynard and Pavet de Courteille, C. Benjamin Duprat, 5 vols., A l'Imprimerie Impériale, Paris, 1863

Massey, Gerald, *A Book of the Beginnings*, 2 vols., Williams & Norgate, London, 1881

Massey, Gerald, *The Natural Genesis*, 2 vols., Williams & Norgate, London, 1883

Mas'ūdi, *Kitāb Murūj al-Dhahab wa Ma'ādin al-Jawhar(Les Prairies d'Or)* [The Meadows of Gold and Mines of Gems], ed. C. Barbier de Meynard and Pavet de Courteille, revised and corrected by Charles Pellat, 5 vols., Publications de l'Université Libanaise, Section des Etudes Historiques, Vol. 2, 1966-74

Mellaart, James, *Çatal Hüyük - A Neolithic Town in Anatolia*, Thames and Hudson, London, 1967

Meyers, Eric M., ed., *Oxford Encyclopaedia of Archaeology in the Near East*, 4 vols., Oxford University Press, 1997

Molleson, Theya, and Stuart Campbell, 'Deformed Skulls at Tell Arpachiyah: The Social Context', in S. Campbell and A. Green, eds., *The Archaeology of Death in the Ancient Near East*, Oxbow Monograph No. 51, 1995, pp. 45-55

Moore, Andrew M.T., 'A Pre-Neolithic Farmers' Village on the Euphrates', *Scientific American*, No. 241, August 1979, pp. 50-58

Morales, V.B., 'Jarmo Figurines and Other Clay Objects', in Braidwood, pp. 369-383

Mundkur, Balaji, *The Cult of the Serpent - an Interdisciplinary Survey of its Manifestations and Origins*, State University of New York Press, Albany, NY, 1983

Murray, Margaret A., *Egyptian Temples*, Sampson Low, Marston, London, nd., *c.* 1930

Namdak, Lopon Tenzin, *Heart Drops of Dharmakaya: Dzogchen Practice of the Bön Tradition*, Snow Lion Publications, Ithaca, NY, 1993

Naville, Edouard, 'Excavations at Abydos', Smithsonian Institution Annual Report, 1914, pp. 579-585, cf. Corliss, p. 325

Naville, Edouard, *The Times*, London, 17 March 1914, cf. Hancock, p. 404

Nicholson, Reynold A., *A Literary History of the Arabs*, Cambridge University Press, 1956

Norbu, Namkhai, *The Crystal and the Way of Light: Sutra, Tantra and*

Dzogchen, Routledge & Kegan Paul, London, 1986

Norton, Cherry, 'Raiders of the lost archives "find pharaohs' records"', *The Sunday Times*, 10 August 1997

Norvill, Roy, *Giants: The Vanished Race of Mighty Men*, Aquarian Press, Wellingborough, Northants, 1979

Osborne, Harold, *Indians of the Andes: Aymaras and Quechuas*, Routledge & Kegan Paul, London, 1952

Osborne, Harold, *South American Mythology*, Paul Hamlyn, London, 1968

Osman, Ahmed, *Moses Pharaoh of Egypt*, Grafton Books, London, 1990

Owen, Walter, *More Things in Heaven*, Andrew Dakers, London, 1947

Page, Cynthia, 'Stonehenge', in *Secrets of Lost Empires*, BBC Books, London, 1996

Partridge, Eric, *Dictionary of the Underworld*, Routledge and Kegan Paul, London, 1950

Pauwels, Louis, and Jacques Bergier, *The Morning of the Magicians*, 1960, Mayflower, Frogmore, St Albans, Herts, 1975

Pausanias, *Description of Greece*, English trans. W.H.S. Jones, 5 vols., Wm. Heinemann, London, 1935

Petrie, W.M. Flinders, *The Pyramids and Temples of Gizeh*, 1883, with update by Zahi Hawass, Histories & Mysteries of Man, London, 1990

Petrie, W.M. Flinders, *Researches in Sinai*, John Murray, London, 1906

Petrie, W.M. Flinders, *Ten Years' Digging in Egypt, 1881-1891*, The Religious Tract Society, London, 1893

Phillips, Ellen, ed., *The Age of the God-Kings 3000-1500 BC*, Time-Life Books, Amsterdam, 1987

Phillips, Graham, *Act of God*, Macmillan, London, 1998

Plum, Mr, 'Mr Plum's Visit to Keely's Laboratory', in *Dashed Against the Rock*, 1893, in Pond, *Universal Laws never before Revealed: Keely's Secrets*

Pond, Dale, *Universal Laws never before Revealed: Keely's Secrets*, 1990, The Message Company, 4 Camino Azul, Santa Fe, NM 87505, 1996

Pond, Dale, 'Keely's Trexar a Superconductive Wire', in Pond, *Universal Laws never before Revealed: Keely's Secrets*

The Popular Biblical Educator, Vol. 1, John Cassell, London, 1854

Posnansky, Prof. Ing. Arthur, *Tihuanacu: The Cradle of American Man*, Vols. 1-2, J. Augustin, New York, 1945; Vols. 3-4, Ministerio de Educación, La Paz, Bolivia, 1957

Propertius, *Elegies*, ed. and English trans. G.P. Goold, Harvard University Press, Cambridge, Mass., 1990

Ragette, Friedrich, *Baalbek*, Chatto & Windus, London, 1980

Randall-Stevens, Hugh C., *A Voice Out of Egypt*, Francis Mott, London, 1935

Redford, Donald B., *Akhenaten the Heretic King*, 1984, Princeton University Press, Princeton, NJ, 1987

Redford, Donald B., *Pharaonic King-Lists, Annals and Day-books: A Contribution to the Study of the Egyptian Sense of History*, Benben publications, Mississauga, Ontario, 1986

Reymond, E.A.E., *The Mythical Origin of the Egyptian Temple*, Manchester University Press, 1969

Rohl, David, *Legend*, Century, London, 1998

Roux, Georges, *Ancient Iraq*, 1966, Penguin Books, London, 1980

Rundle Clark, R.T., *Myths and Symbols in Ancient Egypt*, 1958, Thames and Hudson, London, 1978

Rutherford, Adam, *Pyramidology*, 3 vols., The Institute of Pyramidology, Dunstable, Beds., Vol. 1, first ed. 1957, second ed. 1961; Vol. 2, 1962; Vol. 3, 1966

Saleh, Abdel-Aziz, *Excavations at Heliopolis*, Vol. 1, Faculty of Archaeology, Cairo University, 1981

Santillana, Giorgio, and Hertha von Dechend, *Hamlet's Mill*, 1969, Macmillan, London, 1970

Schoch, Robert M., 'Redating the Great Sphinx of Giza', *KMT*, 3:2, Summer 1992, pp. 52-59, 66-70

Schwaller de Lubicz, R.A., *Sacred Science*, Inner Traditions Inc., Rochester, Vt., 1961

Scrutton, Robert, *Secrets of Lost Atland*, 1978, Sphere, London, 1979

Sellers, Jane B., *The Death of Gods in Ancient Egypt*, Penguin Books, London, 1992

Sethe, Kurt, 'Amun und die Acht Urgötter von Hermopolis', 1930, *Leipziger und Berliner Akademieschriften(1902-1934)*, Zentralanti-quariat, Leipzig, 1976

Sinnett, A.P., *The Pyramids and Stonehenge*, 1893, Theosophical Publishing House, London, 1958

Sitchin, Zecharia, *The Stairway to Heaven*, 1980, Avon Books, New York, 1983

Smith, Warren, *The Secret Forces of the Pyramids*, Sphere, London, 1977

Smyth, C. Piazzi, *Our Inheritance in the Great Pyramid*, 1864, Charles Burnet, London, 1890

Solecki, Rose L., 'Predatory Bird Rituals at Zawi Chemi Shanidar', *Sumer*, No. XXXIII, Pt. 1, 1977, pp. 42-47

Spence, Lewis, *Myths of Mexico and Peru*, 1913, Harrap, London, 1920

Statius, *Thebaid*, English trans. J.H. Mozley, 2 vols., 1928, Wm. Heinemann, London, 1982

Stecchini, Livio Catullo, 'Notes on the Relation of Ancient Measures to the Great Pyramid', in Tompkins, pp. 287-382

Stocks, D.A., 'Making Stone Vessels in Ancient Mesopotamia and Egypt', *Antiquity*, Vol. 67, No. 256, September 1993, pp. 596-603

Thompson, J. Eric, *The Rise and Fall of Maya Civilisation*, 1954, Pimlico, London, 1993

Thompson, J. Eric S., *Maya History and Religion*, University of Oklahoma, Norman, Okla, 1970

Time-Life Books, *Anatolia: Cauldron of Cultures*, Richmond, Va., 1995

Time-Life Books, *Feats and Wisdom of the Ancients*, Alexandria, Va., 1990

The Times, Past Worlds: Atlas of Archaeology, 1989, BCA, London, 1993

Tomas, Andrew, *We Are Not the First*, 1971, Sphere, London, 1972

Tompkins, Peter, *Secrets of the Great Pyramid*, Allen Lane, London, 1971

Van Kirk, Wayne, 'Mayan Ruins and Unexplained Acoustics,' 1996, available from the web-page of the World Forum for Acoustic Ecology at e-mail: LQYM67A@Prodigy.Com

Vyse, Colonel R.W. Howard, *Operations Carried on at the Pyramids of Gizeh in 1837*, 3 vols., James Fraser, London, 1840

Wainwright, G.A., 'Amun's Meteorite & Omphali,' *Zeitschrift für Agyptische Sprache* Leipzig, 1935, pp. 41-44

Walker, R.A., 'The Real Land of Eden', *Newsletter of the Ancient and Medieval History Book Club*, No. 11, nd., *c.* 1986

Ward, William A., 'Ancient Lebanon', in *Cultural Resources in Lebanon*, Beirut College for Women, 1969

Warren, William F., *Paradise Found - The Cradle of the Human Race at the North Pole*, Sampson Low, Marston, Searle & Rivington, London, 1885

Watterson, Barbara, *Coptic Egypt*, Scottish Academic Press, Edinburgh, 1988

Weigall, Arthur, *A History of the Pharaohs*, Vol. 2, Thornton Butterworth, London, 1927

Wendorf, Fred, and Romauld Schild, *Prehistory of the Nile Valley*, Academic Press, New York, 1976

Wendorf, Fred, and Romauld Schild, 'The Paleolithic of the Lower Nile Valley', in *Problems in Prehistory: North Africa and the Levant*, ed. Wendorf and Marks, SMU Press, Dallas, Texas, 1975, pp. 127-169

West, John A., 'John West has his say on the Sphinx-age Controversy', *KMT*, 7:1, Spring 1996, pp. 3-6

West, John Anthony, *Serpent in the Sky-The High Wisdom of Ancient Egypt*, Wildwood House, London, 1979

West, John Anthony, *The Traveller's Key to Ancient Egypt*, Harrap Columbus, London, 1987

Wigram, the Rev. W.A., and Edgar T.A. Wigram, *The Cradle of Mankind - Life in Eastern Kurdistan*, Adam and Charles Black, London, 1914
Wilhelm, Gernot, *The Hurrians*, Aris and Phillips, Warminster, Wiltshire, 1989
Wilson, Colin, *From Atlantis to the Sphinx*, Virgin, London, 1996
Wilson, Ian, *The Exodus Enigma*, 1985, Guild Publishing, London, 1986
Wishaw, E.M., *Atlantis in Andalucia: A Study of Folk Memory*, Rider, London, 1930
Wright, William, *The Illustrated Bible Treasury*, Thomas Nelson, London, 1897
Zimmer, Heinrich, *Myths and Symbols in Indian Art and Civilisation,* 1946, Princeton-Bollingen, Princeton, NJ, 1972
Zink, Dr David, *The Stones of Atlantis*, Prentice-Hall, Ontario, 1978

문서

'Mysteries of the Sphinx', NBC American edit, 1994
'Myths of Mankind', narrated by Colin Wilson and first broadcast across Europe by Discovery Channel, August 1997

에덴의 신

앤드류 콜린스 지음 | 황우진 옮김

제1쇄 인쇄 | 2015년 12월 10일
제1쇄 발행 | 2015년 12월 20일

펴낸곳 | 도서출판 사람과 사람
펴낸이 | 김성호

등록번호 | 제1-1241호
등록일자 | 1991년 5월 29일
주소 | 서울 마포구 월드컵로 32길 52-7(101호)
전화 | (02)335-3905 팩스 | (02)335-3919

값 18,000원

ISBN 978-89-85541-96-1 03900